3014.
H.

DESCRIPTION
HISTORIQUE ET CRITIQUE
DE L'ITALIE.

DESCRIPTION
HISTORIQUE ET CRITIQUE
DE L'ITALIE,
OU

NOUVEAUX MÉMOIRES
Sur l'État actuel de son Gouvernement, des Sciences, des Arts, du Commerce, de la Population & de l'Histoire Naturelle.

PAR M. L'ABBÉ RICHARD.

Hæc olim meminisse juvabit,
Per varios casus, per tot discrimina rerum.
Æneid. I.

TOME III.

A DIJON,
Chez FRANÇOIS DESVENTES, Libraire de Monseigneur LE PRINCE DE CONDÉ;

Et se trouve à PARIS
Chez MICHEL LAMBERT, Imprimeur, rue des Cordeliers, au Collége de Bourgogne.

M. DCC. LXVI.

PRÉFACE

POUR

LES IIIe ET IVe VOLUMES

DES

MÉMOIRES D'ITALIE.

CETTE vaste plaine, connue anciennement sous le nom de Gaule Cisalpine, n'a eu celui d'Italie qu'après que les Romains l'eurent soumise à leur domination. C'est un pays riche, fertile, très-peuplé ; mais le spectacle de la nature y est d'une uniformité qui n'a rien de piquant. Par-tout on admire le même genre de beautés & la même parure dans la campagne ; on ne s'en lasse point à la vérité, & même en côtoyant les Alpes, on trouve, sur-tout sur le bord des lacs, des situations délicieuses que l'on ne peut quitter qu'à regret.

Mais, quelque beau que soit ce pays, il n'a pas cette variété piquante ; ces merveilles de l'art cumulées avec celles de la nature ; ces phénomènes multipliés ; ces points de vue pittoresques, qui commencent à frapper dès que l'on a pénétré dans les Apennins, & que l'on est entré dans l'ancienne Italie.

Plus on y avance, plus le spectacle devient intéressant ; c'est un pays nouveau, un autre peuple, des mœurs différentes. On ne retrouve plus dans la Toscane moderne, ces dévots aruspices Etrusques, attachés uniquement à la science des sacrifices & à l'agriculture, qui dans les douceurs de la paix, dont ils jouirent très-long-temps, virent les beaux arts naître & se former chez eux,

PRÉFACE.

dans un goût original & propre à ce pays, qui ne dut rien, ni aux Grecs, ni aux Egyptiens; mais qui se conserva où il étoit né, & que l'on distingue encore de tous les autres, dans la suite des collections antiques, comme l'ordre toscan dans l'architecture est distingué des ordres grecs.

A présent c'est un autre peuple sur lequel la superstition regne peu; mais qui a fourni une suite de grands hommes dans tous les genres, qui est célébre encore par l'étendue de ses lumieres, son goût & son attachement pour les sciences & les beaux arts. La ville de Florence les a vu renaître dans son sein sans aucun secours étranger. L'architecture y avoit déja des chefs-d'œuvres, pendant que le reste de l'Italie & Rome même étoit encore asservie au plus mauvais goût gothique. Le Cimabué parut dans le treiziéme siécle, &

bientôt il fut suivi de Léonard de Vinci, du Masaccio, de Michel-Ange, de Fra Bartholomeo della Porta, d'André del Sarto, qui étoient à la perfection de l'art avant qu'on ne connût Raphaël & le Titien. Toutes les sciences ont eu dans la Toscane des amateurs éclairés, des auteurs profonds, & des protecteurs puissans qui les ont tirées de l'obscurité. C'est à Florence où se sont allumés ces flambeaux brillans qui ont éclairé les beaux siécles de Léon X & de François premier.

Ce qu'il y a de plus remarquable, c'est que les sciences & les arts s'y soutenoient dans le tumulte des révolutions, malgré la fureur des factions, & la division continuelle des partis différens qui portoient les derniers coups à la République expirante, qu'ils croyoient soutenir, en chaffant hors de son sein, en immolant

PRÉFACE.

même ses plus illustres citoyens. On auroit dû les ramener à des sentimens plus doux, & les conserver pour défendre cette même patrie, qui s'affoiblissoit par toutes les pertes forcées qu'elle faisoit dans le malheur des divisions.

Des temps plus pacifiques ont succédé à ces jours de désordre & de confusion. La nation a changé de face, & doit être plus heureuse ; mais le pays est resté le même, il est riche & florissant, & peut le devenir encore davantage ; il n'a rien à envier aux plus belles Provinces de l'Europe, parmi lesquelles il est au premier rang.

Mais quels climats au monde sont à comparer au Royaume de Naples, pour la beauté de la situation, la fertilité des terres, l'abondance des productions, les merveilles de la nature, les phénomènes les plus rares & les plus singuliers ? C'est-là proprement que l'on retrouve cette belle Italie, que Virgile loue avec autant de magnificence que de vérité, en la mettant au-dessus des riches contrées de l'Inde & de la Lidie, arrosées par le Tage & l'Hermus ; en la préférant à la Perse & à l'Arabie heureuse....

Georg. liv. 2.
Nec pulcher Ganges, atque auro turbidus Hermus,
Laudibus Italiæ certent....

On n'y voit point, dit-il, ces taureaux qui respirent le feu, production formidable des dents de l'hydre ; la terre n'y est point hérissée de lances & d'épées ; mais on y remarque par-tout des moissons abondantes, des vignes qui produisent les vins les plus délicieux ; les montagnes sont couvertes d'oliviers ; les troupeaux y sont multipliés ; on y voit le jeune coursier bondir par les cam-

PRÉFACE. vij

pagnes, & n'attendre que l'inftant où un guerrier habile faffe paroître fa bravoure, fa force & fon agilité....

Sed gravidæ fruges, & Bacchi Maſſicus humor
Implevere : tenent oleæque armentaque læta.
Hinc bellator equus, campo ſe ſe arduus infert.

C'eſt de là que Rome tire les victimes choiſies, qu'elle immole dans les ſacrifices les plus ſolemnels.

Mais ce qu'il y a de plus admirable, c'eſt que le printemps y régne toujours, & que les agrémens de l'été s'y font ſentir, même dans les mois de l'année qui ſont les plus contraires à ſes douceurs & à ſes productions :

Hic ver aſſiduum, atque alienis menſibus æſtas....

Les troupeaux y portent deux fois ; on recueille deux fois du fruit ſur le même arbre.

A ces richeſſes naturelles, ajoutez tant de grandes & belles villes,

a 4

où l'induſtrie humaine ſe montre avec plus de magnificence que dans aucune autre contrée de l'univers. Les grands fleuves qui les arroſent, ces lacs dont les bords fertiles & riants portent dans le centre même des terres les avantages de la mer, y établiſſent une navigation douce & tranquille, des pêches abondantes & inépuiſables, & ſervent à entretenir ces fleuves qui répandent au loin dans le pays l'abondance & la fraîcheur.

Adde tot egregias urbes, operumque laborem,
Tot congeſta manu, præruptis oppida ſaxis,
Fluminaque antiquos ſubter labentia muros...

De là ſi l'on porte ſes regards ſur les rivages de la mer, qui environne l'Italie de trois côtés ; ſi l'on examine la magnificence & la ſûreté de ſes ports, l'étendue du commerce qui s'y fait, la richeſſe & la population de ſes villes ma-

PRÉFACE.

ritimes, entourées de territoires abondans en toutes sortes de denrées, & sur-tout en fruits délicieux ; où toutes les nations de la terre se plaisent à aborder, parce qu'elles y trouvent des rafraîchissemens admirables, & des soulagemens certains contre les maladies presque toujours attachées aux navigations de long cours ; si l'on a vu les pêches abondantes qui se font dans toutes ces mers, on est persuadé que l'avantage seul de la situation suffit pour enrichir cet excellent pays, déja si riche par lui-même ; qu'avant que le commerce y fût établi, ses propres ressources suffirent à ses habitans pour établir l'empire de Rome & de l'Italie sur le reste de l'univers connu.

An mare, quod supra memorem, quodque alluit infra ?
Anne lacus tantos ?....
An memorem portus ?....

PRÉFACE.

Ce pays si fertile & si heureusement situé, renferme encore dans son sein les veines de ces métaux précieux que l'on va chercher à présent si loin, & qui y étoient autrefois si abondans, qu'ils fournissoient à un luxe immense, & à l'entretien des trésors publics qui étoient en dépôt dans les temples. On a vu les Napolitains, pendant la seconde guerre punique, donner en présent aux Romains des sommes considérables d'or pour subvenir aux frais de la guerre. Il n'y avoit point alors de commerce étranger ; cet or se tiroit des mines du pays, probablement de la Campanie. Les anciens habitans de Cumes l'employoient à la décoration de leurs temples, & à l'enrichissement de leurs maisons. Dans les temps les plus reculés, ils avoient une quantité de bijoux d'or à leur usage, & ils en re-

PRÉFACE. xj

hauſſoient leurs étoffes.....

*Hæc eadem argenti rivos, ærisque metalla
Oſtendit venis, atque auro plurima fluxit....*

Et que l'on n'imagine pas que le poëte, accoutumé à la fiction, a raſſemblé toutes les qualités des pays les plus heureuſement ſitués, les plus abondans & les plus riches, pour les donner à l'Italie, & la repréſenter en ſpectacle ſous une couverture magnifique, mais empruntée & formée de mille piéces de rapport. Virgile a été autant hiſtorien que poëte; ſon ſtyle, quelque élégant, quelque pompeux qu'il ſoit, n'ajoute rien à la vérité. On retrouve encore dans les contrées qu'il a peintes, la même magnificence de ſpectacle, la même richeſſe & la même fertilité: tous les grands objets dont il parle ſubſiſtent. Le Royaume de Naples, où il a paſſé la plus grande partie de ſes jours,

a 6

sous le climat le plus heureux, dans la température la plus douce, est encore le plus beau pays du monde & le plus riche. C'est dans la vue de ces régions charmantes qu'il puisoit ces idées agréables, ces descriptions riantes, qui, transportées ailleurs, ne peuvent plus servir que de comparaison, dont il est difficile de sentir la réalité; c'est là, pour tout dire, qu'il composa ses Géorgiques; c'est sur les usages mêmes du pays qu'il fit ses observations excellentes, d'où résulterent ces préceptes si vrais & si utiles qu'il donna sur la culture des terres, l'éducation des troupeaux, & toute l'économie rustique qu'il avoit étudiée avec réflexion, & qu'il connoissoit parfaitement.

Quand on a parcouru ces contrées délicieuses, quand on les a examinées, alors on ne voit plus dans Virgile qu'un géogra-

PRÉFACE. xiij

phe exact & circonstancié, qu'un historien fidele, qui s'est servi du langage des Dieux pour donner à la postérité la plus reculée une idée juste du pays qu'il avoit adopté, qu'il regardoit comme une autre patrie, où il passa des jours heureux & tranquilles, dans la jouissance des plaisirs innocens qu'il trouvoit dans le commerce des muses, l'observation de la nature & le culte des Dieux. Aussi dans l'enthousiasme de sa reconnoissance & de son attachement, il s'écrie....

Salve magna parens frugum, Saturnia tellus ;
Magna virum......

Il joint ici les qualités morales aux physiques ; cette même terre si riche dans ses productions a donné la naissance aux plus grands hommes.

Hæc genus acre virum, Marsos, pubemque
Sabellam ;

PRÉFACE.

Assuetumque malo Ligurem, Volscosque verutos
Extulit : hæc Decios, Marios, magnosque
Camillos,
Georg. *Scipiadas duros bello, & te, maxime Cæsar...*
liv. 2.

Il ne pouvoit rien imaginer de plus grand dans ce genre. Tous ces hommes illuftres qui avoient fait la deftinée de l'univers, étoient nés dans l'Italie proprement dite. Il voyoit dans leurs grandes actions une preuve de leur defcendance des Dieux mêmes, qui paffoient pour avoir habité les premiers l'Italie; leurs vertus, leur prudence, leur force, ne lui permettoient de voir en eux que des mortels si heureufement nés, qu'ils pouvoient rapporter leur origine aux Dieux, fans avoir à en rougir.... *Præs-* Aulug. l. *tantissimos virtute, prudentia, vi-* 15, c. 21. *ribus, Jovis filios poëtæ appellarunt....* Idée excellente qui ne pouvoit que porter les hommes à la vertu.

PRÉFACE. xv

Mais tous les Dieux n'avoient pas l'avantage de produire des descendans vertueux & honnêtes; cette prérogative paroiſſoit ſpécialement réſervée à Jupiter & à ſa ligne; car les hommes qu'une intrépidité décidée portoit à affronter les hazards de la mer, qui renonçoient en quelque façon au ſéjour délicieux de la terre pour vivre ſur l'élément perfide & inconſtant, paſſoient pour les fils de Neptune; on les regardoit comme des gens féroces, barbares & ſans humanité.... *Ferociſſimos & immanes, & alienos ab omni humanitate tanquam à mari genitos, Neptuni filios dixerunt, cyclopa, leſtrigonas....* Il eſt vrai que ceux qui, dans les temps reculés, s'exerçoient à la navigation ſur les côtes de Grece & d'Italie, couroient plutôt les mers pour faire le métier de pirates, que pour établir un com-

Aulug. l. 15, c. 21.

merce reglé & quelque correspondance entre la terre-ferme & les ifles, l'Italie, la Grece & quelques côtes de l'Afie. Les Romains eux-mêmes firent paffer en Italie le luxe & les richeffes de l'Afie, plutôt comme dépouilles de pays vaincus & à titre de conquérans, que comme navigateurs ; ils ne fongerent pas à établir les arts de la Grece & de l'Italie, dans les vaftes Provinces où ils dominoient ; ils n'y porterent jamais rien de leurs productions abondantes ; & leur navigation ne s'étendoit qu'autant qu'il étoit nécessaire pour faire paffer leurs légions d'une Province à l'autre.

Virgile appelle l'Italie *Saturnia tellus, magna virûm* ; terre de Saturne, patrie des grands hommes. Ce Saturne, fous le nom duquel les anciens mythologiftes ont tant débité de fables, qu'ils ont donné pour le pere des plus grands Dieux, étoit un philosophe habile & éclairé, qui avoit beaucoup voyagé ; qui avoit étudié dans les différens pays qu'il avoit parcouru, la maniere la plus utile de cultiver les terres, & d'en tirer plus de produit.

Janus, petit prince d'Italie, dont on a fait un demi-Dieu, que l'on a représenté avec deux visages, parce que les réflexions qu'il faisoit sur le passé, dont il avoit une grande connoissance, lui faisoient prendre des précautions si utiles pour l'avenir, qu'il sembloit le prévoir, reçut Saturne dans le cours de ses voyages ; profita de ses observations, sur lesquelles il rectifia sa maniere de cultiver ; donna de nouvelles lumieres à ses sujets ; rendit son petit état plus florissant & plus riche, & ses sujets plus heureux. Voilà la véritable explication des fables qui ont été débitées sur Janus, & la raison pour laquelle on a dit qu'il avoit deux visages, & qu'il voyoit devant & derriere lui.

Tertullien, qui examinoit les choses en philosophe éclairé, convenoit que l'on ne trouvoit nulle part des preuves plus certaines de leur origine, qu'en Italie. Il cherchoit à convaincre les Romains de la fausseté du paganisme, en les amenant à des idées justes & raisonnables sur le principe de leur culte ; & en leur conservant la noble antiquité, & la prééminence sur les autres peuples, dont ils se glorifioient... *Si quæras rerum argumenta, nusquam invenio fideliora quam apud ipsam Italiam, in quâ Saturnus, post multas expeditiones, postque Attica hospitia concedit....*

Tert. Apolog. c. 10.

C'est donc très-anciennement que l'Italie a été appelée terre de Saturne. Quelques auteurs même, accoutumés à regarder Saturne comme le plus ancien de tous les Dieux, en ont parlé sans daigner faire mention de Janus. Festus-Pompeïus dit que le mont Capitolin avoit eu autrefois le nom de Saturnien, comme étant sous la protection particuliere de ce Dieu. Les habitans du bourg situé au bas de cette montagne étoient appelés Saturniens ; & on y voyoit un autel consacré à ce Dieu, bien avant la guerre de Troie. Sans rejetter cette prodigieuse antiquité comme fabuleuse, je n'y vois qu'un événement tout ordinaire. Janus céda quelques terres de son petit état à Saturne, qui s'y établit & leur donna son nom.

Liv. 17.

Les Romains, accoutumés à voir tout dans un ordre extraordinaire, accablés en quelque sorte sous cette multitude de fables, dans la croyance desquelles on les élevoit, & dont ils n'osoient secouer le joug, aveuglés par l'éclat majeſtueux que leur puiſſance même avoit communiqué à ces êtres chimériques, ils n'oſerent plus rien y voir que de ſurnaturel; les Dieux avoient tout fait, & les hommes ne devoient y avoir contribué pour rien. Comme ils ne peuvent, dit Ciceron, porter leurs regards ſur une antiquité ſi reculée, ils ne ſauroient s'imaginer que les premiers auteurs des inſtitutions les plus utiles ayent été des hommes.... Quand on a dit qu'Atlas portoit le ciel ſur ſes épaules ; que Promethée avoit été attaché ſur le Caucaſe ; que Cephée, ſa femme, ſon gendre & ſa fille brilloient au nombre des aſtres, quelle raiſon auroit pu donner cours à ces opinions, ſi la ſcience divine de l'aſtronomie qui avoit fait admirer ces grands hommes, n'eût ſervi de prétexte à ceux qui

Tuſc. v. n. 2. & 3.

ont imaginé ces fables ?.....

Ce paſſage lumineux d'un des plus grands philoſophes de l'antiquité, nous enſeigne la vraie maniere de donner un ſens raiſonnable à tous les myſteres de la théologie païenne, & à trouver la raiſon même dans ſon abſurdité. C'eſt au moyen de ce fil que nous marcherons ſur les traces de Saturne, de Janus, d'Hercule même, que nous les ſuivrons dans leurs courſes en Italie; que nous y découvrirons le véritable ſens de leurs exploits merveilleux, & que nous retrouverons encore les veſtiges des établiſſemens qu'ils y ont fait; on verra dans la terre de labour les champs phlégréens, où les géants oſerent combattre contre les Dieux, & on reconnoîtra ce qui a donné lieu à cette fable. Tant que le paganiſme a ſubſiſté, ces idées ſe ſont conſervées, & les auteurs les mieux inftruits ont débité gravement les fables les plus abfurdes ; il a fallu un nouvel ordre de chofes, une religion pure & fainte qui éclairât les efprits en les élevant, & qui rendît à la raifon qu'elle conduifoit, toute l'autorité que l'erreur lui avoit enlevée.

Quant aux mœurs anciennes de l'Italie, il n'eft pas fi aifé d'en retrouver les veftiges dans les mœurs actuelles. Les révolutions que les divers gouvernemens ont éprouvées avant que de fe fixer, ont changé totalement la face des chofes. Si on peut encore fe former à Venife une idée du fénat de Rome, c'eft que cette république s'établit lorfque l'empire fubfiftoit, & que l'on parloit encore à Rome de la forme extérieure du fénat. Dans fa décadence, la plupart des villes éloignées & puiffantes avoient repris une forme de gouvernement qui tenoit un peu de celui de cette ville, qui avoit donné des loix au reste de l'univers. Tous les autres états sont soumis à des princes souverains, & dès-lors à la volonté d'un seul. L'espece d'aristocratie qui se conserve dans quelques villes principales, n'en a que le nom sans autorité; il faut en excepter les républiques de Gênes & de Luques, dont les gouvernemens sont assez connus. La puissance temporelle de l'église est une aristocratie d'une forme nouvelle. Toutes ces variations ne permettent plus de reconnoître l'ancien état de l'Italie dans celui qui subsiste aujourd'hui; d'ailleurs la partie la plus fréquentée de l'Italie par les anciens, cette grande Grece qu'occupoit presque tout le royaume de Naples, est aujourd'hui fort ignorée. On ne voyage plus dans la terre xxiv *PRÉFACE.*

d'Otrante & dans celle de Bari; à peine connoît-on les deux Calabres & la Basilicate ; c'est cependant là qu'ont abordé les Pithagore & les Platon ; c'est par les usages de ces provinces qu'ils jugeoient du reste de l'Italie. La mollesse voluptueuse qui régnoit dans ces cantons, déplut infiniment au sage Platon, & lui fit dire qu'avec de telles mœurs, il n'étoit pas possible qu'un homme devînt jamais prudent & courageux, & qu'y étant habitué de jeunesse, il ne pouvoit jamais assez connoître la tempérance & la continence, pour s'en faire une idée & y aspirer.... *In Italiam appuli.... quo cum pervenissem, mihi vita, nullo prorsus modo placuit, quam illic degebant, quia cibo se quotidie bis satiarent, nunquam soli dormirent noctu, & alia instituta sequerentur, quæcumque vitam hujusmodi comitari*

<small>Plato, in epist. cité par Athanée, l. 12.</small>

comitari solent..... Cependant c'étoit alors la région la plus brillante & la mieux cultivée de l'Italie. Mais combien les choses y ont changé !... Ces mœurs n'ont reparu que dans les temps les plus remarquables de la magnificence Romaine, & sous les premiers empereurs; elles ont été une des causes les plus sensibles de la décadence de l'Empire Romain, comme elles avoient perdu le pays où elles s'étoient d'abord établies; & l'on peut dire que cette espece d'intempérance qui choqua si fort Platon, n'y regne plus. En général tous les Italiens sont fort sobres.

Mais toutes ces variations n'ont rien diminué des grandes prétentions de cette nation, tant par rapport à sa noblesse originaire, qu'à l'avantage de sa situation. Les régions situées dans une température moyenne, dit le savant Celius Rhodiginus, où le chaud [Lect. Ant. l. 18, c. 20.]

PRÉFACE.

& le froid ne dominent jamais exclusivement, mais où ils se tiennent respectivement dans une proportion juste entre les extrêmes, produisent les esprits les plus prudens & les plus sages, ceux qui sont le plus capables de gouverner.... Telle a paru être à Vitruve la situation de l'Italie. Les corps & les esprits y tiennent de cette température heureuse, qui les fait participer aux avantages des nations septentrionales & méridionales, sans rien avoir de leurs défauts. C'est sous ce point de vue que l'on doit considérer les peuples de l'Italie; par leur prudence, ils viennent à bout des efforts redoutables du septentrion, & par leurs forces ils triomphent aisément des entreprises du midi.... Aussi regarde-t-il l'Italie comme le sol le plus favorable à la noblesse & aux loix....

Lect. Ant. l. 23, c. 27. *Itali fiunt semper regali nobilitate præfulgidi.... legibus & justitiâ insignes Itali....* Avantages qu'il paroît rapporter à l'heureuse situation de ce pays, comme à leur premiere cause ; ce qu'il discute sur-tout dans le chapitre qui a pour titre, *Ex diversis cœli habitibus, diversos evadere hominum mores....* Doctrine qui a été bien solemnisée dans notre siécle.

L. 18, c. 20.

Quant à moi, content d'examiner ces différens objets sans en juger, j'ai tâché de me mettre au rang de ceux qui, comme le dit Ciceron, venoient aux jeux publics uniquement pour voir ce qui s'y passoit, & faire leurs réflexions sur ce qui se présentoit à leurs yeux. Comme à l'égard de ces jeux, il n'y a rien de si honnête que d'y assister sans aucune vue intéressée ; de même en ce monde la profession la plus noble & la plus honnête, est celle d'une étude qui n'a d'autre but que de parvenir à la connoissance de toutes choses.... *In vitâ longè omnibus studiis, contemplationem rerum, cognitionemque præstare.*

Tuscul. v. n. 3.

Nota. L'abondance des matieres des deux premiers tomes a obligé de rapporter au commencement de celui-ci, l'ordre chronologique des Peintres des différentes Écoles de l'Italie, qui auroit dû être placé à la suite des Empereurs, comme on l'avoit annoncé dans le discours préliminaire.

CHRONOLOGIE
DES
PEINTRES
EN ITALIE.

ON diſtingue différentes écoles de peintres en Italie, dont il eſt important d'avoir une idée, pour les caractériſer par le genre de peinture qui y a dominé, & par la ſuite des peintres célébres qui en ſont ſortis, & dont les tableaux ſont connus & recherchés par les curieux.

L'école Romaine eſt regardée comme la premiere, & date ſon exiſtence du temps de Raphaël qu'elle reconnoît pour ſon chef. C'eſt la plus célébre de toutes, pour la beauté & la correction du deſſein, l'élégance des compoſitions, la vérité de l'expreſſion, & l'intelligence des attitudes. Les habiles maîtres de cette école ſe ſont formés principalement ſur l'étude de l'antique. La plupart ſe ſont moins appliqués au coloris, qu'à rendre avec une ſorte de ſolemnité les grandes idées dont ils étoient pénétrés; en quoi ils ont réuſſi d'une maniere ſupérieure : leurs tableaux tiennent le premier rang dans les collections de peintures.

L'école Florentine a eu pour fondateurs Léonard de Vinci, & Michel-Ange Buonarotti. Ces deux grands artiſtes ont tranſmis à leurs éleves un goût de deſſein fier & décidé, une ſublimité d'expreſſion, qui donne quelquefois dans le gigantesque, & ſouvent ſemble outrée & hors de nature, & cependant toujours magnifique. André del Sarto, contemporain de ces grands hommes, a été excellent coloriſte; & une grande partie de ſes tableaux ont encore un éclat admirable. Fra Bartholomeo della Porta, qui donna des leçons à Raphaël, & qui en étoit digne, a laiſſé peu de tableaux, mais qui ſont excellens dans toutes leurs parties : il a vu l'école de Florence ſe former. Dans la ſuite des temps, ſans abandonner le grand goût du deſſein & de l'expreſſion, le coloris s'eſt perfectionné dans cette école, qui eſt moins nombreuſe que les autres.

L'école Lombarde a réuni toutes les qualités qui forment la perfection de l'art de peindre. A l'étude de l'antique, ſur lequel elle s'eſt formée pour le deſſein, ainſi que les écoles Romaine & Florentine, elle a joint les beautés vivantes & ſenſibles de la nature, la richeſſe de l'ordonnance, la vérité de l'expreſſion, la pureté & la fineſſe des contours, un coloris ſouvent auſſi beau & auſſi vrai que la nature même, une facilité de pinceau admirable ; enfin elle a raſſemblé ce que la ſcience & les graces de la peinture peuvent offrir de plus noble & de plus touchant. Le Corrége eſt regardé comme le premier peintre de cette école, qui compte parmi ſes éleves, le Parmeſan, le Schidone, les Carraches, le Guide, le Guerchin, le Dominiquin, l'Albane. Quels noms dans l'hiſtoire de la peinture, & combien ces illuſtres ont travaillé ! On en peut juger par cette quantité immenſe de tableaux de prix qui ſont ſortis de leurs mains.

L'école Vénitienne a produit des peintres excellens, dont plusieurs, dans le cours d'une longue vie, semblent en avoir consacré tous les instans à produire un nombre immense de chefs-d'œuvres de l'art. Ils ont imité la nature avec une perfection & une fidélité qui séduit les yeux. Leur coloris est savant & enchanteur ; on y remarque la plus grande intelligence du clair obscur, une belle imagination, une ordonnance riche, les touches les plus gracieuses & les plus spirituelles ; enfin une maniere qui enchante, sur-tout dans les belles & savantes compositions du Titien & de Paul Véronese. Ces grands artistes ont trop négligé le dessein, qui est essentiel à la peinture. Les Bellins, le Giorgion & le Titien sont regardés comme les fondateurs de cette école. Le Giorgion & le Titien sur-tout, ont porté la maniere vénitienne à une perfection que l'on a eu peine à égaler.

Ces quatre fameuses écoles ont produit cette quantité de peintres célébres, dont les noms & les ouvrages perceront la nuit des siécles, & serviront à former dans la suite des temps, des artistes qui les remplaceront en étudiant leurs ouvrages ; lesquels, pour un génie né pour la peinture, sont la leçon la plus frappante, en ce que le modele & le précepte se trouvent réunis.

L'école Françoise, qui s'est formée sur celles d'Italie, a produit des artistes qui les ont imitées dans leurs différentes manieres. Le Poussin sur-tout a travaillé si bien dans le bon goût de l'école Romaine, que les Italiens même se plaisent à placer ses tableaux parmi ceux de leurs meilleurs maîtres. De tous les peintres François, c'est le plus connu à

Rome. Rubens & Vandick, tous deux de l'école Flamande, sont regardés en Italie comme deux artistes illustres, dont les tableaux vont de pair avec ce que les plus habiles maîtres des différentes écoles ont produit de plus parfait. Vandick, pour le portrait, dispute le premier rang à tous ceux qui ont travaillé dans le même genre. Rubens, dans les tableaux d'histoire & les allégories, ne le céde à nul autre. Il a de plus un coloris si vrai & si éclatant, ses tableaux se conservent avec tant de fraîcheur, que son mérite semble croître avec les années. Les autres bons peintres de l'école Flamande sont recommandables par le travail achevé de leurs tableaux, l'imitation souvent trop fidele de la nature, une délicatesse d'exécution & de pinceau, une patience & un fini que l'on ne trouve que dans leurs ouvrages.

ÉCOLE ROMAINE.

Raphaël Sanzio, d'Urbin, né en 1483, mort en 1520. Aucun peintre n'a porté plus haut l'art de la peinture, & n'a plus approché de la perfection. Ses grands ouvrages sont à Rome au palais du Vatican. Ses tableaux tiennent le premier rang dans les collections, quoiqu'ils n'ayent ni l'éclat du coloris du Titien, ni la beauté des teintes du Corrége.

Jules Romain (Giulio Pippi) né en 1492, mort en 1546, disciple favori de Raphaël. Le caractere de ce peintre est la force & la hardiesse; on a quelques morceaux de lui admirablement dessinés; son coloris étoit foible &

obscur : ses grands ouvrages sont à Mantoue & à Rome.

Jean-François Penni, dit il Fattore, né à Florence en 1488, mort en 1528. Il travailla heureusement sur les desseins de Raphaël son maître. Ses principaux ouvrages sont les galeries du Vatican, & le petit Farnese à Rome. Après la mort de Raphaël, il ne fit plus rien de remarquable, que quelques tableaux de paysage dans lesquels il excelloit.

Polidore, de Caravage dans le Milanois, né en 1495, mort en 1543, portoit le mortier aux disciples de Raphaël, qui travailloient au Vatican. Lorsque ce grand homme reconnut les talens de Polidore, il le mit au nombre de ses éleves. Il étoit bon coloriste : ses tableaux sont remarquables par la correction du dessein, la noblesse & la fierté des airs de tête.

Perrin del Vague Bonacorsi, né en Toscane en 1500, mort en 1547. Il a travaillé au Vatican sous les ordres de Raphaël. Il a si bien imité son maître, que plusieurs de ses tableaux passent pour être de Raphaël....

Innocentio da Imola, éleve de Raphaël, a dessiné dans la premiere maniere de son maître. Son coloris étoit bon, & se conserve encore. Ses tableaux sont précieux.

Giulio Clovio, éleve de Jules Romain, dont il apprit à dessiner. Il s'en tint à la miniature, dans laquelle il excella. On voit de ses ouvrages à Florence, à Rome, & dans quelques cabinets : il est mort en 1578, âgé de quatre-vingts ans....

Frederic Barocci, né à Urbin en 1528, mort en 1612. Ses tableaux sont très-agréables ; il approche de la beauté du coloris du Corrége, & son dessein est plus exact, quoique ses attitudes soient quelquefois outrées. Il a bien entendu les effets de lumiere ; les airs de ses têtes sont riants & gracieux. On verra de ses ouvrages à Milan, à Bologne, à Pesaro, à Lorette & à Rome.

Thadée & Frederic Zuccharo, freres, nés dans le duché Urbin. Le premier, mort en 1566; l'autre en 1609. Thadée avoit le génie le plus heureux pour la peinture, & étoit bon coloriste. Frederic, moins habile que son frere, acheva la plupart des ouvrages qu'il avoit entrepris : on en voit à Venise, à la villa Estense, à Tivoli & à Rome.

Antonio Tempesta, né à Florence en 1555, mort en 1630. Il avoit du génie pour les sujets de mouvement, tels que les batailles, les marchés, les chasses. On voit plusieurs de ses tableaux dans les cabinets de Rome : ses tableaux de paysages & d'animaux sont recherchés.

Joseph-César d'Arpin, dit le Cavalier Joseppin, né en 1560, mort en 1640. On voit de lui quelques grands tableaux d'histoire au capitole, remarquables sur-tout par la beauté des chevaux. Il composoit avec génie : son coloris est foible.

Michel-Ange Ameriggi da Cavarragio, né en 1569, mort en 1609. Il a beaucoup travaillé. Son dessein est fier & précis. Il a rendu les figures de ses tableaux saillantes, & leur a donné du relief par ses ombres fortes & noires, ce qui donne un effet piquant à ses tableaux, & les fait aisément reconnoître. Il imitoit bien la nature, mais son choix n'étoit pas beau ; la plupart de ses figures ont le tein olivâtre, & l'air de la bassesse même. Ainsi il réussissoit merveilleusement à peindre les soldats, les paysans, les femmes du commun. On voit beaucoup de ses ouvrages à Rome & à Naples. Ses grands tableaux de dévotion, peints dans ce goût, sont ordinairement désagréables....

Joseph Ribera, dit l'Espagnolet, né à Valence en 1589, mort à Naples en 1656, éleve de Michel-Ange de Caravage, mais supérieur à son maître. Il a excellé dans les figures qui exigent de la force, de l'expression, & un pinceau vigoureux; tels que les prophètes, les philosophes, les docteurs de l'église, toutes les figures austeres & chargées. On voit beaucoup de ses ouvrages à Naples, sur-tout dans l'église des Chartreux, & dans toutes les belles collections, où ils tiennent un rang distingué.

Dominique Féti, né à Rome en 1589, mort en 1624, imita l'antique & Jules Romain, ce qui lui donna un caractere de dessein fier & vigoureux. Il avoit l'imagination belle, beaucoup de génie. Ses tableaux, où l'on trouve souvent des incorrections, sont piquants & pleins d'esprit; ce qui les fait rechercher & les distingue des autres maîtres. Son ton de couleur est sombre.

Giovanni Lanfranc, né à Parme en 1581, mort à Rome en 1647. Il a excellé sur-tout dans les grandes machines, telles que coupoles & grands plafonds. On verra les peintures qu'il a faites à saint André della Vallé à Rome. On a peu de tableaux de chevalet de ce peintre; ses plus beaux ouvrages sont à Naples.

Pietro Berretini de Cortonne, né en 1596, mort en 1669, a excellé dans la composition, où il a mis beaucoup de noblesse. On verra dans la collection du capitole, son fameux tableau de l'enlevement des Sabines, & un autre de la bataille d'Arbelles, dont l'ordonnance & les groupes principaux sont les mêmes que dans le tableau de Lebrun. Les plafonds qu'il a peints au palais Barberini à Rome, & à Florence au palais Pitti, sont d'une grande beauté : par-tout on reconnoît le grand peintre & l'homme de génie.

Mario Nuzzi di Fiori, né en 1599, mort en 1673, s'est fait une grande réputation en peignant des fleurs, & y a excellé. Ses tableaux sont très-recherchés : il peignoit quelquefois des bordures dans lesquelles d'autres peintres plaçoient des figures.

Michel-Ange Cerquozzi des Batailles & des Bambochades, né en 1602, mort en 1660, excella à peindre les batailles, les marchés, les foires de village. Son imagination plaisante & gaie se fait remarquer dans ses compositions qui sont estimées. Il étoit si habile dans sa manière, qu'au récit d'une bataille ou de quelqu'autre événement, il en traçoit l'ordonnance sur la toile même où il devoit la peindre. Son coloris est vigoureux, sa touche légere : ses tableaux sont recherchés.

Claude Gelée le Lorrain, paysagiste, né en 1600, mort à Rome en 1682, est regardé comme le premier peintre de paysages. Ses tableaux sont très-estimés. Personne n'a mieux entendu que lui la perspective aërienne, & n'a mieux rendu les beautés différentes des vues qu'il a toujours peintes d'après la nature la plus piquante. Il peignoit mal les figures ; quand il y en a de bonnes dans ses tableaux, elles sont du Bourguignon son éleve....

Andrea Sacchi, né à Rome en 1599, mort en 1661, peintre digne des plus beaux temps de la peinture. Ses tableaux sont admirablement dessinés ; on y voit les graces, la tendresse & le coloris de son maître l'Albane ; & plus de noblesse, de vérité d'expression & de finesse. Son tableau de saint Romuald passe pour l'un des plus beaux qui soient à Rome. Il y a une mort de sainte Anne *à san Carlo à Catinari* à Rome, qui est aussi un excellent morceau.....

Dominique Passignani, mort environ 1630, âgé de quatre-vingts ans, a peint avec goût & noblesse. Son coloris approche de celui de l'ancienne école Romaine ; mais la beauté d'expression de ses tableaux les fait rechercher. On voit beaucoup de tableaux de chevalet de ce maître, & quelques grands ouvrages à Florence.

Pietro Testa, né à Luques en 1611, se noya dans le Tibre, en voulant retenir son chapeau que le vent emportoit, en 1648. Il étudia longtemps les antiques de Rome, sur lesquels il se forma une bonne maniere de dessiner, quoiqu'un peu roide. Son coloris est ferme. Il y a beaucoup de ses tableaux à Rome, & on lui en attribue plus qu'il ne peut en avoir fait.

Salvator Rosa, né en 1614, mort en 1673. Ses tableaux de chevalet sont répandus dans toute l'Italie, où ils sont fort estimés. Il peignoit avec la plus grande vérité, & rendoit la nature telle qu'elle étoit. On a de lui d'excellens tableaux de batailles, de chasses, de paysages & d'animaux, qui étoient son vrai genre. Il en a fait quelques autres de caracteres marqués, où il a également bien réussi. Son coloris est vigoureux ; son dessein est quelquefois bizarre ; mais tous ses tableaux ont un air original, qui ne permet pas que l'on s'y méprenne. Son frere ou son neveu Pietro Rosa, a travaillé dans le même goût, mais d'une maniere bien inférieure. Salvator Rosa a gravé à l'eau-forte tous ſes deſſeins, dont on trouve la collection chez ſes héritiers à Rome.

Carlin Dolce, né en 1616, a beaucoup travaillé à Rome. Son coloris eſt frais, & ſa compoſition gracieuſe.

Hiacinthe Brandi, né à Rome en 1623, mort en 1691. Ses tableaux y ſont communs; on les reconnoît à la beauté de l'ordonnance, à la fécondité de l'imagination, & à la facilité du faire. Ils ſont incorrects de deſſein & foibles de couleur. La maniere de Brandi étoit ſi peu décidée, que ſouvent les curieux ſe trompent à ſes tableaux, & les donnent à d'autres maîtres.

Carlo Maratti, né à Rome en 1624, mort en 1713, a deſſiné ſagement, & a plutôt cherché à plaire dans ſes compoſitions, qu'à étonner. Ses airs de tête ſont très-agréables, ſon coloris eſt brillant, plus dans le goût du Barrocci que d'aucun autre peintre Il a excellé à repréſenter les Vierges & les ſujets de dévotion. Ses tableaux ſont très-finis.

Luca Giordano, né à Naples en 1632, mort en 1705. L'Italie eſt pleine de tableaux de cet excellent artiſte, qui travailloit avec une facilité & une célérité ſinguliere; mais ils ne ſont pas tous de la même force : on en voit quelques-uns de la plus belle expreſſion, & d'un coloris excellent.

Ciro Ferri, né en 1634, mort en 1689. Il ſe forma ſur les ouvrages de Pierre de Cortone. Son coloris eſt frais & gracieux. Il peignoit avec propreté; mais il manquoit de ce feu d'imagination qui caractériſe les grands artiſtes; ce qui fait que ſes originaux reſſemblent à d'excellentes copies travaillées avec ſoin.

Jean-Baptiste Bacici, né à Gênes en 1639, mort en 1709, vint à Rome, où il se fit connoître avantageusement. Il a peint la belle coupole de l'église du Jesus à Rome. On remarque dans ses tableaux un génie heureux, une grande facilité, & une belle couleur : il peignoit bien le portrait.

Mathias Preti, dit le Calabrese, né en 1643, mort en 1699, eut le génie le plus heureux pour l'invention, la beauté & les richesses des ordonnances. Ses tableaux sont d'un grand effet ; on y remarque dans tous quelque chose d'original & de gracieux. Son coloris est vigoureux....

Joseph Passari, né en 1654, mort en 1714, éleve de Carle Maratte, a travaillé dans sa maniere de même que Giuseppe Chiari....

François Solimeni, né à Naples, y est mort en 1747, âgé de quatre-vingt-dix ans. Ce peintre a eu la plus belle imagination & le génie le plus heureux ; ses tableaux sont vraiment animés, & en mouvement. Il semble l'emporter dans ce genre sur tous les peintres. Son dessein est fier & beau, son coloris est gris, ses ombres sont bleuâtres ou noires ; mais il y a tant d'expression & d'esprit dans ses tableaux, qu'on ne se lasse point de les examiner : il a beaucoup travaillé : c'est à Naples que sont ses plus beaux ouvrages.

Sebastien Concha, peintre Napolitain, mort depuis quelques années. Il semble qu'il ait voulu imiter la maniere de Solimeni ; mais son génie froid ne lui a pas permis de le suivre. Ses tableaux sont bien arrangés. Son coloris est frais & beau, en quoi il l'emporta sur Solimeni. Ce qu'il a fait de plus grand & de mieux entendu, est une belle peinture à fresque dans le fond de la falle principale du grand hôpital de Sienne.

Paul Panini, vivant à Rome, peintre de vues & de payfages. Il eft excellent pour les détails. Ses vues de l'églife faint Pierre de Rome font d'une vérité frappante. Son coloris eft bon. Les figures dont il enrichit fes tableaux, font touchées avec efprit.

Paolo Monaldi, vivant à Rome, peint des bambochades, où il met du feu & de l'expreffion.

Pompeïo Battoni, réuffit bien dans le portrait & dans les tableaux d'hiftoire. Ses couleurs font bien fondues, & dans la maniere du Corrége.

Blanchet, peintre François, établi à Rome depuis long-temps. Son deffein eft correct & beau. J'ai vu quelques tableaux de lui, compofés avec agrément, & bien coloriés : il a fait auffi de beaux portraits.

Meinff, Saxon, s'eft formé à Rome d'après l'antique & les tableaux de Raphaël, qu'il a beaucoup étudié, ainfi qu'on peut le voir dans le beau tableau de plafond qu'il a fait à la villa du cardinal Aleffandro Albani, & dans le plafond de l'églife de faint Eufebe.

ÉCOLE FLORENTINE.

Cimabué, né en 1230, mort en 1300. On le regarde comme le pere de la peinture moderne. Il apprit fon art de quelques peintres Grecs, venus à Florence, & peignit dans leur goût, avec plus de génie cependant, & un coloris plus vrai & plus naturel.

DE FLORENCE.

Giotto, né en 1276, mort en 1336, disciple du Cimabué, sculpteur & architecte. On voit plusieurs de ses tableaux à Florence, à Pise, à Padoue, & à Rome dans le Vatican. Il contribua beaucoup à la perfection de l'art, en mettant quelque ordonnance dans ses tableaux.

Le Masaccio, né en 1417, mort en 1443. Ce qu'il a fait, & qui subsiste, annonçoit le vrai restaurateur de la peinture, s'il eût vécu plus long-temps.

Luca Signorelli da Cortona, né en 1439, mort en 1521. On voit de ses tableaux à Lorette & à Rome, où l'on remarque un dessein précis, & une belle composition; mais un coloris très-foible.

Leonardo da Vinci, né en 1445, mort en 1520, sculpteur & architecte, l'un des génies les plus heureux qui soient nés pour les beaux arts. Il n'a fait presque aucun tableau de chevalet. Son grand tableau de la cêne, qui est à Milan, peut faire juger de son mérite. Il étoit l'un des plus grands artistes qui ayent jamais existé. Il a fait construire le canal de l'Adda à Milan, que l'on avoit regardé jusqu'à lui comme impossible. Il se trouva à Milan lorsque le roi Louis XII y fit son entrée solemnelle. Les Milanois lui ayant demandé quelque chose de nouveau qui pût plaire au roi, il imagina de faire un lion plein de ressorts, qui marcha quelques pas dans une salle au-devant du roi: son corps s'ouvrit ensuite, & on vit dans sa poitrine les armes de France. Léonard de Vinci étoit aussi aimable dans la société, qu'il étoit habile. Il mourut en France entre les bras du roi François premier, qui étoit allé le voir.

Pietro Perugino, né en 1446, mort en

1524, prit des leçons de Léonard de Vinci; mais resta fort au-dessous de son maître. Sa maniere de dessiner est roide, & tient beaucoup de celle du Cimabué & des peintres Grecs; mais ses airs de tête sont gracieux & élégans. Il travailloit les mains avec délicatesse; & son coloris se conserve encore frais & gracieux....

Bartholomeo della Porta, né en 1465, mort en 1517, très-excellent peintre, ainsi que le prouvent ses tableaux que l'on voit à Florence & à Rome. Il se forma sur les ouvrages de Léonard de Vinci. Il apprit les regles de la perspective de Raphaël, auquel il enseigna l'art de colorier. Son dessein est correct & pur, ses figures gracieuses, son ordonnance sage, & son coloris beau comme la nature même. Plusieurs de ses tableaux ont encore toute leur fraîcheur.

Michel-Ange Buonarotti, né en 1475, mort en 1564, eut du goût pour les arts, dès qu'il put témoigner quelqu'inclination; ce que l'on a attribué en partie au hazard, qui fit qu'il fut mis en nourrice au village de Settignano, dont presque tous les habitans étoient sculpteurs, entr'autres le mari de sa nourrice. A quatorze ans il fut mis entre les mains du Ghirlandaïo, peintre & sculpteur de Florence, & à seize ans ses ouvrages étoient fort au-dessus de ceux de son maître. Il a été très-grand peintre, & tient le premier rang parmi les sculpteurs & les architectes modernes.

Andrea del Sarto, né en 1478, mort en 1530, l'un des meilleurs peintres de l'école Florentine. Sa maniere est large, son pinceau moëlleux & frais, & ses tableaux ont encore un éclat singulier. On peut le regarder comme le plus grand coloriste de l'école de Florence. Il a travaillé quelque temps en France pour François premier. Ce n'est qu'à Florence qu'on peut prendre une idée juste des ouvrages de ce peintre.

Baltazar Peruzzi, de Sienne, né en 1481, mort en 1536. Il étudia les grands maîtres, & sur-tout la nature, dont il se forma de belles idées qu'il rendit avec succès. Il a le premier travaillé avec goût une décoration de théâtre. Les tableaux qui restent de lui, & quelques peintures à fresque, prouvent qu'il entendoit très-bien la perspective. Il a fait peu de tableaux de chevalet; son coloris étoit foible. On voit à Rome plusieurs palais dont il a donné les desseins. Il a conduit les fortifications de Sienne.

Macherino, de Sienne, dit Dominique Beccafumi, né en 1484, mort en 1549, dessina avec goût & correction. Son plus grand ouvrage est le pavé de l'église de Sienne, qu'il a conduit & exécuté en partie. Je n'ai vu de lui qu'un tableau au palais Borghese à Rome, qui représente saint Sebastien, qui est d'un grand goût de dessein; le coloris en est foible. Le Beccafumi étoit en même temps architecte & sculpteur.

Baccio Bandinelli, né à Florence en 1487, mort en 1559, peintre médiocre, mais très-grand sculpteur. On voit d'excellentes statues de sa main à Florence & à Rome. Il se croyoit d'un mérite au moins égal à Michel-Ange, & soutenoit avec peine de ne lui être pas préféré en tout. . . . .

Jacques Pontorme, né à Florence en 1494, mort en 1559. Ce peintre s'annonça avec tant de succès, que Raphaël & Michel-Ange en voyant ses premiers ouvrages, crurent qu'il porteroit la peinture à sa perfection. Alors son pinceau étoit vigoureux, son coloris excellent, son imagination belle & féconde. Il dessinoit dans le goût de Léonard de Vinci, & peignoit comme André del Sarto; mais ayant changé de maniere pour imiter celle de quelques peintres Allemands, il perdit sa réputation & son goût, auxquels il ne put revenir. C'est ce qui fait la différence que l'on remarque entre ses ouvrages, qui ne paroissent pas être de la même main.

Daniel Ricciarelli de Volterre, né en 1509, mort en 1566, se fit connoître avantageusement à Rome, par la descente de croix qu'il peignit à l'église de la Trinité du mont. Ce tableau, qui passe encore pour l'un des plus beaux de cette ville, est composé avec beaucoup d'esprit. Il est colorié dans le goût de l'école Romaine, & sur-tout très-bien dessiné. Il avoit modelé & jetté en bronze le cheval de la place royale de Paris, qui étoit destiné à une statue équestre que Catherine de Médicis vouloit ériger à Henri II.

Maître Roux, né en 1496, mort en 1541, s'est formé à l'école de Florence; il a presque toujours travaillé en France, & sur-tout à Fontainebleau. Ses tableaux sont peu connus en Italie.

Le Bronzino, mort à Florence en 1570, a travaillé si bien dans le goût du Pontorme son maître, qu'il est difficile de distinguer leurs ouvrages. On voit beaucoup de ses tableaux à Florence, à Pise, que l'on peut prendre pour être du bon temps du Pontorme. Le Bronzin peignoit bien le portrait.

Alexandre Allori, neveu du Bronzin, & son éleve, saisit sa maniere qu'il embellit. Son deffein eft de la pureté de l'antique, fon pinceau moëlleux, & fes idées très-gracieufes. Il y a beaucoup de fes tableaux à Rome & à Florence, que l'on reconnoît à la beauté du deffein. Il eft mort en 1607.

François Roffi, dit le Salviati, né en 1510, mort en 1563, très-bon peintre dont on voit beaucoup de tableaux. Son deffein étoit franc & libre, fon coloris frais & gracieux. Il diftribuoit parfaitement la lumiere dans fes tableaux, qui font très-reconnoiffables à ces qualités, & fur-tout aux attitudes fingulieres qu'il a données, même aux figures qu'il a employées dans fes tableaux de dévotion. On voit de fes ouvrages à Florence, à Bologne, & à Rome.

Pirro Ligorio, peintre médiocre, mais excellent architecte, mort en 1573.

Georges Vafari, né en 1511, mort en 1574, fut éleve de Michel-Ange & d'André del Sarto. Son deffein eft affez bon, fans avoir rien de la fierté & de la nobleffe de celui de Michel-Ange. Son coloris eft foible, & cependant aifé à reconnoître. Ses compofitions fouvent font embrouillées. On voit quelques tableaux heureux de lui à Florence, où il a beaucoup travaillé, ainfi qu'à Rome. Il eft fort connu par les vies des peintres qu'il a écrites.

Ludovico Cigoli, né en 1559, mort en 1673, deffinoit bien, peignoit d'une maniere ferme & vigoureufe, & compofoit avec génie. Il a imité heureufement la maniere de colorier des plus grands maîtres, & l'a emporté en concurrence fur le Barrocci & Michel-Ange de Caravage. On a quelques tableaux de lui, dignes du Corrége. Il étoit bon architecte, & a travaillé pour les Medicis à Rome & à Florence.

Francesco Vanni, né en 1563, mort en 1615, deſſinoit bien. Ses tableaux, d'un coloris gracieux, ſont dans le goût du Corrége & du Barroche : il n'a peint que des ſujets de dévotion.

Jean Manozzi, Giovani di ſan Giovani, né en 1590, mort en 1636, l'un des meilleurs peintres de l'école Florentine, qui entendoit très-bien la perſpective & l'architecture. On voit de ſes ouvrages au palais Pitti à Florence; quelques excellens tableaux à Rome, qui ſont encore très-bien conſervés, ſur-tout celui qui eſt à ſanta Maria del Popolo.

Mathieu Roſſelli, né en 1578, mort en 1660. Son deſſein eſt pur, ſon coloris eſt frais, & ſes tableaux ſont travaillés avec ſoin. Ses compoſitions ſont trop ſymmétriſées; il avoit l'imagination froide. Il a peu fait de tableaux de chevalet; mais on voit beaucoup de grandes freſques de lui à Florence.

ÉCOLE DE LOMBARDIE
OU DE BOLOGNE.

François Francia, né en 1450, mort en 1518, eſt regardé comme le reſtaurateur de la peinture à Bologne. Il avoit une grande réputation. Raphaël lui adreſſa ſon tableau de ſainte Cecile, pour l'examiner & le corriger. On dit que le Francia mourut de chagrin de voir un ouvrage ſi parfait, ſorti des mains d'un jeune homme qu'il regardoit comme ſon inférieur. Les tableaux qui reſtent de lui, ſont d'un deſſein ſage, & d'un ton de couleur aſſez

bon pour son temps. On en voit à Bologne &
à Florence, & dans quelques cabinets de curieux, même en France.

André Mantegna, né en 1451, mort en 1517.
Ses premiers ouvrages sont à Padoue. Sa maniere étoit au-dessus de celle du Francia; son
coloris bon, & qui conserve encore de l'éclat.
Ses tableaux, comme ceux de tous les anciens
artistes, ne sont plus dans le commerce, &
servent seulement à faire juger des progrès de
l'art, depuis sa naissance jusqu'à sa perfection.

Francesco Primaticio Bolognese, né en
1490, mort en 1570. Il se perfectionna dans
l'art du dessein, par les leçons d'Innocentio da
Imola. Il travailla ensuite au palais du T à
Mantoue, sous les yeux de Jules Romain, &
vint en France, où il peignit pour François
premier & Henri II, qui l'honorerent constamment de leur bienveillance. Il amena avec
lui Nicolo dell'Abbate, qui le seconda heureusement. On voit de belles fresques de lui à
Bologne au palais de l'Institut. Il dessinoit dans
le goût de Jules Romain. Son coloris est encore frais & gracieux, & ses tableaux de chevalet sont fort recherchés.

Antoine Allegri, dit le Corrége, né en
1494, mort en 1534, ne doit ses succès écla-
tans qu'aux heureuses dispositions avec lesquelles il étoit né. Il ne connoissoit pas l'antique; il n'avoit vu ni le Titien, ni Raphaël,
ni André del Sarto. La nature & son génie le
firent peintre. Il étoit à la perfection de son
art sans s'en douter; & il ne connut l'excellence de ses talens, qu'en voyant par hazard
un tableau de Raphaël que l'on vantoit beaucoup. On n'a pas encore pu imiter le coloris

enchanteur du Corrége, & son pinceau tendre & moëlleux. Ses ouvrages, qu'il donnoit à très-bon marché, sont hors de prix & très-rares. Plusieurs que l'on dit être de lui, parce qu'ils approchent de sa maniere, sont d'habiles maîtres qui ont tâché de l'imiter.

François Massuoli, dit le Parmesan, né en 1504, mort en 1540. Sa maniere est gracieuse; son coloris est frais & naturel; son faire est aisé; son dessein est correct; ses draperies sont heureusement jettées. Il a manqué d'expression dans les grandes compositions; il a mieux réussi dans les petits tableaux de chevalet, qui sont rares & d'un prix excessif.

Pelegrino Tibaldi, de Bologne, né en 1522, mort en 1592, bon peintre & architecte. Ses premiers tableaux, que l'on voit à Bologne dans les églises, sont de belle couleur, bien composés, & corrects de dessein; & malgré cela, il pouvoit à peine gagner de quoi vivre : mais le pape Grégoire XIII, & Philippe II roi d'Espagne, l'ayant successivement employé, il se trouva dans un état d'opulence, qui ne lui laissa plus rien à désirer des faveurs de la fortune.

Luca Cambiagi, né à Gênes en 1527, mort en 1583, eut toutes les dispositions qui peuvent faire un grand peintre, & travailloit avec la plus grande facilité. Il a trois manieres; l'une grande & gigantesque; l'autre vraie & naturelle; la troisiéme maniere est peu soignée. On trouve par-tout de ses tableaux, & sur-tout des racourcis. Comme il peignoit très-vîte, & des deux mains en même temps, il y a des incorrections de dessein & de pinceau dans ses ouvrages qui les font reconnoître. L'expression en est d'ordinaire assez forte.

Les

DE LOMBARDIE.

Les Carraches. Louis, né à Bologne en 1555, y mourut en 1618. Il fut maître d'Annibal & d'Augustin ses cousins.... Augustin Carrache, né à Bologne en 1558, mourut à Parme en 1603.... Annibal son frere, né en 1560, mourut à Rome en 1609. Leurs grands talens & leurs propres ouvrages les ont rendus célébres. Il est étonnant combien ils ont travaillé.... Louis, à force d'étudier les ouvrages des grands maîtres, se fit la maniere la plus grande & la plus noble. Il y a des tableaux de sa composition, qui pour la correction du dessein, la beauté du coloris, & la vérité de l'expression, vont de pair avec les tableaux des plus grands maîtres. Louis est un peintre savant & gracieux.

Augustin Carrache, moins connu que Louis & Annibal, avoit du génie & du mérite. Son dessein étoit pur, il colorioit bien ; quelquefois il a manqué de force dans l'expression. Il a beaucoup travaillé à Parme.

Annibal, que l'on peut regarder comme supérieur à son frere & à son cousin, avoit le style noble & sublime, le dessein précis & fier, le coloris souvent admirable. Il a fait presque seul la galerie Farnese, ce chef-d'œuvre de peinture qui subsiste encore en son entier.

Louis Carrache établit à Bologne une académie de peinture & de dessein, dans laquelle il fut secondé par Augustin & Annibal. C'est à cette académie que se sont formés le Schidoné, l'Albane, le Guide, le Guerchin, & tant d'autres illustres artistes....

On doit regarder les Carraches comme les plus savans peintres de l'école de Bologne.

Antoine, fils naturel d'Augustin Carrache, eut pour maître son oncle Annibal. On voit de

Tome III.   C

ÉCOLE DE PEINTURE

lui quelques tableaux excellens à Rome, où il mourut fort jeune.

Barthelemi Schidoné, né à Modene en 1560, mort en 1616. Ses tableaux sont rares, & d'autant plus précieux, qu'aucun peintre n'a plus approché que lui de la maniere de peindre du Corrége. On voit quelques-uns de ses tableaux chez le Roi de Naples, & à Rome au palais Altieri.

Denis Calvart, né à Anvers en 1552, mort à Bologne en 1619. On voit de lui plusieurs beaux tableaux à Bologne, entr'autres un du paradis. Il se forma à l'école des Carraches, & prit un soin particulier du Guide & de l'Albane, qu'il aida dans leurs premieres études.

Guido Rheni, le Guide, né à Bologne en 1575, mort en 1642. Nommer ce peintre, c'est faire son éloge. Il a réussi dans tous les genres de la peinture. On distingue trois manieres différentes dans cet artiste. La premiere, dont les ombres sont fortement touchées, & qui a plus de force que d'agrément. La seconde, qui est l'imitation même de la belle nature. La troisiéme, qui est plus tendre, & en même temps plus foible : toutes ont des beautés, mais la seconde est excellente. Le tableau de saint Pierre & de saint Paul, qui est au palais Zampierri à Bologne, est justement regardé comme l'un des plus excellens tableaux qui existent, & qui réunit toutes les qualités de la peinture dans un degré éminent. Le Guide avoit le faire très-facile. Il a peint une quantité prodigieuse de tableaux ; cependant on en vend beaucoup sous son nom, qui sont ou de ses éleves, ou de ses imitateurs.

Jean-André Donducci, dit le Mastelletta, né à Bologne en 1577, éleve des Carraches, s'est fait une maniere particuliere & très-piquante. Ses ombres sont fortes & environnent toutes ses figures, qui paroissent de relief au moyen des clairs piquans qu'il y a répandus. On voit beaucoup de ses ouvrages à Bologne.

Francesco Albani, l'Albane, né en 1578, mort en 1660, l'un des peintres les plus gracieux de l'école de Lombardie. Il s'est borné aux sujets d'agrément, où il a excellé. Il n'a presque fait que des tableaux de chevalet ; il a souvent répété les mêmes sujets, que l'on trouve dans différentes collections : tels que les saisons, les élémens, des jeux d'enfans & autres de cette espece, qu'il plaçoit dans des paysages ouverts, qu'il peignoit avec la plus grande vérité. Son coloris est gracieux ; il aimoit à finir ses tableaux, ce qui rend sa maniere très-reconnoissable. Quiconque aura examiné plusieurs de ses tableaux, se laissera difficilement tromper sur les originaux sortis de sa main. On voit de lui quelques grands tableaux d'autel à Bologne, qui sont estimables, quoique la plupart manquent d'expression & de force, parce qu'il y a voulu mettre les graces que l'on admire dans ses petits tableaux de chevalet....

Dominico Zampierri, le Dominiquain, né en 1581, mort en 1641, l'un des grands peintres de l'école de Lombardie. Il a parfaitement entendu la belle ordonnance des tableaux ; ses airs de tête ont de la noblesse & de la variété, souvent une grande verité d'expression. Le martyre de sainte Agnès à Bologne. La communion de saint Jérôme au Vatican. Le tableau de plafond de santa Maria in transtevere. Les peintures de la chapelle de saint Janvier à

Naples. Celles de l'Abbaye de Grotta Ferrara le mettent au rang des plus grands artistes. Son coloris ne répond pas toujours à la pureté de son dessein, & à la grandeur de ses compositions. Ses tableaux de chevalet sont rares & très-précieux.

Francesco Barbieri da Cento, le Guerchin, né en 1590, mort en 1666. On peut dire que toute l'Italie est pleine de ses tableaux; il y en a beaucoup dans les cabinets de France, d'Angleterre & d'Allemagne. Son dessein est fier, son expression est noble, son coloris n'est pas égal. Sa premiere maniere est grise & foible; la seconde est plus dure, ses tableaux sont piqués d'ombres fortes; la troisiéme est la plus belle, & tient quelquefois du goût du Corrége & du Titien. L'Abraham du palais Zampierri, une sainte Catherine à saint Pierre *in vincoli* à Rome, sont dans cette maniere. La maniere forte a ses partisans, elle est frappante. Son grand tableau de la circoncision à Bologne est dans ce goût. Ses tableaux sont très-communs, au moins ceux que l'on présente sous son nom, & qui peuvent être ou de ses éleves, ou sortir de l'académie qu'il avoit établie dans sa maison à Bologne.

Benvenuto de Ferrare, né en 1615, mort en 1695, dit le Garofolo, parce qu'il peignoit un œillet dans presque tous ses tableaux, a excellé sur-tout à copier les ouvrages de Raphaël dans le goût de ce maître, & avec son même ton de couleur. On a aussi quelques tableaux de son invention qui ont du mérite. Il étoit bon coloriste, & s'étoit formé une belle maniere de dessiner d'après les ouvrages des grands Maîtres.

Benedetto Castiglione, Génois, né en 1616,

mort en 1670, a traité tous les genres de peinture avec succès. Il a excellé sur-tout dans les pastorales, & le paysage peuplé d'animaux. La pureté de son dessein, la fraîcheur de son coloris, la délicatesse de sa touche, & la grande intelligence du clair obscur, ont rendu ses tableaux précieux, & d'un très-grand prix. Son genre est très-connu, & à lui seul.

Jean & Jean-Baptiste Carloné, freres, Génois, ont vécu dans le dix-septiéme siécle. Leurs tableaux sont communs à Gênes & à Milan; ils n'ont point de maniere qui leur soit propre. Ils ont imité les peintres de l'école de Bologne, à laquelle ils s'étoient formés. On trouve assez communément de leurs tableaux à Gênes, à Milan: on les reconnoît à l'indécision de la maniere.

Luciano Borzone, né à Gênes en 1590, mort en 1645, a réussi également bien dans ses tableaux d'histoire & de portraits. Son dessein est précis, son coloris est frais & moëlleux, & tient de celui du Barroche. Il a traité ses sujets avec autant de vérité que d'intelligence. Il a eu trois fils qui se sont distingués dans son art. On trouve beaucoup de leurs tableaux dans les églises & les cabinets de Gênes. François Borzone a excellé dans les paysages & les marines.

Camille & Jules César Procaccini, freres, nés à Bologne, & morts tous deux à Milan en 1626, élevés à l'école des Carraches. Leur maniere tient beaucoup de celle de Louis & d'Annibal; leur ton de couleur est à peu près le même. On voit plusieurs de leurs tableaux à Bologne, à Milan, à Gênes, à Venise. Jules César a peint dans l'église de l'Annonziata de Gênes, un très-grand tableau de la cêne. C'est une grande machine d'une très-belle ordonnance, d'un coloris vigoureux, digne même des Carraches. Jules César est supérieur à bien des égards à Camille. Ils ont eu des descendans de leurs noms qui ont été peintres, mais dans un rang fort inférieur....

Carlo Cignani, né à Bologne en 1628, mort en 1719, très-bon peintre de cette école. Son dessein, sa composition, son coloris sont excellens. Il peignoit avec une grande facilité. Si on trouve dans la plupart de ses grands tableaux moins d'expression que dans ceux de ses maîtres, c'est qu'ils sont trop finis. Il a peint les Vierges, & les enfans sur-tout, de la maniere la plus vraie & la plus aimable. On voit quantité de ses tableaux à Bologne & à Rome.

Thiarini, dit l'Expressif, mort dans ce siécle, a fait d'excellens tableaux que l'on voit à Bologne. Il a rendu heureusement les différentes passions. Sa maniere étoit grande, quelquefois indécise; son coloris ferme & vigoureux, sans cependant-être chargé d'ombres trop noires....

Elisabeth Cirani mérite d'être comptée parmi les artistes qui ont fait honneur à l'école de Bologne. On voit qu'elle avoit étudié avec fruit les ouvrages des grands maîtres, si communs dans sa patrie. Elle avoit de belles idées que souvent elle rendoit heureusement. Sa maniere n'est ni ferme, ni décidée. Son coloris est frais & gracieux. Elle choisissoit de préférence les sujets terribles, & on voit qu'elle manquoit de force pour les bien rendre : elle a mieux réussi dans les sujets simples ou tendres.

Louis Quaïni, éleve du Cignani, mort à

Bologne en 1717, entendit sur-tout le paysage, les ornemens, & la perspective aërienne. Il a travaillé avec le Franceschini, qui faisoit les figures de ses tableaux. Leurs pinceaux se ressembloient si parfaitement, que leurs ouvrages paroissent être de la même main.

Marc-Antoine Franceschini, mort à Bologne en 1729, a travaillé dans le goût du Cignani son maître, avec beaucoup de succès. Son coloris est tout-à-fait gracieux, son dessein est assez précis, sa maniere a plus de simplicité que de noblesse. Plusieurs de ses tableaux sont d'une belle expression. On trouve beaucoup de ses tableaux à Bologne, à Florence, à Rome : ils sont même recherchés....

ÉCOLE DE VENISE.

Gentil & Jean Bellin, freres, morts à Venise, le premier en 1501, l'autre en 1512, & fort âgés, sont regardés comme les peres de l'école Vénitienne. On voit encore de leurs tableaux à Venise, qui sont d'une belle couleur & d'un dessein assez vrai. Ils n'entendoient pas alors la beauté de l'ordonnance, & l'art de placer leurs figures, qui sont ordinairement sur un même plan. Jean Bellin fut le maître du Giorgion & du Titien.

Le Giorgione da Castel Franco, né en 1477, mort en 1511, porta tout d'un coup la peinture à sa perfection. Il entendoit parfaitement la magie du clair obscur, & l'art de mettre le plus bel arrangement dans ses tableaux. Son goût de dessein est vrai & gracieux, son coloris est excellent. Cet artiste admirable, dans une très-courte vie, a mérité d'être mis au premier rang parmi les peintres, dont très-peu ont attrapé cette force d'expression & cette noble fierté qui caractérisent ses tableaux, & surtout les portraits qui sont de sa main.

Titiano Vecelli da Cadore, le Titien, né en 1477, mort en 1576. Les ouvrages du Titien répandus & estimés par-tout, ont fait connoître ce maître qui a couru la carrière la plus longue & la plus heureuse. La mort prématurée du Giorgion lui laissa le premier rang dans l'école Vénitienne, que personne ne lui disputa plus. On peut dire que la nature même forma le Titien, & que personne ne l'a plus heureusement imitée que lui. Il ne connoissoit pas l'antique, & souvent son dessein manque d'exactitude. Mais quel coloris & quelle expression, sur-tout dans les sujets gracieux! C'est moins à Venise, où ses ouvrages ne sont pas bien conservés, qu'à Rome, à Florence & en France, où l'on apprendra à connoître la beauté du coloris du Titien.

Sebastien del Piombo, né en 1485, mort en 1547. Il avoit étudié si heureusement la manière du Giorgion, qu'il disputa quelque temps à Raphaël même le sceptre de la peinture, quoiqu'il n'eût ni le goût, ni le génie de son illustre rival ; ce qui prouve cependant le point de perfection où il étoit arrivé. Il étoit alors à Rome, où il avoit été appellé. Il a fait beaucoup de portraits excellens, & qui passent pour être du Giorgion. On a peu de tableaux de ce maître. Il étoit si difficile sur ses propres ouvrages, qu'il ne laissoit paroître que ceux qu'il croyoit au-dessus de tous reproches.

Gio Antonio Regillo, dit le Pordenone, né

en 1484, mort en 1540. Il balança la réputation du Titien, qui craignit toujours d'être supplanté par un rival si habile. Outre la beauté du coloris, qui le met souvent de pair avec le Titien, il avoit une facilité de dessein & un goût d'invention qui lui ont mérité la réputation dont il a joui. On voit de ses tableaux à Venise & à Vicence : il y en a peu dans le commerce.

Giacomo Palma le vieux, né en 1508, mort en 1588, éleve du Titien. Il a imité la nature, & l'a représentée dans toute sa beauté avec une patience & un travail achevé, sans cependant qu'on puisse lui reprocher d'avoir affoibli ses idées par un trop grand fini. Son génie tranquille & froid ne lui permettoit point les écarts que l'on remarque dans le Tintoret & dans Paul Véronese ; mais ce qu'il représente est si bien peint, si frais, que l'on croit qu'il n'a jamais vu la nature que sous l'aspect le plus favorable. Il y a beaucoup de tableaux de ce maître.

Giacomo Ponte da Bassano, Jacques Bassan, né en 1510, mort en 1592, & ses fils, François, Léandre, Jean-Baptiste & Jérôme.

Jacques travailla beaucoup, & fit un grand commerce de ses tableaux, qui sont répandus dans toute l'Europe. Il a peu traité de grands sujets ; il aimoit mieux représenter les choses communes, où il excelloit ; telles que les foires, les assemblées de village, les boutiques d'artisan. J'ai vu de lui un excellent tableau, où au lieu de représenter Vénus, Vulcain & l'Amour dans les forges de Lemnos, il les a placés dans la boutique d'un chaudronnier. Les détails de ses compositions sont heureux, & rendus avec esprit. Son style est vrai, ses couleurs sont bonnes. Ses tableaux sont remarquables, en ce que sur le devant il y a toujours une figure ou courbée ou à genoux, vue par le dos : ce que l'on trouve aussi dans la plupart des tableaux de ses fils. Jacques excella dans le paysage. François surpassa son pere & ses freres dans son art. Quoique sa maniere tienne de celle de Jacques, elle est beaucoup plus noble, & il a traité de grands sujets avec succès. Il étoit mélancolique ; il devint maniaque, au point que se croyant poursuivi par des sergens, il se jetta de sa fenêtre dans la rue, & se tua en 1594, âgé de quarante-quatre ans.

Léandre, dit le Chevalier Bassan, a eu quelques succès dans le portrait. Il vécut noblement, & ne travailla point comme son pere & ses freres pour vendre ses tableaux. Il s'imagina sur la fin de ses jours que l'on vouloit l'empoisonner, & il mourut en 1623, tourmenté de défiances & d'inquiétudes continuelles. Ses freres eurent d'autres fantaisies aussi tristes ; ce qu'ils tenoient, dit-on, de leur mere qui avoit eu quelque penchant à la folie.

Paris Bordon, élevé par le Giorgion & le Titien, a fleuri dans le seiziéme siécle. Il a imité la maniere de ses maîtres, & a excellé sur-tout dans le portrait. Il y a peu de ses grands tableaux qui soient bien conservés.

Giacomo Robusti, dit le Tintoret, né en 1512, mort en 1594. Il y a tant de tableaux de ce peintre à Venise, que l'on a peine à se persuader qu'un seul homme ait pu suffire à imaginer tant de compositions différentes, bien moins à les exécuter. Son imagination vive à l'excès, se remarque par le prodigieux mouvement qu'il a mis dans ses tableaux, qui n'ont pas toujours la beauté du coloris de l'école Vénitienne; mais on y voit une grande intelligence du clair obscur. Les esquisses ou desseins coloriés de ses tableaux, qui sont dans les cabinets des curieux, sont souvent au-dessus de ses tableaux, pour la beauté de l'exécution & le fini de l'ouvrage. Le Tintoret travailloit avec tant de rapidité, qu'on lui a vu commencer & finir de grands tableaux en aussi peu de temps qu'il en falloit à ses rivaux pour en tracer le dessein....

Dominique, fils de Jacques Tintoret, exerça l'art de son pere, & travailla dans sa maniere; mais il lui est bien inférieur. Il a réussi dans le portrait, ainsi que Marie sa sœur, qui avoit hérité du génie & de la facilité de son pere; elle mourut fort jeune.

Joseph Porta, dit le Salviati, du nom de son maître, mort en 1585, a été l'un des meilleurs dessinateurs de l'école Vénitienne. Il imita le goût de Raphaël, & sur-tout celui de Michel-Ange, duquel il avoit pris ces traits marqués de force que l'on trouve dans ses figures. Il inventoit heureusement, & son pinceau étoit frais & gracieux.

Andrea Schiavone, né en 1522, mort en 1582, est excellent coloriste. Sa touche est facile, spirituelle & gracieuse; mais son dessein est incorrect, parce que travaillant pour gagner, il négligea le dessein, qui demande beaucoup d'étude. Ses têtes de femmes & de vieillards sont touchées d'un très-bon goût, & fort recherchées.

Giacomo Mutiano, né en 1528, mort en 1590. Il a eu tous les avantages des bons peintres de l'école Vénitienne, & y a joint la beauté du paysage qu'il avoit étudié d'après les Flamands. Il a bien réussi dans le portrait.

ÉCOLE DE PEINTURE

Paolo Calliari Véronese, Paul Véronese, né en 1532, mort en 1588. Les tableaux de ce maître feront toujours les délices des amateurs, pour la richesse de l'ordonnance, la beauté des caracteres, le bon goût des draperies, la fraîcheur du coloris, l'élégance & l'agrément qui regnent dans ses compositions. Il excelloit surtout dans les grandes machines. Presque toutes les figures principales de ses tableaux sont des portraits, ce qui leur donne un air vivant que l'on ne trouve pas dans les autres peintres. La nature s'embellissoit sous son pinceau, & devenoit plus aimable. La ville de Venise est remplie d'une multitude de ses ouvrages, que l'on ne se lasse point d'admirer. On en trouve à Padoue, à Vicence, à Vérone, à Bresse, qui sont encore de la plus grande fraîcheur. Il y en a dans toutes les collections ; & par-tout on reconnoît le peintre le plus aimable & le plus gracieux de l'école Vénitienne.

Benoît son frere, Charles & Gabriel ses fils, essayerent inutilement de s'élever au rang de Paul. On ne voit dans leurs tableaux qu'une servile imitation, & aucun génie.

Giacomo Palma le jeune, né en 1544, mort en 1628, neveu du vieux Palme. Il y a plus de chaleur & de génie dans sa maniere que dans celle de son oncle ; mais comme il a beaucoup travaillé pour gagner, ses tableaux sont rarement bien finis ; plusieurs même sont négligés ; on les reconnoîtra à la beauté & à la fraîcheur du coloris. On en trouve à acheter que l'on donne pour être du vieux Palme, dont les ouvrages sont d'un fini bien plus précieux.

Louis Léon le Padouan a excellé dans le portrait. On en voit plusieurs dans les cabinets à Venise & à Rome, dans le goût du Giorgion & du Titien, sur lesquels il s'étoit formé. Sa maniere est noble, & son coloris est très-beau. Il a eu un fils mort à Rome qui a travaillé dans son goût, & avec lequel on le confond. L'un & l'autre ont gravé avec succès des coins de médailles fort recherchées.

Alessandro Véronese, dit le Turchi & l'Orbetto, mort en 1670. Il a bien dessiné, & son coloris est digne de l'école Vénitienne; mais on ne trouve dans ses grandes compositions, ni le génie du Tintoret, ni la belle ordonnance de Paul Véronese. Il a fait plusieurs tableaux de chevalet, qui sont au-dessus de ses grands tableaux.

Carlo Loth, né à Munich, mort à Venise en 1698. Sa maniere est large & facile. Il se perfectionna dans l'école de Venise, où il devint grand coloriste. Ses tableaux tiennent un rang distingué dans les collections.

Sébastien Ricci, mort à Venise en 1734, âgé de soixante & quinze ans, mérite d'être mis au rang des grands maîtres de cette école. Ses ordonnances sont belles, son pinceau est facile, son coloris est vrai. S'il eût moins fait de tableaux, il eût eu plus de succès dans son art; mais l'amour du gain fut cause qu'il se négligea souvent.

Jean-Baptiste Piazetta, mort depuis peu d'années, s'étoit formé un goût singulier de dessein maniéré & incorrect. Il estropie la plupart de ses figures en voulant les dessiner d'une maniere forte & prononcée. Son coloris rougeâtre tient peu de la beauté de celui de l'école Vénitienne du seizième siécle. Cependant ses tableaux sont recherchés à Venise, quoique la couleur de la plupart se détache déjà, tant la préparation en est mauvaise. On a beaucoup gravé d'après ses desseins, qui ont un caractere de grandeur qui tient du goût de Michel-Ange.

Jean-Baptiste Tiepolo, qui travaille à présent pour le roi d'Espagne, lui est infiniment supérieur, tant pour le dessein, que pour le coloris. Sa maniere a quelque chose de précieux & de trop recherché. J'ai vu quelques-uns de ses tableaux de chevalet composés avec génie, d'un pinceau gracieux & bien fini.

Les pastels de la célébre Rosa Alba Carriera, morte en 1761, sont connus dans toute l'Europe. Elle a réussi supérieurement dans le portrait. Elle a traité la miniature dans un goût nouveau, qui lui donne une expression singuliere. On trouve encore à Venise quelques-uns de ses tableaux à un prix très-cher.

Canalette a fait des tableaux des vues de Venise, d'une belle exécution, & de la plus grande vérité. Il a formé de bons éleves.

Après le détail dans lequel je viens d'entrer sur les différentes écoles de peinture, je crois qu'il ne sera pas inutile de dire quelque chose sur les précautions à prendre dans l'acquisition des tableaux. Un amateur ne parviendra à s'en faire une idée juste, & à les connoître, que par la comparaison qu'il fera des peintres entr'eux à la vue de leurs ouvrages.

J'ai dit que plusieurs s'étoient appliqués à s'imiter les uns les autres, & y avoient réussi au point que l'original n'avoit rien au-dessus de la copie, que d'avoir été fait le premier. Ainsi Jules-Romain se trompa à une copie d'un tableau de Raphaël, faite par André del Sarto, quoiqu'il eût travaillé à l'original.

ÉCOLE DE PEINTURE.

Quand un curieux acheteroit une copie de ce mérite pour un original, il ne seroit pas trompé. Mais il y a peu de peintres du mérite d'André del Sarto, qui s'occupent à copier les tableaux des autres. Ce qu'il est donc utile de savoir, c'est la maniere des peintres qui se sont imités réciproquement, le temps où ils ont travaillé, & sur-tout quels sont ceux qui, peu contens de leur maniere qui ne faisoit pas éclat dans la sphere des beaux arts, ont cru qu'il leur seroit plus avantageux de copier ou d'imiter les tableaux des grands maîtres, & de les donner comme leurs productions. On en prendra bien une idée d'après les différentes relations, c'est-à-dire, qu'on saura de spéculation quels sont les meilleurs peintres des différentes écoles, en quoi ils se ressemblent, & en quoi ils différent. Mais si on n'a pas vu beaucoup de leurs tableaux, si on ne les a pas comparés les uns avec les autres, dans le dessein de les opposer & d'en voir les différences, il n'est pas possible de s'en faire une idée vraie, & d'en acquérir la connoissance. On imagine savoir quelle est la différence de l'Europe avec l'Asie, des côtes de l'Océan avec celles de la Méditerranée, des vues de l'intérieur de l'Apennin avec celles des Alpes; mais quand on a ces différens spectacles sous les yeux, quand on compare la réalité avec l'idée que l'on s'en étoit faite, alors on voit combien on en étoit loin : il en est ainsi des tableaux.

Un curieux qui veut former un cabinet, & rapporter dans sa patrie les riches dépouilles des arts qui n'y ont jamais eu une existence brillante, se trompe souvent, & est encore plus souvent trompé, & par le désir qu'il a d'acquérir, & par l'industrie de ceux auxquels il s'adresse pour se satisfaire, s'il n'a ni le goût, ni les connoissances nécessaires pour juger par lui-même de la valeur de ce qu'on lui offre.

On trouve à Rome, à Florence, à Naples, à Bologne, à Venise, & presque dans toute l'Italie, des marchands de tableaux, qui pour la plupart n'ont rien que de médiocre, chez qui cependant on rencontre quelquefois des morceaux précieux qu'ils ne connoissent pas eux-mêmes, & qu'alors on a à meilleur marché qu'une copie médiocre qu'ils vantent beaucoup, & qu'ils tiennent à un haut prix, parce qu'on leur aura persuadé que c'est l'original de quelque bon maître. Il y a dans ce genre d'heureux hazards qu'il ne faut pas laisser échapper quand ils se présentent, & que l'on peut en profiter. Il faut plus se défier de l'empressement que l'on a d'acquérir, que du désir qu'ont en général tous les marchands de vendre trop cher aux étrangers. Il faut encore dans cette espece de commerce, qui n'a de prix bien réel que celui de la fantaisie, être prévenu que d'ordinaire celui qui propose un tableau à vendre, & qui compte en tirer au plus dix sequins, en demande cent à un étranger qu'il croit ne s'y pas connoître, & avoir grande envie d'acquérir. On ne risque donc rien d'offrir un très-bas prix du tableau le plus vanté par celui qui le vend; de n'en croire ni les longs discours, ni les protestations qu'il fait à ce sujet. Il en est de même de toutes les marchandises de pure curiosité, telles que les pierres gravées, médailles, petits antiques de bronze, mosaïque ancienne dont on trouve quelques morceaux ou conservés ou restaurés. Il y a des marchands de ce genre qui ont fait un gain considérable, sur la réputation qu'ils ont eu d'être bien fournis, plutôt que sur la beauté des piéces qu'ils ont vendues. J'en ai vu un qui avoit un trictrac de marqueterie d'un fort beau travail, qu'il assuroit fort sérieusement avoir servi à l'empereur Néron ; il savoit même par les mains de qui il avoit passé pendant dix siécles au moins.

Dans le dernier siécle, on avoit assez bien imité la peinture antique, & on ne voyoit que tableaux que l'on supposoit nouvellement découverts, & tirés de dessous quelques ruines fameuses. On fut quelque temps dans l'illusion ; & quantité d'amateurs payerent fort cher des ouvrages médiocres, peints dans le goût antique, par des artistes obscurs qui abuserent de la crédulité du public. On voit plusieurs de ces tableaux dans la galerie du collége romain, qui y furent placés alors comme de vrais antiques. On n'avoit pas encore la nombreuse collection qui vient de se former à Portici ; & on ne pouvoit pas comparer la maniere des peintres modernes, qui se reconnoît toujours avec la maniere des peintres anciens, qui est tout-à-fait différente. Il n'est pas rare encore de trouver de ces tableaux que l'on vante beaucoup, dont on demande le plus haux prix, & que l'on dit à l'oreille avoir été tirés des ruines d'Herculée, & se vendre pour le compte de ceux que le roi de Naples emploie, soit à avoir l'œil sur ceux qui sont chargés de la fouille des terres ; soit même par l'infidélité de ceux auxquels est confié le dépôt de la collection ; ce qui est absolument faux, & n'a aucune vraisemblance, pour quiconque connoîtra le soin avec lequel se font les fouilles, & le compte fidelle que l'on en rend au roi, ou aux ministres chargés de la régence. Il n'est pas impossible que quelques pierres gravées, quelques bronzes d'un très-petit volume, ne tentent les forçats qui sont employés à ce travail, & qu'ils ne tâchent de se les approprier, & de les faire vendre secrètement. Ainsi l'on trouve quelques bonnes pierres gravées à Naples; mais on dit qu'elles ont été tirées des ruines de Pouzzols & de Baïa, ou même rejettées à bord par le flot de la mer, qui les tire des excavations qu'elle fait à la longue dans les bâtimens antiques abîmés sur ses rivages. Peut-être cela est-il; mais qu'il est aisé d'être trompé, sur-tout si on passe pour avoir le désir d'acquérir! Il seroit plus aisé de se procurer quelques statues antiques bien restaurées, des bas-reliefs d'une belle exécution. Les Anglois en acquierent tous les jours, & les font passer dans leur isle: les autres nations de l'Europe en paroissent moins curieuses.

Si jamais le génie métaphysique des Anglois devient sensible à cette chaleur douce qui paroît si propre à faire germer la semence des beaux arts, il n'est pas douteux qu'ils n'ayent des succès distingués dans ce genre. Ils ont déja chez eux une multitude de tableaux, de statues, & de bas-reliefs antiques, & tous les jours on y en porte: on peut dire qu'ils ne négligent aucun moyen d'acquérir des richesses de cette espece. On les accuse même d'en avoir enlevé dans quelques villes, autant d'industrie que de force. Ils ont les plans de tous les plus beaux bâtimens, & une multitude de desseins originaux des plus grands maîtres, à commencer depuis Raphaël jusqu'à nos jours, qui seront très-propres à former le goût & à élever les idées des artistes futurs. Ce qu'ils ne peu-

ÉCOLE DE PEINTURE. lxvij

vent avoir en original, ils tâchent au moins d'en avoir les meilleures copies possibles. Combien n'y a-t-il pas chez eux de bonnes copies de l'Apollon du Belvedere, de la Vénus Médicis & du Gladiateur mourant, & de ces autres statues uniques que l'on ne peut voir que dans la place où elles sont fixées ! Tous les grands tableaux de Raphaël, de Michel-Ange, du Dominiquain, du Guide, ont été copiés pour eux ; & les particuliers continuent encore à acquérir tout ce qui leur plaît le plus, & ce qui est le plus digne d'être conservé. J'ai vu à Rome & à Florence une multitude d'artistes occupés pour eux, & dans différens genres. Il n'est pas douteux que l'on ne trouve à Londres, & dans les autres villes principales, beaucoup de collections précieuses.

Il ne faut pas espérer que l'on trouve aisément des desseins originaux à acquérir ; ils sont devenus très-rares, & d'un prix exorbitant. On en présente qui ont l'air de l'ancienneté ; mais que l'on ne s'y trompe pas, la plupart de ces desseins, faits par une main mal-adroite, à la vue du tableau original, ou d'une copie, n'ont rien qui réponde à l'habileté du maître auquel on les attribue. Quand ils sont faits, on froisse le papier, on le déchire en partie, on les enfume, on les double d'un autre papier, on fait la suite de ceux à qui ils ont appartenu ; & après les avoir apprécié dix ou douze sequins, on les laisse pour trente sols à celui qui veut bien s'en charger. Rien ne prouve mieux l'imposture de ces prétendus curieux, qui disent ne vendre que par nécessité, que le bas prix auquel ils abandonnent leurs marchandises.

Il est plus aisé & moins dispendieux de faire

une belle collection d'estampes ; on en trouve par-tout, soit chez les marchands, soit chez les particuliers, & à bas prix ; on peut en faire un choix, & s'en former une suite qui donne au moins une idée du dessein & de la composition des peintres des différentes écoles. On en trouve à Rome à la calcographie, & chez les *Freis* à la place Barberine, à Bologne, à Venise, à Florence, à Naples & à Parme. Il ne faut pas même négliger les petits marchands d'estampes qui étalent dans les rues, chez lesquels on trouve quelquefois des morceaux précieux, & même des desseins dont ils ne font aucun cas.

Avec ces précautions on fera des collections qui vaudront la peine d'être conservées, & on ne sera pas trompé sur leur valeur réelle.

TABLE DES TITRES

Contenus dans le troisiéme Tome.

1. ROUTE de Bologne à Florence, Pag. 1
2. Volcan de Pietra mala. 3
3. Origine des Toscans Etrusques. 8
4. Epoque de la fondation de Florence. 13
5. Généalogie de la maison Medicis. 14
6. Situation de Florence. Son étendue. 19
7. Eglise Cathédrale. Tour du Giotto. Baptistere. 22
8. Autres églises. S. Marc, l'Annonciata, sainte Croix. Statues & tableaux. Places publiques. 28
9. S. Laurent. Statues de Michel-Ange. Magnifique chapelle des Medicis. Bibliothéque de manuscrits. 36
10. Suits des églises. Statues & tableaux. Enterremens. 45
11. Hôpitaux & maisons de charité. 51
12. Palais Pitti des grands ducs. Tableaux précieux. Jardin Boboli. 54

TABLE DES TITRES.

13. *Palais & autres édifices publics. Statues. Tableaux.* 71
14. *Mosaïque de Florence.* 82
15. *Vieux palais.* 90
16. *Garderobe des grands ducs.* 94
17. *Places, statues, fontaines, ponts & autres monumens publics.* 98
18. *Dehors de Florence. Maisons royales. Promenades.* 107
19. *Galerie des grands ducs.* 122
20. *Statues & bustes antiques de la galerie.* 132
21. *Bustes antiques. Suite des empereurs & impératrices.* 151
22. *Premiere chambre des peintres.* 174
23. *Seconde chambre des porcelaines.* 176
24. *Troisiéme chambre des idoles.* ibid.
25. *Quatriéme chambre des arts.* 185
26. *Cinquiéme chambre des tableaux Flamands.* 188
27. *Sixiéme chambre des mathématiques.* 193
28. *Septiéme chambre, tribune. Vénus Medicis, & autres statues.* ibid.
29. *Tableaux de la tribune.* 205
30. *Huitiéme chambre de l'hermaphrodite.* 210
31. *Suite de la galerie.* 214

TABLE DES TITRES. lxxj

32. *Gouvernement & tribunaux de justice, police.* 219
33. *Mœurs.* 229
34. *Sciences, arts, commerce.* 233
35. *Route de Florence à Pise.* 244
36. *Pise. Université. Edifices.* 246
37. *Ordre de saint Etienne à Pise.* 250
38. *Eglise cathédrale. Baptistere. Tour penchante. Campo santo à Pise.* 254
39. *Livourne. Port. Commerce. Synagogue.* 268
40. *Route de Florence à Rome. Qualité du pays.* 279
41. *Ville de Sienne. Ses révolutions. Son état.* 282
42. *Cathédrale de Sienne. Statues. Tableaux.* 287
43. *Epoque du rétablissement de la peinture.* 296
44. *Maison de sainte Catherine de Sienne.* 298
45. *Observations sur cette ville & ses habitans. Poëtes improviseurs.* 305
46. *Suite de la route de Rome. Buonconvento. Montagne & château de Radicofani.* 309
47. *Etat ecclésiastique. Aquapendente. Bolsene & son lac.* 317

TABLE DES TITRES,

48. Montefiascone. Viterbe. Annius de Viterbe. 322
49. Ronciglione, & chemin jusqu'à Rome. 329

Fin de la Table du Tome troisiéme.

MÉMOIRES

MÉMOIRES
HISTORIQUES
ET CRITIQUES
SUR L'ITALIE.

Grand Duché de Toscane.

1. DE Bologne à Florence il y a neuf postes, ou soixante-trois milles, que l'on peut estimer à vingt-cinq grandes lieues de France, eu égard à la difficulté du chemin qui se fait par un terrain montueux, rude à tenir, & où l'on ne peut aller que lentement, même en poste. La direction de la route est entre l'orient & le midi. A quatre postes environ de Bologne, on trouve les frontieres de l'Etat ecclésiastique & du grand duché de Toscane, marquées par une colonne où sont d'un côté les

Route de Bologne à Florence.

Tome III.   A

armes de l'Eglife, & de l'autre celles de Tofcane.

Le chemin fe fait par un climat extrêmement élevé, & dans une chaîne de montagnes dont le point le plus haut eft le *Giogo* que l'on trouve entre *Fiorenzola* & la *Scarperia*. On y remarque quelques lavanches ou éboulemens des montagnes, caufées par l'action de l'eau & la fonte des neiges, à la fuite de l'hiver & des gelées, femblables à celles qui font fi fréquentes dans les Alpes, furtout dans la Maurienne. Mais entre *Scarica-l'Afino* & *Pietra mala*, villages fitués dans les montagnes, on apperçoit un bouleverfement confidérable, qui paroît plutôt être l'effet de différentes explofions occafionnées par une fermentation intérieure, que des gelées & de la chute des eaux. On voit à une très-grande hauteur, & dans une largeur confidérable, un amas de pierres & de terres calcinées, des parties tout-à-fait noires, quelques-unes vitrifiées, fur le plus grand nombre, les couleurs qu'imprime le foufre fur les corps qui ont été expofés à l'action de la flamme, des fcories de fer. Il y a auffi quelques morceaux de pierre & de marbre brifés; mais rien n'y eft entier, toutes ces matieres font confusément mêlées, & paroissent être tombées de haut en bas, sans autre arrangement que celui que leur a donné leur propre poids, & la pente du terrain sur lequel elles sont placées. Je ne dirai pas si ces matieres ont quelque épaisseur, il auroit fallu faire des fouilles pour s'en assurer, & je n'en avois pas le temps.

2. Au dessus de la montagne sont quelques fentes ou crevasses qui jettent continuellement de la fumée & quelquefois des flammes, que l'on apperçoit surtout dans les temps humides & pendant la nuit. Il n'est pas douteux que les matieres, dont je viens de parler, ne soient l'effet de quelques éruptions faites par les crevasses, qui sont les bouches ou ouvertures d'un volcan allumé dans les entrailles de cette montagne qui est très-grosse. Comme il n'y a point encore eu d'éruption assez marquée pour caractériser ce volcan, & lui donner un rang distingué dans l'histoire de ces phénomenes, on en a peu parlé; il ne paroît pas même qu'on l'ait beaucoup observé; les montagnes où il est situé n'ont que quelques habitans éloignés les uns des autres, & probablement aucun observateur, même vulgaire.

Volcan de Pietra mala.

A ij

Ce que je crois pouvoir avancer avec quelque fondement, c'est que la fermentation qui se fait dans l'intérieur de cette montagne, peut bien être la cause des tremblemens de terre que l'on ressent souvent dans cette partie, & qui sont sensibles même à Florence.

La montagne chargée à l'extérieur des matieres dont j'ai parlé, n'est point encore déformée ; on voit d'espace à autre quelques arbres & quelques buissons, reste des bois dont elle a été couverte ; les plantes y croissent, mais minces & maigres, les sels trop abondans les brûlent avant qu'elles ayent pris de la force. On peut regarder ces crevasses comme l'annonce d'un volcan qui peut devenir très-formidable, si le fer s'y rencontre en assez grande quantité avec le soufre, pour causer ces commotions effrayantes, ces terribles éruptions qui renversent non-seulement les montagnes sous lesquelles se trouve le principal foyer, mais qui portent encore au loin la désolation & l'effroi. Il n'y a point encore eu d'éruption marquée ; mais ne sait-on pas combien il a fallu de temps au Vésuve pour arriver au degré formidable d'inflammation sous lequel il se montra lors de cette fameuse éruption

GRAND DUCHÉ DE TOSCANE.

qui couvrit la ville d'Herculée. Quiconque sera curieux d'examiner de près les crevasses ou soupiraux de ce volcan interne, quittera la grande route à *Pietra mala*, & grimpera la montagne qui est sur la droite du chemin en allant de Bologne à Florence; il n'y a guére plus d'un demi-mille de détour à faire.

Toutes ces montagnes sont presque incultes; on y voit d'espace en espace des plantations de châtaigniers, & beaucoup de pâturages où l'on peut élever du bétail de toute espece, mais peu d'habitations. Ce qui est cultivé produit des grains de bonne qualité, à en juger par le pain que l'on y mange. J'ai vu partout, même dans les habitations en apparence les plus pauvres, que l'on y nourrissoit des paons, auxquels ce climat convient sans doute, quoiqu'il soit élevé & froid.

De *Scarica-l'Asino* à *Fiorenzola*, il y a environ dix milles. Cette petite ville partage le chemin entre Bologne & Florence; on dit qu'elle fut rebâtie par les Florentins au commencement du quatorziéme siécle, & qu'ils eurent intention d'en faire une place considérable. On lui donne même une existence beaucoup plus ancienne, en prétendant que c'est l'ancienne *Fidentia* marquée dans l'itinéraire d'Antonin. La riviere de *Santerno*, qui prend sa source un peu plus haut dans l'Apennin, & qui va se perdre dans les marais que forme le Pô dans la légation de Ravenne, baigne les murs de *Fiorenzola*. La vallée où elle est située, est bien cultivée; on y voit des oliviers, des vignes, des arbres fruitiers, quelques maisons de campagne avec des allées de cyprès, sapins, ifs & autres arbres de cette espece. A peine a-t-on quitté cette petite ville, que l'on commence à monter le *Giogo*, l'une des montagnes les plus élevées de l'Apennin, & fort difficile à traverser, quoique depuis quelques années on n'ait rien épargné pour rendre les chemins aussi commodes & aussi solides qu'il est possible dans un terrain roide & mouvant. En 1761, une partie de ce chemin, emportée par les eaux, descendit en entier à plus de six cents pas de son alignement. A gauche on voit une vallée profonde & étendue, dont la superficie inégale offre différens points de vue très-pittoresques, & quelques maisons assez bien bâties. Au bas du *Giogo*, sur un petit ruisseau peu considérable, est la *Scarperia*, lieu où l'on travaille beaucoup de coutellerie, & où l'on fabrique quelques armes ; le vallon des environs est bien cultivé & très-fertile. Ce village a été très-considérable ; il fut détruit en partie en 1642 par un tremblement de terre. Comme les souverains du pays ne se sont pas intéressés à le faire rétablir, il est resté dans l'état de ruine où il fut réduit alors. Quelques particuliers ont fait rebâtir des maisons d'espace à autre ; mais on peut dire que tout ce canton manque d'habitans, & que l'on n'en tire pas l'utilité que l'on pourroit, soit en le cultivant, soit en y nourrissant du bétail, qui trouveroit presque toute l'année une pâture abondante sur ces montagnes dont le sol est naturellement fertile, & produit beaucoup d'herbages ; rien ne seroit encore plus aisé que d'y former d'excellentes prairies artificielles.

La plupart des vallons qui sont au-dessous de ces montagnes, & qui en reçoivent les eaux, sont en entonnoir, & n'ont aucune communication apparente les uns avec les autres ; cependant il ne s'y forme point de lacs, & ces eaux disparoissent & se perdent en terre ; sans doute elles communiquent par des canaux souterrains avec les autres rivieres qui sortent de l'Apennin, ce qui les rend tout d'un coup si grosses & si dangereuses à traverser dans les temps de pluie. Alors le *Santerno* qui passe à *Fiorenzola*, & le ruisseau de la *Scarperia*, arrêtent les voyageurs jusqu'à ce qu'ils soient devenus guéables : à les voir dans leur état ordinaire, on ne se doute pas de cet inconvénient, qui cependant est très-commun.

Quand on a passé la *Scarperia*, on marche le long des magnifiques côteaux qui entourent la ville de Florence dans une très-grande étendue, qui sont couverts de vignes, d'oliviers, de terres bien cultivées, de jardins & de maisons de campagne, que l'on fait monter à plus de dix mille, & qui forment différentes paroisses. Ce pays est délicieux au printemps & en été, & il est extrêmement peuplé & par les Florentins & par les étrangers, dont plusieurs louent de ces maisons & s'y établissent.

Origine des Toscans Etrusques.

3. Les premiers habitans connus de la Toscane portoient le nom d'Etrusques, qui leur venoit du pays même qu'ils habitoient : il signifie montagnards, ce qui indique qu'on les regardoit comme indigenes, ou naturels du pays. Ils étoient fort adonnés au culte des Dieux ; ils entendoient particuliere-

ment la science des Augures & toutes les cérémonies des sacrifices. C'étoit chez eux que les anciens Romains envoyoient leurs enfans s'instruire dans cette science (*a*). Ils avoient quelque connoissance des arts, à en juger par les

---

(*a*) L'art de deviner & la science des Aruspices étoient regardés comme appartenir si spécialement aux Etrusques, que dans un temps où les Romains étoient en guerre avec eux, quoique les prodiges fussent très-fréquens, on n'osoit & on ne pouvoit les observer, parce qu'on n'avoit personne pour les expliquer.... *Quia hostibus Etruscis per quos ea procurarent, Aruspices erant....* Tit. Liv. l. 5. A. 357. Pour obvier à cet inconvénient, il fut résolu que dans la suite on enverroit un certain nombre d'enfans des principaux Romains chez les différens peuples de la Toscane, pour y être instruits dans la science des Aruspices.... *Tantum autem studium antiquis, non solùm observandæ, sed etiam amplificandæ religionis fuit, ut è florentissimâ, tùm & opulentissimâ civitate decem principum filii S. C. singulis Etruriæ populis, percipiendæ sacrorum disciplinæ traderentur....* Valer. Max. l. 1. *de religione*, c. 1. Il fait remonter cette coutume à des temps très-anciens. Je crois qu'il auroit dû dire que les Romains envoyoient douze de leurs enfans aux Etrusques, parce qu'il y avoit parmi eux douze cités principales qui formoient chacune une nation à part.... C'étoit sans doute de ces jeunes Romains élevés chez les Toscans, que se formoit le collége des Augures.....

A v

idoles, instrumens de sacrifices, statues & vases étrusques qui se sont conservés

---

Cependant cet établissement formé à Rome n'empêcha pas que dans les occasions importantes on ne consultât les devins Etrusques.... *Prodigia & portenta ad Etruscos Haruspices, si senatus jussit deferunt....* Cicer. l. 2. de leg... C'étoit l'usage du temps de Lucain, de les consulter dans les plus grandes occasions....

Hæc propter placuit, Thuscos de more vetusto,
Acciri vates, quorum qui maximus ævo
Arcens incoluit desertæ, mænia, lunæ;
Fulminis edoctus motus, venasque calentes
Fibrarum, & monitus volitantis in aëre pennæ.
      Luc. l. 1.

Les Etrusques, peuple religieux, annoncerent qu'ils tenoient cette science de la faveur particuliere des Dieux, & par un prodige tout-à-fait merveilleux. Un laboureur ayant enfoncé sa charrue plus profondément qu'à l'ordinaire, vit tout d'un coup sortir du sillon un petit homme qui avoit la taille & l'air d'un enfant, mais la prudence & les propos d'un vieillard.... Ce petit homme étoit *Tagès*, celui qui instruisit les Toscans... Le laboureur étonné de ce prodige, poussa de grands cris qui attirerent tous ceux qui étoient à portée de l'entendre. Leur présence n'étonna pas le petit *Tagès*, qui leur expliqua clairement les principes obscurs de la science nouvelle & mystérieuse qu'il venoit leur apprendre.

Indigenæ dixere Tagem qui primus Hetruscum
Edocuit gentem casus aperire futuros...
      Ovid. l. 15. Metam.....

GRAND DUCHÉ DE TOSCANE. 11

jusqu'à nous. Ils n'ignoroient pas les régles de l'architecture; l'ordre Toscan leur doit son origine. Tarquin l'ancien fit venir d'Etrurie les premiers artistes qu'il employa à l'embellissement de Rome. Il paroît que le changement du nom d'Etrusque à Toscan vient des Romains qui les désignerent par ce nom, qui avoit plus de rapport à leur maniere de les

---

Il y a apparence que cette tradition se conserva aussi long-temps que l'empire Romain. Ammian Marcellin en parle au c. 21....

Cujus disciplinæ Tagès nomine, quidam monstrator, ut fabulantur in Etruriæ partibus, emersisse subitò visus è terrâ....

Quant à la personne du petit *Tagès*, je crois qu'on a dit qu'il étoit sorti tout d'un coup de la terre, parce que jusqu'alors il avoit été inconnu. Sa petite taille a pu faire dire encore que c'étoit un enfant qui avoit la prudence & la science d'un vieillard... Il apprit aux Etrusques une quantité de petits secrets, qui dans l'économie rustique devoient leur être fort utiles. Ce fut par son conseil qu'ils mirent à la porte de leurs écuries des têtes d'âne dépouillées de leurs peaux, pour éloigner, par cette espece de sacrifice, tout accident de leurs troupeaux.

Hinc caput Arcadici, nudum cute, fertur aselli Tirrenus, fixisse Tages in limine ruris....
Colum. de re rusticâ, l. 10.

On voit par là que l'usage d'attacher aux portes des têtes d'animaux, est de la plus haute antiquité....

A vj

considérer. Les mots Toscan & sacrificateur avoient la même signification dans l'ancienne langue romaine.

L'Etrurie comprenoit non-seulement le grand duché de Toscane, mais encore la province du patrimoine de saint Pierre, le duché de Castro, les territoires d'Orviette & de Perouse, outre les colonies que les Etrusques avoient établies le long du cours du Pô dans l'Italie septentrionale, auxquels plusieurs villes de ce pays croient devoir leur origine. On regarde Cortone, Viterbe, Volterre, Arezzo, comme des villes qui subsistent dès le temps des anciens Etrusques.

Dès que la puissance militaire des Romains eut pris une forme assurée, l'Etrurie, comme pays voisin, fut un des premiers objets de ses conquêtes. Les Etrusques, peuple tranquille & doux, uniquement occupé du soin de servir les Dieux & de cultiver les terres, ne purent résister long-temps à ses armes. Les premiers démêlés de Rome avec les Etrusques s'éleverent environ l'an 321 de sa fondation. Plus d'un siécle après, les Etrusques, pour se soustraire, s'il étoit possible, à la tyrannie romaine, traiterent avec les Gaulois déja établis

GRAND DUCHÉ DE TOSCANE.

en Italie, & promirent de leur donner une très-grosse somme d'argent, à condition qu'ils traverseroient l'Apennin, & iroient attaquer les Romains dans le centre même de leur puissance. Tite-Live place ce traité à l'an 453 de Rome. Lorsqu'il fut question de marcher, les Gaulois qui avoient déja reçu partie des sommes promises, voulurent faire une nouvelle convention, & exigerent qu'on leur accordât un établissement fixe en Etrurie; ce que les Toscans refuserent absolument, ne voulant pas que des étrangers vinssent s'établir parmi eux, & y apportassent leurs usages & leurs vices. Quelques années après cette tentative, ils succomberent entierement, & furent obligés de faire une confédération avec les Romains, qui les traiterent plutôt en vaincus qu'en alliés.

4. La beauté du pays engagea les soldats de Sylla à bâtir une ville sur les bords de l'Arno, qu'ils appellerent d'abord *Fluentia*, & qui ensuite eut le nom de *Florentia*, l'an de Rome 645, 107 ans avant l'ere chrétienne. Les Triumvirs Auguste, Antoine & Lepide y envoyerent une colonie, & donnerent des ordres pour l'embellissement & l'augmentation de la ville. Totila, roi

Epoque de la fondation de Florence.

des Goths, la détruisit dans le sixiéme siécle. Charlemagne, maître de l'Italie, après la destruction des rois Lombards, la fit rebâtir, & voulut que les habitans de *Fiesoli* vinssent s'y établir; il la fit fortifier de bonnes murailles & flanquer de tours. Peu à peu cette ville s'aggrandit, & devint le chef-lieu d'une république puissante, long-temps divisée par des factions différentes, connues sous les noms de noirs & de blancs, de Guelphes & de Gibelins. Son gouvernement, plutôt aristocratique que populaire, étoit entre les mains de quelques familles principales, qui furent à la fin obligées de céder le premier rang, & de se soumettre à la fortune & à la puissance des Medicis.

Généalogie de la maison de Medicis.

5. A s'en rapporter aux auteurs Italiens, la maison de Medicis tenoit un rang distingué dès l'an 1162; ils disent qu'Alexandre de Medicis défendit la ville d'Alexandrie contre l'empereur Frédéric I. On voit une suite non interrompue de ses descendans jusqu'à Evrard, gonfalonnier de Florence en 1314. Il eut pour fils Jean, gonfalonnier en 1360, pere 1°. de Cosme de Medicis, dit le pere de la patrie & le grand, né en 1399; il fut gonfalonnier, & mourut

GRAND DUCHÉ DE TOSCANE. 15

en 1464 : 2°. de Laurent, qui fut auſſi gonfalonnier....

Pierre Ier. fils de Coſme, gonfalonnier en 1460, eut pour enfans Laurent & Julien de Medicis. Julien fut tué le 26 avril 1478 dans la conjuration des Pazzi & des Salviati.

Laurent Ier. dit le pere des Muſes, épouſa Clarice des Urſins, dont il eut 1°. Pierre qui ſuit; 2°. Jean, qui fut le pape Leon X; 3°. Julien, gonfalonnier, & général des armées de l'Egliſe, duc de Nemours, marié à Philiberte de Savoie, & mort ſans poſtérité. Laurent Ier. eut encore pour fils naturel, Jules de Medicis, pape ſous le nom de Clement VII.

Pierre II. de Medicis chargea un des tourteaux de ſes armes de trois fleurs de lys d'or, par conceſſion de Charles VIII, roi de France; proſcrit & chaſſé de Florence en 1494, mort en 1504 : il avoit épouſé Alphonſine des Urſins, dont il eut :

Laurent II, né le 13 ſeptembre 1492, fait duc d'Urbain par le pape Leon X ſon oncle, mort le 4 mai 1519, avoit épouſé Madelaine, fille de Jean de la Tour, comte d'Auvergne, dont il eut pour fille unique Catherine de Medicis, femme de Henri II, roi de France.

En lui finit la branche aînée de la maison des Medicis, descendante de Cosme I. Il eut pour fils naturel (*a*)

Laurent I. tige des grands ducs de Toscane, fils puîné de Jean de Medicis, gonfalonnier de Florence en 1360, & frere de Cosme, pere de la patrie, né en 1394, mort en 1440, eut pour descendans :

1. Pierre-François I. mort en 1477 : il avoit épousé Laodamie Acciaioli, dont il eut Laurent & Jean.

2. Laurent II, pere de

3. Pierre-François II, gonfalonnier de Florence en 1516, avoit épousé Marie Sodarini, dont....

4. Laurent III, mort sans postérité.

5. Jean de Medicis, fils puîné de Pierre-François I, épousa Catherine, fille de Galeas-Marie Sforce, dont il eut:

6. Jean, né en 1498, surnommé le

———

(*a*) Alexandre de Medicis, premier duc de Florence, qui épousa Marguerite, fille naturelle de l'empereur Charles V, qui l'établit gouverneur perpétuel, ou duc de Florence. Sous cette protection puissante il se rendit maître absolu de son pays, ce qui le rendit si odieux à sa famille, que Laurent III, son cousin, le fit assassiner le 6 Janvier 1537 ; il ne laissa point d'enfans.

populaire, mort en 1525 d'une blessure qu'il avoit reçue à la bataille de Pavie, en combattant pour François I. Il avoit épousé Marie Salviati, dont il eut pour fils unique Cosme qui suit. (*a*)

Grands Ducs de Toscane.

1. Cosme I, né le 11 juin 1519, fait grand duc de Toscane par le pape Pie V en 1569, mort le 21 avril 1574; il eut d'Eleonore de Tolede sa femme, 1. François-Marie. 2. Ferdinand. 3. Pierre. 4. Antoine. 5. Jean. 6. Jean. 7. Pierre.

2. François-Marie, grand duc de Toscane, né le 25 mars 1541, mort le 9 octobre 1587, épousa en 1565 Jeanne d'Autriche, fille de l'empereur Ferdinand I, dont il eut pour fille unique Marie de Medicis, mariée à Henri IV, roi de France.

3. Ferdinand I, second fils de Cosme I,

(*a*) Alexandre de Medicis, né en 1536 d'Octavien de Medicis & de Françoise Salviati, pape en 1605 sous le nom de Leon XI, eut pour frere Bernardetto de Medicis, qui épousa à Naples Adelaïde de San-Severino. Cette branche aînée de celle des grands ducs, s'étoit établie dans le royaume de Naples, où elle s'est éteinte dans le dix-septiéme siécle.

quitta la pourpre romaine après la mort de son frere François-Marie, & épousa Catherine, fille de Charles II, duc de Lorraine, dont il eut, 1. Cosme. 2. Charles, cardinal de Medicis.

4. Cosme II, grand duc, né le 12 mai 1590, mort en 1621, eut pour femme Madelaine d'Autriche, sœur de l'empereur Ferdinand II. Il eut pour fils,

5. Ferdinand II, grand duc, né le 14 juillet 1610, mort en 1670. Il avoit épousé Julie-Victoire, fille unique & héritiere de Frédéric-Ubalde de Rovere, dernier duc d'Urbain, dont il eut,

6. Cosme III, grand duc, né le 14 août 1642, mort en 1723, épousa en 1661 Marguerite-Louise d'Orléans, fille de Gaston de France, frere de Louis XIII, dont il eut, 1. Ferdinand, mort en 1713 sans postérité. 2. Jean-Gaston. 3. Anne-Marie-Louise, mariée en 1691 à Jean-Guillaume, Electeur Palatin.

7. Jean-Gaston, grand duc de Toscane, né le 24 Mai 1671, avoit épousé Anne-Marie de Saxe-Lawembourg, mort en 1737 sans postérité. En lui ont fini les grands ducs de Toscane de la maison de Medicis. Cet état a pour souverain François de Lorraine, empereur d'Allemagne, auquel Elisabeth Farnese, reine

GRAND DUCHÉ DE TOSCANE. 19

d'Espagne, le céda, comme plus prochaine héritiere des Medicis, pour assurer la possession du royaume de Naples à dom Carlos son fils, duc de Parme, ensuite roi de Naples, & à présent roi d'Espagne.

6. La ville de Florence, capitale du grand duché de Toscane, est située aux pieds de l'Apennin, dans une vallée fertile & riante, arrosée par l'Arno, au 29e degré de longitude, & au 43e degré 46 m. de latitude. Elle a environ six milles de tour. La beauté de sa situation, la magnificence & la régularité de ses édifices lui a fait donner le surnom de Florence la belle, qu'elle mérite à bien des égards. Cette ville partagée en deux parties inégales par le fleuve qui la traverse, est de forme presque ovale. La partie principale où se trouvent l'ancien palais de la seigneurie & la cathédrale, est l'endroit même où Florence fut d'abord bâtie, & long-temps cette ville n'a occupé que ce terrain. On voit à la forme des rues qui sont dans l'espace compris entre les églises de sainte Croix & santa Maria novella, d'un côté ; & de l'autre, de la cathédrale aux deux ponts vecchio & santa Trinita, que ce fut le premier emplacement de Floren-

Situation de Florence. Son étendue.

ce. Les rues y sont étroites & peu longues, au lieu qu'aux extrémités de la ville, & dans la partie qui est au-delà de l'Arno, les rues sont plus larges, mieux alignées; on y a ménagé de grands jardins & de belles places, ce qui ne s'est fait que lorsque les particuliers ont voulu réunir le nécessaire à l'agréable. La partie qui est au-delà de l'Arno, est d'une construction bien postérieure, & doit son augmentation & ses embellissemens aux Medicis: c'est dans cette partie qu'est la résidence du souverain, connue sous le nom de palais Pitti, le magnifique jardin Boboli, & plusieurs autres édifices. Quatre grands ponts de pierre établissent la communication d'une partie de la ville à l'autre. Le canal de l'Arno, dans toute la longueur de la ville, est revêtu des deux côtés de quais assez larges pour y passer commodément en voiture. Les fortifications n'ont rien de remarquable; ce n'est qu'une grande muraille terrassée, assez bien entretenue, qui a été défendue autrefois par quelques tours & un fossé qui est comblé en partie. Au midi de la ville, est le château de S. Jean-Baptiste; au-dessus du jardin Boboli, est un petit pentagone régulier qui défend les approches de ce jardin du côté de la campagne, & qui commande le palais Pitti & une partie de la ville.

Elle est divisée en quatre quartiers principaux, connus sous le nom de sainte Croix, saint Jean, sainte Marie la nouvelle, & le Saint-Esprit. Ils ont chacun une banniere distinguée sous laquelle ils s'assemblent. Trois de ces quartiers sont dans la partie de Florence qui est à la droite de l'Arno; le quatriéme est composé de toute la partie qui est à gauche. Ces quatre quartiers pris ensemble sont peuplés de soixante-quatorze mille ames, suivant le dénombrement qu'en fit faire en 1761 le maréchal marquis de Botta, gouverneur général de Toscane.

Cette ville a dans son enceinte quarante-neuf paroisses, soixante maisons de religieuses & vingt-huit de religieux cloîtrés; plusieurs hôpitaux pour les malades & les pélerins, & des conservatoires ou maisons dans lesquelles on éleve les enfans orphelins, & où l'on retire les vieillards infirmes; plusieurs belles places décorées de fontaines, statues, colonnes & autres monumens publics, desquels il sera parlé, de même que des différens établissemens qu'y ont les sciences & les arts. Quant aux édifices, je ne ferai mention que de ceux qui m'ont paru les plus dignes de curiosité, suivant la régle que je me suis prescrite de ne pas charger ces Mémoires de descriptions inutiles, de choses déja connues. Ce que je puis annoncer, c'est que l'on trouve rassemblé dans l'enceinte de Florence tout ce qui peut contribuer à la beauté & à l'agrément d'une ville du premier ordre, tant pour ceux qui l'habitent, que pour les étrangers que la curiosité y attire.

Cathédrale. Tour du Giotto. Baptistere.

7. La cathédrale appellée *santa Maria del fiore*, & autrefois *santa Reparata*, est l'une des plus grandes églises qui soient en Italie ; elle a été commencée dès l'an 1296, temps où l'on ne connoissoit pas de meilleure maniere de bâtir que la gothique, dont cependant les premiers architectes secouerent à propos la tyrannie de l'usage, & se conformerent en partie aux bonnes régles suivies dans les beaux temps de la Grece & de Rome, & alors totalement oubliées. Le premier architecte fut un certain Arnolphe (*a*), disciple du Cimabué,

---

(*a*) Arnolfo di Lapo, peintre, sculpteur & architecte, mort en 1300, âgé de soixante-huit ans.

qui forma le plan général de l'églife, & le fit exécuter en grande partie ; mais la grande & magnifique coupole eft l'ouvrage de Filippe Difer Brunelefchi, le plus habile architecte de fon temps, & d'une fi belle exécution, que l'illuftre Michel-Ange difoit qu'il étoit très-difficile de l'imiter, & impoffible de le furpaffer. Ce grand édifice a de longueur dans œuvre deux cents foixante braffes, (la braffe de Florence eft de vingt-deux pouces) cent foixante-fix de largeur à la croifée, foixante dans les nefs, & cent cinquante-quatre de hauteur, du fol de l'églife, y compris la lanterne qui couronne la coupole. Tout l'extérieur de l'églife eft revêtu de marbre blanc & noir par compartimens. La façade étoit décorée en partie d'ornemens gothiques & de bas-reliefs fur les deffeins du Giotto, qui ont été enlevés pour fuivre un nouveau deffein donné par l'Académie de Florence, mais qui n'a point été exécuté. En 1688 on la fit peindre lors des noces de Ferdinand, prince de Tofcane, avec Béatrix de Baviere. Le pavé de l'églife, de marbre blanc & noir, eft beau & bien fini. Le fanctuaire, au milieu duquel eft le maître-autel, eft formé par une colonnade de marbre blanc, d'ordre Ionique, terminée par une corniche & une petite galerie sur laquelle sont placées quelques statues; les soubassemens sont chargés de bas-reliefs par le Bandinelli. Cet ouvrage est d'un très-bon goût, mais il est élevé; il empêche de voir le fond de l'église, qui au premier coup d'œil paroît trop large pour sa longueur. Le maître-autel est orné d'une piéta de marbre blanc, par le Bandinelli. Ce groupe, composé de trois figures, le Pere Éternel, Jesus-Christ mort, & un Ange, est excellent, sur-tout dans la figure du Christ. Derriere l'autel est une autre piéta, par Michel-Ange, qui n'est en quelque sorte qu'ébauchée, mais si belle, qu'aucun autre artiste n'a osé l'achever. L'église est ornée de plusieurs autres belles statues de maîtres de l'école de Florence; la coupole a été peinte par Frédéric Zucchero & le Vasari; le sujet est la résurrection générale des morts. Parmi les tombeaux qui sont dans cette église, on remarquera ceux de Brunelleschi & du Giotto, ornés de leurs bustes; celui de Marsile Ficin, le commentateur de Platon; un ancien portrait du Dante, qui y fut placé par ordre du sénat; il est représenté se promenant un livre

GRAND DUCHÉ DE TOSCANE.

livre à la main dans une prairie ; on voit dans l'éloignement la ville de Florence. Le tableau est bien conservé & encore frais de couleur, quoique peint par (*a*) André Orgagna, mort en 1389. Quarante-deux chanoines, soixante chapelains, & plusieurs autres clercs font l'office dans cette église. C'est là que se tinrent en 1439, sous le pontificat d'Eugene IV, les sessions du concile général de Florence, où se fit la réunion de l'église Grecque avec l'église Latine. L'église de Florence, auparavant épiscopale, fut érigée en archevêché par le pape Martin V, en 1420.

La tour quarrée qui est à côté de l'église, & qui sert de clocher, est d'après les desseins du *Giotto*. Elle a cent quarante-quatre brasses de hauteur, revêtue du haut en bas de marbres de différentes couleurs, & ornée de niches où sont plusieurs statues. Celle que l'on estime le plus, & que le Donatelli regardoit comme son chef-d'œuvre, est le vieillard à tête chauve, appellé le *Zuc-*

(*a*) André Orgagna naquit à Florence en 1329. On voit dans ses ouvrages beaucoup de facilité, & un génie en quelque sorte supérieur à son siécle.

Tome III.   B

cone, qui est du côté qui regarde la place.

Le baptistere qui est vis-à-vis la cathédrale, est un édifice de forme octogone très-bien entendue, revêtu au dehors de marbres, dans le même goût que la cathédrale. On a prétendu que c'étoit un temple de Mars, & je crois que l'on a eu tort ; l'édifice n'a rien d'antique, & a la forme de tous les baptisteres anciens. Les trois portes sont de bronze, ornées de bas-reliefs antiques, dont deux sont de *Lorenzo Ghiberti* (a), très-excellent artiste : on en jugera sur-tout par celle qui est vis-à-vis de la cathédrale, divisée en huit parties, dont chacune forme un tableau qui représente un sujet tiré de l'ancien testament. Les figures nues sont d'une correction de dessein qui approche beaucoup de la perfection de l'antique : cependant cet ouvrage a été fait un siécle avant Raphaël ; ce qui le rend une merveille de l'art, & ce qui porte à croire que les arts se seroient rétablis à Flo-

___

(a) Lorenzo Ghiberti, excellent sculpteur du quinziéme siécle, a laissé plusieurs ouvrages en marbre, & sur-tout en bronze, d'une pureté de style digne des meilleurs artistes Grecs.

rence, sans autre secours que le génie des grands artistes de ce pays. Les églises construites dès le treiziéme siécle, les statues & les bronzes de Lorenzo Ghiberti, les tableaux de *Fra Bartholomeo della Porta* & d'André del Sarte, les grandes productions de Léonard de Vinc & de Michel Ange, que l'on peut dire n'avoir travaillé que d'après leur propre génie, en font une preuve presque complette. La troisiéme porte du baptiftere, faite par André Ugolini de Pife, fut enlevée aux Pifans, avec les deux colonnes de granite qui font au-devant. L'intérieur de l'édifice est soutenu de groffes colonnes de granite. La voûte est couverte d'anciennes mofaïques, faites par André Tafi, difciple du Cimabué. Les fonts baptifmaux qui font au milieu, font placés fous un baldaquin de marbre d'une belle forme, avec des ornemens en bronze: vis-à-vis est le tombeau de Balthazar Coffa, Napolitain, pape fous le nom de Jean XXIII, dépofé au concile de Conftance, qui mourut à Florence en 1419, avec le titre & le rang de doyen des cardinaux, qui lui fut conferé par le pape Martin V. Les ftatues qui font au-deffus des portes en dehors font de bonne main, fur-tout les trois figures de bronze qui repréfentent faint Jean-Baptifte difputant avec un pharifien & un docteur de la loi. Vis-à-vis le baptiftere eft une ancienne colonne, érigée à ce que l'on dit en 408, en mémoire d'un miracle fait par faint Zanobio, évêque de Florence. Ces trois édifices font ifolés, & fitués dans une très-grande place; de forte que l'on peut juger de la beauté de leur conftruction, tant au dehors qu'au dedans.

<small>Autres églifes. S. Marc, l'Annonciata, Ste. Croix. Statues & tableaux. Places publiques.</small>

8. *S. Marc*, églife de Dominicains. On y voit plufieurs excellens tableaux de Fra Bartholomeo de la Porta, religieux de cette maifon, & du Paffignani. On y remarquera fur-tout la chapelle de faint Antonin, archevêque de Florence, revêtue des plus beaux marbres & d'un très-grand goût d'architecture. Tout l'ouvrage eft de Jean de Bologne, de même que la ftatue du faint. Dans cette églife, font les tombeaux de Jean Pic, comte de la Mirandole, mort en 1493 à l'âge de trente-fix ans, avec cette épitaphe;

Johannes jacet hìc Mirandula: cætera norunt,
Et Fagus & Ganges, forfan & Antipodes.

Vis-à-vis eft celui d'Ange Politien, mort en 1509. C'eft dans cette maifon que

GRAND DUCHÉ DE TOSCANE. 29

demeuroit le fameux *Jerôme Savonarole*, dominicain, qui fut pendant quelque temps l'oracle de la république de Florence. Mais ayant été interdit & excommunié par le pape Alexandre VI, pour avoir censuré trop librement les vices de la cour de Rome, il fut traité comme un hérétique, & condamné à être pendu & brûlé ensuite : jugement cruel qui fut exécuté le 23 mai 1498. Savonarole étoit alors âgé de quarante-six ans. Avant sa mort il fut réconcilié avec l'église, on lui administra les sacremens de Pénitence & d'Eucharistie. Le pape même lui avoit accordé une indulgence pleniere, mais à condition qu'il seroit exécuté.

La Nunziata, église de Servites, bâtie du commencement du treiziéme siécle, lors de l'établissement de cet ordre. La construction en est belle ; la nef principale est soutenue de piliers revêtus de marbres de différentes couleurs. Le plafond de la voûte est en stucs blancs à compartimens dorés, au milieu duquel est un beau tableau de l'Assomption. Cette église est célèbre surtout par un tableau miraculeux de l'Annonciation, où la figure de la Vierge a été, dit-on, peinte par les Anges. La chapelle où l'on conserve cette ancienne peinture, est à main gauche en entrant. L'architecture est du dessein du Michelozzi; elle est ornée de plusieurs bas-reliefs de Jean de Bologne, d'une belle exécution. L'intérieur de la chapelle est très-riche; l'autel, les gradins, le tabernacle sont d'argent, de même que les pilastres & l'architrave. Les gradins sont enrichis de beaucoup de pierres précieuses. Les lampes d'argent, les candélabres, les bas-reliefs de même matiere, & les *ex voto*, augmentent encore les richesses de cette chapelle. A côté est un oratoire quarré, dont les murs sont revêtus de calcedoines orientales, d'agathes, de jaspes & autres pierres précieuses, travaillées dans le goût de la mosaïque de Florence, qui forment différentes figures symboliques qui ont rapport à la Vierge.

 Les autres chapelles sont ornées de différens tableaux, parmi lesquels on remarquera ceux de la résurrection & du jugement, par le Bronzin; la guérison de l'aveugle né, par le Passignani; la nativité de la Vierge, par Alexandre Allori. La grande coupole, peinte par le Franceschini, a pour sujet l'Assomption de la Vierge, & son couronnement par la sainte Trinité ; elle est accompagnée des prophêtes & des saints de l'ancien testament, qu'elle comptoit au nombre de ses ancêtres. Le dessein & le coloris en sont excellens, l'invention même en est heureuse ; mais le Franceschini n'en a pas toute la gloire ; le sujet & la disposition tiennent beaucoup de la grande coupole de Parme, peinte par le Correge. On voit dans cette église quelques bons morceaux de sculpture de Jean de Bologne. Dans le cloître intérieur, est la chapelle de l'académie de dessein ; le tableau de l'autel est du Passignani, & les deux grandes peintures à fresque sont, l'une du Vasari, & l'autre de Santo Ditito. Mais ce qu'il y a de plus beau dans ce genre, est le fameux tableau d'André del Sarto, connu sous le nom de la *Madonna del Sacco* ; il est peint à fresque dans un des cloîtres au-dessus d'une porte. Saint Joseph est assis sur un sac, la Vierge tient l'enfant sur ses genoux. Le saint Joseph a un air plus noble & plus beau qu'on ne le lui donne ordinairement, la Vierge est extrêmement gracieuse, l'Enfant est peint avec esprit. Le dessein est excellent, le coloris a conservé quelque vivacité ; enfin ce morceau célébre est encore digne de la grande réputation dont il jouit. On l'a fait enfermer dans une châsse vitrée qui le garantit des injures de l'air. Il y a d'autres peintures dans ce cloître qui sont de bonne main; mais la *Madonna del Sacco* emporte toute l'attention.

Un petit cloître décoré d'une colonnade de bonne architecture, sert de vestibule à cette église; on y voit le buste en marbre d'André del Sarte, & quelques autres morceaux de sculpture bien exécutés. Il y a quelques monumens déja anciens, parmi lesquels on voit un cavalier armé de toutes piéces, monté sur un cheval bardé jusqu'au sabot, avec cette inscription:

Anno Domini 1289.
Hìc jacet dominus Guillelmus Balius, olim domini Amerighi de Nerbona.

Au devant de cette église est une grande place ornée de deux côtés de portiques à arcades ouvertes, du dessein du Brunelleschi; au milieu est la statue équestre du grand duc Ferdinand Ier, jettée par Jean de Bologne (a), avec deux

───────────

(a) Jean de Bologne naquit à Douay: il fut l'un des plus grands sculpteurs du seiziéme siécle, & le meilleur éleve qu'ait formé Michel-Ange. La plus grande partie de ses ouvrages sont aussi parfaits que les plus beaux antiques.

fontaines, dont les ornemens sont de bronze, & traités avec beaucoup d'esprit.

Sainte Madeleine de Pazzi, église de Carmelites. Il faut y voir la chapelle principale où repose le corps de la sainte. Elle est revêtue des plus beaux marbres, ornée de douze colonnes de jaspe de Sicile, dont les bases & les chapiteaux sont de bronze doré. Dans des tableaux ovales sont plusieurs bas-reliefs en bronze, qui représentent les actions principales de la sainte. Le dessein de cette chapelle, de même que le tableau du maître-autel, sont de *Ciroferri*, & de très-bon goût.

Sainte Croix, église de Franciscains. Au-dessus de la porte principale, est une très-belle statue de bronze de S. Louis, evêque de Toulouse, par le Donatelli (*a*). L'église commencée à la fin du treiziéme siécle, est très-grande : elle a 240 brasses de longueur, & 70 de largeur. On voit dans les chapelles l'histoire de la passion de Jesus-Christ, peinte en différens tableaux par les meilleurs artistes de l'école Florentine,

---

(*a*) Le Donatelli a vécu dans le quatorziéme siécle, & cependant plusieurs statues de sa main sont d'une correction de dessein, & d'une élégance digne des beaux temps de la sculpture.

B v.

dont les plus remarquables sont : La descente de croix du Salviati... Le crucifiement de Santo Ditito... L'apparition aux Apôtres... La descente du Saint-Esprit... Jesus-Christ qui porte sa croix, par le Vasari. Ce tableau sur-tout est un des meilleurs de ce maître : il y a de la force dans l'expression, & une vigueur de coloris, qu'il est rare de trouver dans les ouvrages du Vasari.... L'entrée de Jesus-Christ à Jérusalem, par le Cigoli.... Le tabernacle du maître-autel de mosaïque en pierres fines, est un présent du grand duc Cosme III. La chaire de marbre, de forme hexagone, avec les bas-reliefs, & les petites statues des Vertus qui sont représentées assises sur les pilastres qui séparent les panneaux, sont du plus beau travail.

Dans le collatéral à droite, est le tombeau du célébre Michel-Ange : au-dessus d'une urne sépulcrale est le buste de ce grand homme : au bas sont trois statues représentant la peinture, la sculpture & l'architecture en pleurs. La peinture sur-tout est une excellente figure, aussi correcte de dessein que l'antique, & d'une grande beauté d'expression. Vis-à-vis est un monument érigé à la mémoire de l'illustre Galileo

Galilei, astronome & mathématicien, à qui ses connoissances relevées firent tant d'ennemis, & que l'Inquisition contraignit d'abjurer sa science, qu'elle regardoit comme une hérésie, parce que ses ministres n'y comprenoient rien. Ce monument fait en 1737, est décoré du buste de Galilée, & des statues de l'Astronomie & de la Géométrie. Galilée est enterré dans un des cloîtres de cette maison, où l'on voit aussi le tombeau de Léonard Bruni Aretin, historien connu de la république de Florence.

Au-dessus de l'église, à côté du chœur, est la chapelle des Nicolini, d'une magnifique architecture, pavée & revêtue des plus beaux marbres, enrichie d'excellentes peintures, & de cinq belles statues, qui représentent Moïse, Aaron, la Virginité, la Prudence & l'Humilité.

La bibliothéque de cette maison est nombreuse ; on y conserve beaucoup de manuscrits de théologie scolastique, parmi lesquels est le recueil des œuvres de saint Bonaventure, que l'on dit écrit de sa main même. On remarquera encore dans cette église quelques peintures anciennes du Cimabué & du Giotto, que l'on regarde comme le restaurateur de l'art en Italie; ce que les Siennois disputent aux Florentins.

La place qui est devant l'église de sainte Croix, est grande & réguliere; elle est entourée de portiques à arcades ouvertes. C'est là où dans le temps du carnaval, plusieurs jeunes cavaliers partagés en plusieurs bandes égales, chacune commandée par une enseigne, & distinguée par un uniforme, font des parties de ballon, où ils donnent des preuves de leur force & de leur adresse. Ils commencent par se partager le terrain; & le point d'honneur de cet exercice, est de le conserver de façon que la bande adverse ne puisse jamais s'y établir, & de la forcer à recevoir le ballon, & à perdre du terrein en cherchant à le renvoyer. Chacune des bandes a une espece d'arriere-garde, dont le soin est de renvoyer le ballon, pendant que le gros de la troupe cherche à gagner le terrein. Cette place est décorée d'une assez belle fontaine.

S. Laurent. Statues de Michel-Ange. Magnifique chapelle des Médicis. Bibliothéque de manuscrits.

9. *S. Laurent*, église bâtie dans le quinziéme siécle. L'architecture en est légere, élégante, de belle proportion, de même que les colonnes qui soutiennent la nef du milieu. Les deux chaires de marbre sont d'une belle forme, & ornées

de quelques bas-reliefs en bronze du Donatelli, qui sont de la plus belle exécution.

Au pied du grand autel, sous une simple tombe, est enterré Cosme l'ancien, dit le pere de la patrie, avec cette courte inscription, mais bien honorable:

Decreto publico, patri patriæ.

On voit dans les chapelles plusieurs tableaux curieux, entr'autres, le mariage de la Vierge, par le Rossi, bien dessiné & frais de couleurs; un tableau de Fra Bartholomeo en clair obscur, dans lequel il a placé son portrait... un Pere Éternel attaché sur une croix, d'où il explique à Adam & Eve le mystere de l'incarnation de son fils, & de la rédemption des hommes; idée singuliere d'André del Sarto, dans laquelle on retrouve le beau coloris & la maniere large de ce grand peintre.

Mais ce qui mérite toute l'attention des voyageurs curieux, est la sacristie nouvelle qui est au-dessus de l'église à main droite, & que l'on peut regarder comme le trésor qui renferme ce que Michel-Ange a fait de plus admirable. On l'appelle aussi la chapelle des princes: l'architecture est du même Michel-Ange. Le premier tombeau est celui de Julien de Medicis, duc de Nemours : on voit au-dessus sa statue de la main de Michel-Ange; elle est dans une attitude qui répond à son caractere actif; la figure est toute de mouvement. Aux deux côtés du tombeau sont les statues du jour & de la nuit; ni l'une ni l'autre ne sont achevées; un des côtés du visage de la nuit n'est même pas fini; mais à regarder cette statue de profil, il y a une si grande vérité d'expression, tant de noblesse, que le marbre même semble respirer : ce n'est pas une statue froide & inanimée, c'est une femme plongée dans un doux sommeil, qui respire doucement & qui vit. On fit sur cette statue les quatre vers suivans, qui donnent une idée de sa perfection...

La notte ché tu vedi in sì dolci alti
Dormir, fù da un angelo scolpita
Inquesto sasso : è per ché dormé ha vita :
Desta' la se no' l credi, è parlera ti.

Michel-Ange répondit sur le champ à ces vers flatteurs, & fit parler ainsi la nuit.

Grato mi é il sonno, é più l'esser di sasso,
Mentre ché il danno, é la vergogna dura.
Non veder, non sentir, mi é gran ventura :
Pero non mi destar : deh ! parla basso.

Cette réponse est belle, elle fait allusion aux troubles qui divisoient alors la ville de Florence; il y a quelque chose de fier qui est bien dans le caractere de Michel-Ange, qui ne craignoit pas de convenir de la supériorité de son ouvrage. Dans tout autre artiste c'eût été ostentation; ici ce n'est que sentiment de sa propre excellence.

Le second tombeau a été fait pour Laurent de Medicis. Sa statue le caractérise; il est assis la tête appuyée sur sa main, dans l'attitude d'un homme qui réfléchit profondément. On y reconnoît ce Laurent que l'on appelloit *il pensieroso*. Cette statue, de même que celle de Julien, est entierement finie. Les deux statues qui accompagnent le tombeau, sont l'aurore & le crépuscule.... Dans cette même chapelle est une Vierge qui tient l'Enfant entre ses bras, aussi de Michel-Ange. On regrette que ces ouvrages admirables soient restés imparfaits; quel respect on a eu pour le génie sublime qui les avoit conçus & commencés; on n'a pas osé y porter une main téméraire, & tenter de les finir. Il y a dans cette chapelle plusieurs autres tombeaux des princes de la maison de Medicis, sans ornemens, & qui ne paroissent y être qu'en dépôt.

Dans une seconde chapelle ou sacristie, bâtie sur les desseins du Brunelleschi, est un autre tombeau fait pour Pierre & Jean, fils de Cosme, pere de la patrie, tous deux tiges des deux branches de la maison de Medicis; il est d'une belle forme, & revêtu d'ornemens de bronze bien entendus. Dans des niches sont les statues de saint Laurent, saint Etienne, saint Cosme & saint Damien, par le Donatelli; & pour tableaux d'autel, un ancien bas-relief en bronze du Brunelleschi.

Derriere le chœur de l'église est la fameuse chapelle des Medicis, commencée en 1664, sous Ferdinand I, grand duc de Toscane; elle est de forme octogone; l'architecture en est belle & noble; les pilastres qui soutiennent la corniche qui régne autour, sont de la plus belle proportion avec les chapiteaux & les bases en bronze doré. Le revêtissement jusqu'à la corniche est en entier de jaspes, agathes orientales, lapis lazuli, calcédoines & autres pierres précieuses qui forment différens ornemens, parmi lesquels sont placés les écussons des armes des villes soumises à la domination des grands ducs de Toscane. Les émaux de ces écussons, de même que les couronnes & les supports, sont travaillés en mosaïque avec les pierres les plus fines. Le diamétre intérieur de la chapelle a quarante-huit brasses, ou environ quatre-vingt-huit pieds. La hauteur jusqu'au comble est de cent quatre brasses. Dans six des pans de l'octogone sont placés six grands tombeaux, dont quatre de granit d'Egypte, & deux de granit oriental, faits sur les desseins de Michel-Ange. On ne peut rien imaginer de plus beau & de plus noble pour la forme & le goût que ces tombeaux; ils sont d'une proportion vraiment majestueuse. Sur chacun est un oreiller de jaspe, bordé de pierreries, sur lequel est posée une couronne ducale de pierres fines. Dans des niches de marbre noir, pratiquées en enfoncement dans l'épaisseur du mur, seront des statues de bronze, de taille héroïque, c'est-à-dire, d'environ dix pieds de hauteur; il y en a déja deux en place, celles de Ferdinand I & Cosme II, qui ont été jettées par Jean de Bologne. Dans le pan du fond sera placé l'autel qui n'est pas absolument fini, & qui est en dépôt dans une des chambres de la galerie; il est d'une magnificence telle qu'on peut l'imaginer dans la piéce principale d'une chapelle si riche; les gradins, la table de l'autel & les côtés, sont de marquetterie formée par les pierres les plus précieuses & les plus rares. Le tabernacle du dessus est composé d'une petite colonnade qui soutient une coupole : ce dessein est d'après l'antique. Les petites colonnes couplées, dont les bases & les chapiteaux sont d'or & d'un travail excellent, sont alternativement de lapis lazuli, d'agathe orientale & de cristal de roche. Le devant d'autel est une mosaïque de fleurs montée sur un fond d'orfévrerie en or. Le marche-pied même est de la plus grande richesse. Dans le pan vis-à-vis sera placée la porte principale, ou grillage qui donne dans le fond du chœur de l'église saint Laurent, & laissera voir la chapelle de l'église même. Le pavé est de marquetterie en marbres choisis. Suivant le premier plan, la coupole devoit être revêtue de lapis lazuli, avec des roses & autres ornemens en or ; mais j'ai ouï dire à M. le maréchal de Botta, qui faisoit travailler alors à finir ce superbe monument de la magnificence des Medicis, que l'on feroit peindre la coupole, & on destinoit cet ouvrage à un peintre Saxon nommé *Meinss*, qui joint à la sagesse du dessein, & la régularité de la composition des meilleurs maîtres de l'école Romaine, le beau coloris de l'école de Lombardie, ainsi que l'annoncent quelques grands ouvrages de ce genre qu'il a faits nouvellement à Rome.

Que l'on n'imagine pas qu'il y ait rien d'exagéré dans la description de cette chapelle; quand elle sera achevée, il sera difficile de trouver quelque monument de ce genre qu'on puisse lui comparer.

A une des portes de l'église saint Laurent, on voit la statue du célèbre historien Paul Jove, évêque de Nocera, faite par François de Saint-Gal.

La fameuse bibliothéque de manuscrits, connue dans toute l'Europe sous le nom de *Bibliotheca Mediceo Laurenziana*, tient à l'église de saint Laurent, & fait partie des bâtimens qui y sont annexés. La galerie où elle est placée, a été bâtie par Michel-Ange; elle a cent quarante pieds de longueur sur environ trente-trois de largeur, & vingt-cinq de hauteur. Elle est garnie de deux rangs de pupitres, quarante-quatre de chaque côté, sur chacun desquels il y a plusieurs manuscrits reliés & attachés aux pupitres avec une chaîne. Vis-à-vis de chaque pupitre est un banc sur lequel peut s'asseoir celui qui consulte le manuscrit.

Il y en a en toutes sortes de langues, grecque, latine, hébraïque, arabe, syriaque, & même chinoise; on y en voit quelques-uns en langue provençale, & en vieux françois. Le plus ancien est, dit-on, un manuscrit syriaque, qui est au premier pupitre. Il faut voir le Virgile qui est au pupitre 39, le Tacite au 68 : ces manuscrits sont ornés de belles vignettes, de même que les commentaires de César. On y voit encore un grand manuscrit grec, que l'on dit très-ancien; il est avec figures, & instruit de la maniere de remettre les dislocations : ce manuscrit qui traite d'une partie si intéressante dans la chirurgie, & plus difficile dans la pratique qu'on ne l'imagine, mérite une attention particuliere. L'empereur régnant a fait ajouter à cette bibliothéque quatre nouveaux pupitres chargés de manuscrits ; ils sont séparés des autres. Le total monte, à ce qu'on dit, à trois mille. Cette collection commencée par Cosme de Medicis, le pere de la patrie, continuée par Pierre son fils, & fort augmentée par Laurent le magnifique, fut mise dans l'ordre où on la voit par le pape Clément VII. Ce trésor particulier qui n'appartenoit qu'aux Medicis, fut rendu public en 1571 par le grand duc Cosme I, qui y établît un bibliothécaire, & jusqu'à présent, il a eu des successeurs. L'escalier qui conduit à cette bibliothéque, fait sur les desseins de Michel-Ange, est de la plus belle architecture, de même que la porte principale & les fenêtres.

Au-devant de l'église saint Laurent dans la place, est un piédestal chargé de bas-reliefs travaillés par le Bandinelli; il devoit servir à placer la statue équestre de Jean de Medicis, pere du grand duc Cosme I. La statue n'a pas été finie, on la voit dans l'ancien palais.

10. *Santa Maria Novella*, grande église de Dominicains, l'une des plus belles d'Italie, quoiqu'elle ait été commencée dans le treiziéme siécle, & finie au commencement du quatorziéme. On voit par cette construction, que le bon goût commençoit dès-lors à renaître à Florence; car on ne trouve nulle part aucun édifice de ce temps, qui pour l'élégance & la régularité puisse être comparé à celui-là. Les peintures du chœur sont toutes du *Ghirlandaïo*, & divisées en quatorze tableaux, dont sept représentent la vie de la Vierge, & sept celle de saint Jean-Baptiste. Ce qu'il y a de plus curieux dans ces peintures anciennes, sont plusieurs portraits du

Suite des églises. Statues & tableaux. Enterremens.

temps, que l'on y trouve, & qui sont peints avec beaucoup de vérité. Il y a plusieurs bons tableaux dans les chapelles, entr'autres, la Samaritaine par le Bronzin, le Rosaire & la Résurrection par Vasari, un saint Pierre, martyr, par le Cigoli. Dans la sacristie, un ancien tableau sur bois, que l'on regarde comme le chef-d'œuvre du Cimabué; il a été si bien conservé, que les couleurs en sont encore vives.

Le Saint-Esprit, église d'Augustins, située au midi de l'Arno, est un grand & vaste édifice construit sur les desseins du Brunelleschi. La nef principale est portée sur des colonnes d'une belle proportion, d'ordre composite; la frise qui régne au-dessus est de bon goût. L'autel composé de marbres précieux, & orné de pierres fines, est d'un beau travail. Les chapelles ont plusieurs tableaux de prix.... Le Sauveur qui chasse les marchands du temple, par Jean Strada; la composition en est belle, le dessein fier, & le coloris vigoureux... Le martyre de saint Etienne, par le Passignani, de la plus belle expression... Une Annonciation par Botticelli; un Sauveur qui porte sa croix au calvaire, par le Ghirlandaïo; un *noli me tangere*, par le Bronzin;

une très-belle statue du Sauveur qui tient sa croix, copiée par Thadeo Landini sur l'original de Michel-Ange, qui est à l'église de la Minerve à Rome.

Lorsque j'étois occupé à examiner cette église, je vis tout d'un coup à mes pieds, dans la croisée à gauche, le cadavre d'une jeune personne, étendu à terre sur un drap mortuaire avec quatre chandeliers aux coins du drap : elle étoit vêtue d'habits riches & propres, bien chauffée, des gants à ses mains ; sa coiffure simple & modeste étoit ornée d'une couronne de fleurs naturelles; elle avoit encore l'air frais & vermeil d'une jeune personne endormie, & on ne lui voyoit d'autres signes de mort que la bouche un peu tournée, & quelques marques au coin gauche de la bouche, d'un débord qui avoit fait éruption : elle étoit morte la veille d'apoplexie, à l'âge de vingt-un ans, sans avoir rien ressenti qui lui annonçât ce funeste accident. Il n'y avoit autour d'elle ni parens, ni domestiques qui eussent assisté à son convoi funebre, quoiqu'elle fût d'une famille distinguée ; mais c'est la coutume en Italie, on abandonne les morts, & il ne paroît pas qu'on soit fort sensible à leur perte. Il est d'usage par-tout de porter à la sépulture les morts de tout rang, de tout âge & de tout sexe à visage découvert; il y a plus ou moins de prêtres & de moines, à proportion du rang & de l'opulence des morts & de leurs héritiers. Dans la maison ils sont exposés sur une espece de lit de parade, revêtus de leurs plus beaux habits; plusieurs ont la dévotion de se faire voir après leur mort revêtus de quelque habit religieux. On les porte de la maison où ils sont morts à l'église où ils doivent être enterrés, sur un brancard couvert d'un tapis d'étoffe de couleur plus ou moins riche : un fossoyeur porte sur son épaule la biere où le cadavre doit être mis avant que d'être enterré; il le suit immédiatement, & d'ordinaire c'est le personnage le plus remarquable du convoi. Il y a tout au plus quelques domestiques à la suite, aucun parent n'y paroît, & il est rare de voir répandre des larmes à ces tristes cérémonies.

Il Carmine, église de Carmes, grande & vaste, de construction antique, & cependant fort bien éclairée; elle est tenue proprement & très-bien décorée; presque toutes les chapelles ont des tableaux de distinction, parmi lesquels on remarquera, à main droite, l'adoration

des

GRAND DUCHÉ DE TOSCANE. 49

des Mages, par le Paffignani, d'un grand goût de deffein, & d'une belle compofition... Un Chrift mort fur la croix, & au pied la Vierge prête à s'évanouir de douleur, & une Madelaine en pleurs, par le Vafari... Quelques traits de la vie de l'apôtre S. Pierre, peints à frefque par le Mafaccio, peintre ancien de l'école Florentine, qui l'un des premiers fecoua le joug de fes maîtres pour imiter la nature, & ôter au deffein cette maniere roide que l'on remarque dans toutes les peintures anciennes : il eft à croire que le Mafaccio auroit fait de grands progrès, s'il ne fût pas mort à vingt-fix ans en 1445. Cette chapelle eft un monument de la force d'un heureux génie qui fait fe frayer lui-même, fans préceptes & fans modele, une route qui le conduit aux vraies beautés de la nature.

Dans la croifée à droite de cette églife, eft la riche chapelle de faint André Corfini, nouvellement conftruite aux frais de la maifon de ce nom. Tout le revêtiffement eft des plus beaux marbres ; l'architecture eft d'ordre compofite. L'autel un peu détaché de la muraille, eft formé par une grande urne de porphyre, au-deffus de laquelle eft un groupe d'anges de grandeur natu-

Tome III. C

relle, qui foutiennent en l'air la figure de faint André Corfini, évêque de *Fiefoli*, de l'ordre des Carmes : au-deſſus, dans une gloire, eſt le Pere Eternel, qui paroît prêt à recevoir le ſaint. Au milieu de l'urne, ſur la face antérieure, eſt un bas-relief en argent d'un très-beau travail. Les deux côtés de la chapelle ſont occupés par deux grands bas-reliefs en marbre blanc, l'un deſquels repréſente le ſaint porté ſur des nuages, & aſſiſtant l'armée des Florentins, qui attribuerent à ſa protection la victoire qu'ils remporterent à Anghiarri ſur les troupes de Philippe-Marie Viſcomti, duc de Milan : l'autre a pour ſujet le ſaint diſant ſa premiere meſſe, pendant laquelle la Mere de Dieu lui apparut, l'aſſura de ſa protection conſtante. La coupole peinte par Luc Giordan, eſt l'un des plus beaux ouvrages de ce maître ; la compoſition & le coloris la rendent précieuſe. En avant, ſur les côtés, ſont quelques inſcriptions ſépulcrales à l'honneur des perſonnages illuſtres de la maiſon Corſini.

Il faut voir auſſi dans le chœur de cette égliſe le tombeau magnifique de Pierre Soderini, gonfalonnier perpétuel de la république.

Beaucoup d'autres églises de Florence ont des peintures de distinction ; je n'ai parlé que de celles qui se trouvent dans les églises principales répandues dans les différens quartiers de la ville.

11. Les hôpitaux & autres établissemens de charité n'y sont pas entretenus avec moins de soin que dans les autres villes d'Italie. Cet objet si intéressant pour l'humanité, méritera toujours l'attention d'un voyageur qui cherche à s'instruire.

Hôpitaux & maisons de charité.

Le principal est celui de *santa Maria nuova*, fondé dans le treiziéme siécle, entretenu depuis ce temps par la ville, & nouvellement augmenté par les ordres de l'empereur régnant. Les bâtimens en sont grands & vastes, & tenus avec propreté. Il y a une école de médecine & de chirurgie, où viennent de toutes parts une quantité d'éleves, qui se forment autant par les leçons qu'ils reçoivent des professeurs gagés, résidant à l'hôpital, que par la pratique où ils s'exercent sous les yeux de leurs maîtres. C'est de cette école que sortent les meilleurs praticiens du pays. L'empereur y a fait établir une bibliothéque publique, dans laquelle on met tous les bons livres de médecine à mesure qu'ils paroissent. Il y a aussi un théâtre anatomique, où l'on fait l'ouverture & la dissection des corps, sur-tout de ceux qui sont morts de quelque maladie singuliere, qui a résisté aux secours de la médecine, ou qui s'est montrée sous quelques symptômes nouveaux & effrayans. L'église ou chapelle est décorée de plusieurs belles peintures ; à gauche on verra un très-beau tableau du *Franceschini*, qui représente saint Louis, roi de France, guérissant les écrouelles... une descente de croix, par le Bronzin... Cet hôpital a pour revenus principaux le profit qu'il fait sur les rentes viageres, dont il a reçu les fonds, & qui se payent par classes. Chaque mise ou tontine est de cent écus, dont on paye depuis cinq jusqu'à dix pour cent, à mesure que l'on change de degré. Ces fonds sont administrés avec le plus grand soin, & les engagemens contractés se remplissent avec exactitude.

Outre cet hôpital général, il y en a plusieurs autres. Ceux de saint Matthieu & de saint Jean de Dieu, pour les malades.... de saint Paul, pour les convalescens.... de saint Thomas d'Aquin, pour les pélerins ultramontains ; ils n'y sont reçus qu'autant qu'ils ont des lettres de leur évêque diocésain ; ils y séjournent

& y sont bien traités.... de saint Marc, pour les pélerins, magnifiquement bâti.... de Jesu pellegrino, pour les prêtres & les religieux qui voyagent.... L'hôpital des incurables est l'un des plus beaux établissemens de ce genre que l'on puisse voir, & assez bien doté pour que l'on y entretienne tous les malheureux qui sont réellement dans le cas d'y être reçus pour le reste de leur vie.... Celui des enfans trouvés & des orphelins, établi dès l'an 1420, est très-vaste; il y a plus de deux mille personnes pour la nourriture & l'éducation des enfans qui y sont en très-grand nombre. Les administrateurs de cet hôpital, pris dans le corps de la noblesse, ont encore l'inspection sur les autres hôpitaux, & la préséance sur les directeurs particuliers de chaque hôpital. Ces établissemens publics de charité sont administrés avec le plus grand soin sous les yeux du gouverneur général de la province, & des officiers qu'il nomme, qui doivent assister à toutes les assemblées de direction, & prendre garde à ce que les revenus soient légitimement employés à leur destination. Malgré toutes ces belles fondations, les rues de Florence sont remplies de mendians, qui font de la plus grande incommodité.

La plus belle collection que l'amour des beaux arts ait fait faire, est sans contredit celle qui se trouve à la galerie de Florence : on est peut-être déja dans l'impatience d'en trouver la description dans ces mémoires ; mais comme je lui ai donné quelque étendue & le plus d'ordre qu'il m'a été possible, je la réserve pour être mise à la suite de la description des autres monumens, qu'elle feroit perdre de vue, si elle les précédoit.

Palais Pitti des grands ducs, & Jardin Boboli. Tableaux précieux.

12. *Le palais Pitti* est la résidence ordinaire des grands ducs de Toscane ; il conserve encore le nom du noble Florentin qui le fit commencer. Lorsque Luc Pitti entreprit cet édifice, il tenoit un rang distingué dans la république, parce que Cosme l'ancien étoit alors trop âgé pour s'y opposer. Pitti avoit choisi un terrain avantageux, & avoit donné à son palais une étendue comparable, dans ses idées, au pouvoir dont il croyoit jouir ; mais ce palais, trop magnifique pour un particulier, dérangea beaucoup la fortune de messer Luc Pitti ; ses concitoyens en conçurent de l'ombrage, & sa

famille ne put, ou n'ofa foutenir fes projets : c'eft de fes defcendans que le grand duc Cofme I en fit l'acquifition.

Cet édifice a été commencé fur les deffeins du Brunellefchi. La façade extérieure eft d'ordre ruftique à boffages : cette maniere a quelque dignité, plutôt à raifon de l'étendue du bâtiment, que de la conftruction même, qui reffemble plus à une fortereffe qu'au palais d'un prince. Les fenêtres du premier plan font d'une belle proportion. L'avant-corps de la façade extérieure n'eft point fait de même que les deux aîles qui devoient s'étendre fur la place, & qui auroient donné de la grace & de la nobleffe au bâtiment, dont l'extérieur eft trop plat. L'architecture de la cour par l'Ammanati, eft beaucoup plus réguliere & plus noble ; elle a trois rangs de colonnes pofés les uns fur les autres, des ordres dorique, ionique & corinthien, qui forment autant de galeries ouvertes qui tournent autour de la cour, & fervent à la communication des appartemens du palais. Cette cour eft trop étroite, eu égard à la grande élévation du bâtiment, de maniere que pour la bien voir, on eft obligé de tenir toujours la tête fort élevée & dans une fituation incommode, le bâtiment ayant au moins cent trente pieds de hauteur, & la cour dans sa plus grande largeur n'en ayant pas plus de cent soixante. Elle seroit tout-à-fait obscure, si la muraille qui sépare la cour du jardin Boboli, & qui est terminée par une petite balustrade de marbre, n'étoit beaucoup plus basse que le palais, ce qui au moins de ce côté laisse un libre cours à la lumiere. Au milieu de cette muraille est pratiquée une grande voûte en enfoncement, qui a été autrefois bien décorée, mais que le temps & l'humidité ont beaucoup gâtée : elle est entierement occupée par une nape d'eau, au milieu de laquelle est une statue de porphyre, de Moïse, entourée de divers jets d'eau qui paroissent sortir de terre à ses ordres. Au-dessus de cette voûte est un autre grand bassin, au milieu duquel s'éleve un jet d'eau qui le remplit : il est orné de plusieurs enfans montés sur des cygnes qui semblent jouer dans l'eau.

 A gauche, sous la premiere galerie, sont quelques statues antiques, entr'autres un Hercule qui ressemble beaucoup à celui du palais Farnese, & qui est dans la bonne maniere grecque. Au fond de cette même galerie, est un monument érigé par Luc Pitti à la mémoire d'une mule qui l'avoit bien servi : elle est représentée en bas-relief de marbre noir ou pierre de parangon, avec ce distique au-dessous :

Lecticam, lapides & marmora, ligna, columnas,
Vexit, conduxit, traxit & ista tulit.

Ce palais est très-bien meublé & entretenu, quoique depuis long-temps il ne soit pas habité : les meubles, déja anciens, sont des étoffes les plus riches, & bien conservés. On voit par-tout de ces belles tables de mosaïque ancienne de Florence, de ces armoires ou cabinets enrichis de lapis lazuli, de crystal de roche, d'agathes & de jaspes d'un travail admirable ; des lustres, des bronzes, des urnes, des glaces ; mais ce qu'il y a de vraiment curieux, ce sont les tableaux qui en ornent les différentes piéces.

L'appartement du rez-de-chaussée, que l'on appelle de l'empereur, n'a pas d'autres ornemens que les peintures qui le décorent ; il est composé de plusieurs grandes piéces où sont les plus beaux plafonds : le premier est de pierre de Cortone ; il a pour sujet un jeune homme que la vertu, représentée par Hercule, appelle & retire des mains de la volupté ; il est entouré d'autres tableaux en éventail, dont les sujets ont rapport au tableau principal. On y voit la continence de Scipion; Joseph qui fuit la femme de Putiphar : ces différens sujets sont parfaitement exécutés, la couleur en est belle & gracieuse; on y trouve la force du pinceau de Pierre de Cortone, avec toutes les graces que l'on y peut desirer. Les peintures à fresque de cette premiere piéce ont été faites par Jean de san Giovani, Florentin : ce sont des bas-reliefs en clair obscur, si parfaitement peints, qu'ils sont entierement détachés, & qu'il faut les toucher pour croire qu'ils soient de peinture plate.

Ciro Ferri a aidé Pierre de Cortone dans la composition des autres plafonds, où il paroît qu'il a suivi ses desseins. Le second représente un jeune homme porté sur des nuages entre Apollon & la poësie; il est de Ciro Ferri. Le troisiéme, de Pierre de Cortone, est un sujet allégorique, qui représente la fortune des Médicis triomphante du temps & de ses ennemis; & sur les bords du plafond, une armée navale : tout y est beau, couleur, expression, dessein, composition; ce tableau est excellent. .... Le quatriéme est de Ciro Ferri; il a pour sujet l'apothéose d'un héros qui est armé de la massue d'Hercule, & que Jupiter couronne.

Le cinquiéme, de Pierre de Cortone, représente Hercule sur le bûcher.

On faisoit alors dans cet appartement une copie d'un grand tableau de Rubens, l'un des plus beaux de ce maître: il représente Mars que le démon de la guerre arrache des bras de Vénus qui veut en vain le retenir: l'amour pleure; les symboles des arts, un homme robuste que le démon de la guerre foule aux pieds, & que je crois être l'agriculture; des femmes, des enfans qui fuyent avec effroi, le temple de Janus renversé dans l'éloignement, marquent assez la désolation & les ravages de la guerre: à côté de Vénus, sur le devant du tableau, est une grande femme qui a sur la tête une couronne murale, qui leve ses yeux baignés de larmes & ses mains au ciel, & semble vouloir arrêter le héros par ses cris. Ce tableau, peint avec le plus beau feu, donne la plus grande idée du génie de son auteur. Je doute que Rubens ait jamais rien imaginé de plus noble & de plus poëtique; il me semble que la simple idée de ce tableau équivaut un poëme entier: la couleur en est excellente, & du plus beau de Rubens; toutes les têtes sont belles, intéressantes, bien caractérisées; la composition est précise & point embarrassée; la lumiere y est distribuée avec la plus grande intelligence. Ce tableau est à mon gré l'un des plus beaux qu'il soit possible de voir; un de ces tableaux faits pour être étudiés, pour former le goût & élever le génie.

Les autres appartemens de ce palais sont ornés des tableaux des meilleurs maîtres, en grand nombre & du plus beau choix. Je ne les rapporterai pas tous; je donnerai une courte nomenclature de ceux qui m'ont le plus affecté... Une sainte famille d'André del Sarto, de la plus grande force de couleur, & cependant vraie; les têtes sont très-belles, & rendues avec expression : on ne peut bien juger du mérite de ce peintre qu'à Florence; il a été le plus grand coloriste de son école; son dessein est de grand caractere; presque toutes ses draperies sont bien jettées; la plupart de ses tableaux sont peints sur bois.... Une Madonne & un saint François, de Carlin Dolce, de belle expression.... Un *Ecce Homo* de grandeur naturelle, avec deux bourreaux derriere, par le Cigoli, peint avec force & de belle couleur.... Quatre grands tableaux, qui ont pour sujets les quatre fins de l'homme, la mort, le jugement, le paradis & l'enfer : ils occupent chacun une des faces du salon où ils sont placés ; grande composition du cavalier Nasini, de Sienne, en général fort ingénieuse : on y voit plusieurs groupes heureusement disposés.... Une Madonne, saint Jean & saint François, de grandeur naturelle, par André del Sarto... Un portrait du pape Paul III, par le Titien, admirable & bien conservé.... Une bacchanale de Rubens, où l'on voit toute la beauté de la composition & du coloris de ce grand maître.... Quatre grands tableaux de bataille, par le Bourguignon; ils sont historiques, & ont rapport aux Medicis; ils sont très-bien traités & d'un ton vigoureux de couleur. Les paysages sont d'après nature; ils représentent divers points de vue de Toscane : on y voit entr'autres la montagne de *Radico fani*... La Madelaine, saint Laurent, saint François, & trois autres saints dans un même tableau, d'André del Sarto ; figures de grandeur naturelle, d'une belle expression ; le coloris & le dessein en sont excellens.... Deux tableaux de l'Assomption, du même, composés à peu près du même nombre de figures, quoique différemment placées ; ils sont encore d'une extrême vivacité & d'une beauté frappante, qui naît en partie des couleurs éclatantes que le peintre a employées.... Un saint Marc plus grand que nature, de Fra Bartholomeo della Porta, dit de *san Marco*. Le style de ce tableau est aussi grand, aussi majestueux que celui de Raphaël; il est excellemment dessiné, & d'une beauté de pinceau à laquelle Raphaël n'est jamais parvenu. Ce peintre, contemporain de Raphaël, fut son maître pendant quelque temps; il lui ressembloit beaucoup pour les qualités rares qui constituent un grand peintre, & lui étoit fort supérieur pour le coloris: il semble qu'il ne lui ait manqué que les grandes occasions où s'est trouvé Raphaël, pour lui disputer, & peut-être pour lui enlever le sceptre de la peinture. Les ouvrages de ce grand artiste sont d'autant plus précieux, qu'ils sont fort rares. On dit à Florence que ce tableau de saint Marc a coûté 30000 francs au grand duc Ferdinand II; c'est un des plus beaux qui soient à Florence.... Une Ascension, du même, du plus beau style de composition & de dessein, inférieure au saint Marc pour le coloris... Un grand tableau qui a pour sujet la Vierge dans une gloire, & un saint évêque au bas

GRAND DUCHÉ DE TOSCANE. 63

à genoux : la Vierge est peinte avec noblesse ; il y a plus de simplicité dans la figure de l'évêque, qui est richement habillé ; le ton de couleur en est beau : cette composition est de la grande maniere de Carle Maratte, & dans le goût de celui du même maître qui est à l'église de saint Charles *al Corso* à Rome...... Un portrait de Léon X, accompagné de deux cardinaux, figures de grandeur naturelle, par Raphaël ; tableau capital & bien conservé. On sait qu'André del Sarto copia ce tableau si parfaitement, que Jules Romain qui avoit travaillé à l'original, y fut trompé, & prit la copie pour l'ouvrage de son maître...... Le portrait du cardinal Bentivoglio, par Wandick, de la plus grande beauté, si parfaitement peint, si vrai, qu'on peut le mettre au rang de ces productions admirables, dans lesquelles le peintre paroît s'être surpassé lui-même...... Trois grands tableaux du Guerchin, saint Sebastien, la fraction du pain, & le satyre Marsias écorché par Apollon : ce dernier est bien supérieur aux autres..... Une sainte famille, sainte Elizabeth & saint Jean, par Rubens.

La Madonna della Sedia, célébre tableau de Raphaël, ovale, dans lequel on ne voit les figures que jusqu'à mi-corps, admirablement conservé, & si frais, que s'il n'étoit pas aussi authentique, on ne pourroit croire qu'il fût de ce maître. Il est d'un fini extrêmement précieux. La figure du petit saint Jean, plus brune que celle du Bambino, est pleine d'esprit, & fait un constrate charmant; c'est une piéce unique dans le monde, & si belle, qu'elle n'inspire d'autre sentiment que l'admiration. Combien les artistes doivent étudier un tableau si parfait! J'en ai vu une multitude de copies de différentes grandeurs, qui toutes font plaisir.

Une sainte famille, sainte Elisabeth, saint Jean & une autre femme, tableau de Raphaël, d'une troisiéme maniere, différente de celle de la Madonna della Sedia, & du portrait de Léon X, mais toujours digne de ce grand maître.... Une tête, par le Correge, d'un coloris excellent & d'une belle expression.... Martin Luther qui touche du clavessin; il est encore en habit d'Augustin; sa femme est à côté de lui; Bucer est droit dans le fond du tableau, par le Giorgion; le fond est noir, le coloris en est vigoureux, & le dessein excellent.... Une danse, par Jules Romain, figures nues d'environ vingt pouces de hauteur ; tableau précieux pour la vérité de l'expreſſion, & la fierté du deſſein : l'antique n'a rien de mieux deſſiné que ce morceau.... Une Cléopatre, de la maniere tendre du Guide, dont on retrouve toute la beauté dans ce tableau. Ce ſujet a été ſi ſouvent répété & copié par tant d'habiles peintres, que l'on doute ſouvent de la vérité des originaux. Il n'eſt pas douteux que le Guide ne ſe ſoit plu à traiter ſouvent ce même ſujet, que l'on voit à Bologne, à Rome, à Florence, & je crois à Gênes, dans la même forme, le même ſtyle, le même ton de couleurs : on remarque dans tous cette touche libre & préciſe qui caractériſe le grand maître ; on n'y voit rien de tâté, aucune de ces incertitudes de deſſein, qui ſont la marque de la main ſervile & peu ſûre du copiſte.....

Les trois parques, excellent tableau en clair obſcur pour le deſſein & l'expreſſion, par Michel-Ange.... Le denier ſaint Pierre, par le Titien, morceau très-précieux & ſi bien conſervé, qu'il eſt capable de donner une idée juſte du mérite de ce grand coloriſte.... Un baptême de ſaint Jean, par Paul Véroneſe, très-beau.

On verra encore dans le grand appartement du bas, une Venus & un Amour du Salviati, petit tableau très-bien peint, mais qui caractérife l'imagination déréglée de cet artifte… Un faint Jean, par le Temperta, grand tableau qui a des beautés.

Il y a dans ce palais beaucoup d'autres tableaux qui mériteroient d'être cités avec éloge; mais je me fuis contenté de parler de ceux que l'on peut appeller capitaux, dans l'ordre à peu près où ils étoient placés lorfque je les ai vus, mais qui peut changer; il eft cependant probable qu'on ne les tranfportera point ailleurs, & ils font affez frappans pour être reconnus par-tout où on les verra. Cette collection eft plus précieufe encore par le beau choix des tableaux, que par le nombre: on n'y a admis que les plus beaux ouvrages des meilleurs maîtres.

Plufieurs meubles de ce palais méritent l'attention des curieux, tant par rapport à la richeffe de la matiere, qu'à la beauté de l'ouvrage.

On peut y remarquer la bordure d'un grand miroir; ce font des bouquets d'orfévrerie de toutes fortes de fleurs entrelacées, fi délicatement travaillées, que l'air même les agite ; au-deſſus eſt Phaëton qui conduit le char du Soleil ; derriere lui eſt Apollon, l'inquiétude marquée ſur le viſage, qui lui montre la route ; les chevaux reſpirent le feu : ce travail eſt admirable & d'une exécution ſurprenante.

Pluſieurs luſtres de cryſtal de roche, un entr'autres au-deſſus duquel eſt un aigle de même matiere ; il eſt monté de très-bon goût & d'un beau travail. Une grande baignoire d'un morceau de marbre de verd antique, de neuf pieds de longueur, quatre de largeur, & trois & demi de profondeur....

Dans l'appartement le plus élevé de ce palais, eſt une bibliothéque conſidérable compoſée de très-bons livres. Il y a peu de manuſcrits anciens & en langues étrangeres, ils ont été dépoſés à la bibliothéque de ſaint Laurent ; mais il y en a beaucoup de modernes, intéreſſans ſur-tout pour les affaires politiques de l'Italie, & qui ſeroient très-utiles à quelqu'un qui voudroit écrire l'hiſtoire du dix-ſeptiéme ſiécle. Il y en a deux en très-grand papier, qui ſont une relation abrégée des voyages du grand duc Coſme III en Eſpagne, en Angleterre, en Hollande, en France &

en Italie, avec les vues deſſinées de tous les endroits où il s'eſt arrêté : cet ouvrage eſt très-curieux & fidellement exécuté, à en juger de ce que je ne connois pas, par pluſieurs vues de France & d'Italie qui ſont rendues avec la plus grande vérité. Il n'y a qu'un prince héritier du goût des Médicis pour les arts, qui ait pu faire exécuter cet ouvrage auſſi bien & auſſi fidellement qu'il l'eſt. M. Menabuoni, alors bibliothécaire de l'empereur, homme inſtruit & d'une grande politeſſe, ne nous laiſſa rien échapper de ce qui pouvoit intéreſſer notre curioſité.

Le jardin Boboli tient à ce palais; il eſt vaſte, de forme irréguliere, & ſitué ſur un terrain inégal qui va toujours en s'élevant du côté du midi; il eſt terminé par les murailles de la ville, dans l'enceinte deſquelles il eſt enfermé. C'eſt plutôt un parc qu'un jardin. Le terrain vis-à-vis le palais eſt droit & rapide; on y a pratiqué un théâtre de forme demi-ovale, diſpoſé de façon à y donner des fêtes, & à y faire des illuminations, de la vue deſquelles on peut jouir des fenêtres du palais. Il eſt orné de quelques ſtatues & de vaſes, & entouré de maſſifs de bois & de grands arbres qui le terminent gracieusement. L'allée qui le traverse, & qui va aboutir à une piéce d'eau & à un parterre qui est tout au haut du jardin, a au moins cinq cents pas d'étendue. La grande allée qui va d'un bout du parc à l'autre dans toute sa longueur, a plus de mille pas. On y voit différentes piéces d'eaux plates & jaillissantes, des statues & des vases de granite de belle forme. A la piéce d'eau du dessus, est un grand Neptune debout, qui a à ses pieds trois autres statues de fleuve qui versent l'eau de leurs urnes. Ce groupe est de Jean de Bologne, & d'une belle exécution. La piéce d'eau qui partage la grande allée, est ornée d'un Neptune de bronze, d'Artaldo Lorenzi, bon sculpteur Florentin. Parmi les autres statues, il faut voir avec attention un excellent groupe d'Adam & d'Eve; Eve a la tête panchée sur les deux mains qu'elle appuye sur l'épaule d'Adam, qui a les yeux fixés en terre, & l'air très-mélancolique. Je crois ce beau morceau du Bandinelli. Au bas de ce jardin, du côté de la ville, il y a une petite ménagerie arrosée de canaux pleins d'eau vive, & peuplée de quelques oiseaux rares & d'animaux étrangers. Tout-à-fait au-dessus, du côté du midi, est un petit fort bâti en hexagone, appellé *santa Maria in Belvedere*; il est bien entretenu, & a toujours une garde de troupes réglées. A côté de ce fort, est un petit jardin à fleurs. En tirant au levant, l'extrémité de ce parc est occupée par des potagers placés dans un terrain très-inégal. On voit dans les bosquets quelques daims, & beaucoup de faisans & de perdrix. A main gauche, en entrant par la porte qui va de la place au jardin sans traverser la cour du palais, est une grande grotte remplie de jets d'eau, & ornée de statues de différens maîtres, entr'autres de quatre statues commencées seulement par Michel-Ange, & qui n'ont point été finies. Cette grotte est dans un goût tout-à-fait rustique, partie creusée dans le rocher que l'on a laissé à découvert: il s'y est trouvé un accident naturel qui étonne d'abord, & qui fait croire que la voûte s'écroule. Le rocher est fendu de façon à donner une entrée libre à la lumiere. On a garni cette ouverture de plusieurs reptiles, tels que lezards, serpens & autres de cette espece, qui fuyent la chute des pierres qui paroissent se détacher de la voûte. L'entrée de cette grotte étoit ornée de peintures que l'humidité a fort gâtées.

Ce jardin, qui a plus de mille pas de longueur sur une largeur fort inégale, est une promenade très-agréable, où l'on trouve à tous les points du jour un ombrage frais & gracieux, des endroits solitaires, d'autres plus ouverts & plus rians. Les eaux, les statues, les taillis, les palissades de lauriers & de myrtes, les bosquets d'orangers, les allées de grands arbres forment une variété toujours gracieuse. Ce palais & ce jardin sont situés dans la partie méridionale de la ville, sur un terrain beaucoup plus élevé que le reste.

13. *Le palais Ricardi*, situé dans la via larga, l'une des plus belles de Florence, est la premiere habitation des Medicis, que fit rebâtir Cosme l'ancien. La façade extérieure est divisée en trois ordres ; celui du bas est d'ordre rustique en bossages ; les autres sont le dorique & le corinthien : la corniche du dessus est très-belle, & les fenêtres du premier étage ont été faites sur les desseins de Michel-Ange. La face de ce palais, qui est sur la via larga, a été faite plus nouvellement que les deux premieres, & est tout-à-fait dans le même goût d'architecture. La cour est entourée d'une colonnade, dans la frise de laquelle on a pratiqué des niches où sont placés des

Palais & autres édifices publics. Statues. Tableaux.

bustes de la main du Donatelli. La galerie est revêtue de bas-reliefs, de statues, de bustes & d'inscriptions antiques, grecques & latines, qu'y ont fait placer les marquis Ricardi. Les appartemens sont grands & nobles, meublés richement, & décorés de plusieurs tableaux de prix, dont la plus grande partie sont Flamands. Parmi les tableaux d'Italie, on en remarquera un très-grand de Jacques Bassan; il représente Venus & l'Amour nuds, dans une boutique de chaudronnier garnie de poëles & de chaudrons; sans doute que le maître chaudronnier représente Vulcain: les figures en sont extrêmement agréables, à l'idée près qui n'a rien de noble; le tableau est gracieux, frais de couleur & parfaitement conservé. La galerie est grande, décorée de bonne maniere; le plafond est de Luc Jordan, & de la plus belle couleur: on a pratiqué quelques armoires dans le revêtissement de la galerie, où sont plusieurs antiques, médailles, camées & pierres gravées. A l'entrée de la cour, sur un cartel d'une forme élégante, sont gravés les noms des papes, empereurs, rois, & autres grands princes qui ont logé dans cette maison.

GRAND DUCHÉ DE TOSCANE.

Le jardin des simples, commencé par le grand duc Cosme I, avec les appartemens pour les démonstrateurs & jardiniers à leurs ordres, les serres & autres commodités nécessaires pour l'entretien des plantes, tant du pays, qu'étrangeres. On y a ménagé quelques canaux pour les arrosemens, qui sont toujours pleins d'eau vive. En 1718, le dernier grand duc Jean-Gaston y fixa les séances de l'académie de botanique nouvellement établie à Florence. L'empereur lui a abandonné ce jardin & les appartemens qui en dépendent, sous les ordres du gouverneur de la province, & l'inspection d'un professeur en médecine, démonstrateur de botanique, qui y a sa résidence. La plupart des plantes que l'on éleve avec peine dans les serres chaudes de France, y croissent en plein air, & sont d'une force étonnante de végétation.

L'académie, école de cavalerie, où la jeune noblesse de Toscane, beaucoup d'étrangers, & sur-tout d'Anglois, viennent faire leurs exercices. Le grand prince Ferdinand, fils de Cosme III, a fait construire le manége couvert, qui est de belle architecture. L'empereur y entretient à ses frais un écuyer; il y a

Tome III.

d'autres maîtres d'exercice : la race des chevaux du pays est bonne, & en fournit de distingués pour le manége.

La ménagerie, où sont différentes loges solidement & proprement construites, pour enfermer les bêtes féroces, qui du temps des Medicis servoient à donner des spectacles. On y nourrit encore des lions, des tigres & des loups. La cour où se donnent les combats, est belle & vaste, entourée d'une galerie couverte, élevée d'environ douze pieds, de laquelle on voit le spectacle sans courir aucun risque, & qui peut contenir un très-grand nombre de spectateurs. Sous un des côtés de la galerie sont de grandes ouvertures quarrées, garnies de grosses barres de fer, d'où le petit peuple pouvoit prendre part au spectacle.

Le palais Gerini n'a rien de remarquable à l'intérieur, les appartemens en sont bien distribués & élégamment ornés. La collection des tableaux y est considérable : j'y ai remarqué deux grands tableaux du *Franceschini*, dit *il Volterrano* ; l'un est une Vierge qui tient l'Enfant Jésus, auquel des Anges apportent des fleurs ; dans le fond est saint Joseph qui lit ; les figures sont de grandeur naturelle, la composition agréable, la couleur & le dessein vrais & bons; l'autre est le Christ qui porte sa croix; le groupe du devant composé de la Vierge évanouie, & de deux femmes qui la soutiennent, est très-beau.... La sainte famille & sainte Catherine, de Paul Veronese, du plus beau de ce maître.... Un tableau singulier de Frédéric *Zucchero*, qui représente la vallée de Josaphat; au milieu est Jesus-Christ droit, avec un livre fermé sous le bras: les os paroissent en mouvement pour se rapprocher & se reformer de nouveau: on voit des corps entierement formés, d'autres qui ne le sont qu'en partie, des membres qui cherchent à se réunir: cette idée, toute bizarre qu'elle est, est grande, & l'exécution n'en a pas été facile; le ton de couleur est convenable au sujet; la figure du milieu est noble & bien dessinée.... Un charlatan monté sur des treteaux, qui vend son baume, grande figure, avec quelques spectateurs au bas: ce tableau peint empâté dans le goût Flamand, fait de loin un très-grand effet.... Un *Ecce Homo* de *Marinari*, éleve de Carlin Dolce, & une Vierge qui lui fait pendant, tous deux de très-belle couleur & bien deſſinés.... Quelques beaux tableaux de bataille, du Bourguignon. L'incrédulité de ſaint Thomas, joli tableau de demi-grandeur, d'une couleur agréable, par Pompeïo Battoni.

Le palais Capponi, bâti dans ce ſiécle, eſt de la plus belle apparence, quoique l'architecture n'en ſoit pas auſſi réguliere & auſſi ſage que celle des anciens bâtimens qui font le principal ornement de cette ville; l'eſcalier en eſt grand & majeſtueux, orné de quelques ſtatues & de ſtucs de bon goût; les plafonds ſont peints. La poſition de cette maiſon à une des extrémités de la ville, fait que l'on a pu y pratiquer de vaſtes jardins qui ſont très-bien entendus.

La maiſon Buonarotti. La façade en eſt petite, mais du meilleur goût d'architecture; la porte & les fenêtres ſont de très-bonne maniere, & dignes de ſervir de modele. On dit qu'elle a été bâtie par Michel-Ange lui-même; il eſt certain qu'il l'a habitée pendant longtemps, & on y voit avec plaiſir les premiers eſſais du crayon de ce grand homme, dont on a conſervé les deſſeins ſur les murs mêmes où il les avoit tracés. Il étoit alors dans ſa premiere jeuneſſe, il ne connoiſſoit ni l'art, ni les préceptes, la nature seule conduisoit sa main, & annonçoit ce qu'il devoit être un jour. On y voit aussi quelques-uns de ses premiers tableaux, déja d'un grand goût de dessein, mais très-foibles de couleurs. Ses descendans ont conservé du goût pour les belles-lettres, & plusieurs d'entre eux ont été d'un mérite reconnu ; ils ont fait dans cette maison une collection curieuse d'antiques, de médailles & d'inscriptions, sur-tout de ces médailles ou talismans antiques, imaginés par les Basilidiens, hérétiques du second siécle qui parurent en Egypte ; ils attribuoient à ces talismans chargés de figures hiéroglyphiques, une vertu secrette qu'ils croyoient leur donner par le moyen de la magie. Cette folie a été renouvellée en France & en Italie dans le seiziéme siécle. Parmi les inscriptions, on y en voit une en caracteres majuscules grecs, dont le sens est.... *Simplicia, vraiment digne de ce nom, a vécu onze ans & vingt-trois jours ; elle est morte le treiziéme des calendes de novembre, sous le consulat de Faustus & Gallus.* Si on louoit les mœurs simples d'une fille de cet âge, il falloit qu'alors le sexe fût bien rusé & bien précoce.

L'université. Le bâtiment est vaste,

mais n'a rien de remarquable ; c'est là que différens professeurs de théologie, d'histoire sacrée & profane, de jurisprudence civile & canonique, de mathématiques & de philosophie, d'humanités & de langues grecque & hébraïque, donnent des leçons publiques. Ces professeurs sont indifféremment des religieux de différens ordres, des ecclésiastiques ou des laïques.... L'académie *della Crusca* tient ses séances dans l'enceinte de l'université.

Le château de saint Jean-Baptiste, appellé *Fortessa da basso*, pentagone régulier, avec des fossés revêtus pleins d'eau vive, & un chemin couvert ; il y a un petit arsenal : mais ce qui y mérite le plus d'attention, est la fonderie de canons qui y a été nouvellement établie. Ce château tient aux murs de la ville du côté du nord.

Près de-là est *le Casino*, ou petite maison du marquis Ricardi, accompagnée de très-beaux jardins, de plantations d'orangers, de citronniers, de cédrats, & d'autres arbres de ce genre. La maison est ornée de plusieurs bonnes statues antiques & modernes, qui méritent l'attention des voyageurs.

Le palais Corsini. L'architecture en

est noble, de l'ordre Toscan. Au premier étage, qu'ils appellent *piano nobile*, sont huit appartemens complets; il a l'agrément d'avoir une belle terrasse, qui a la vue sur le cours de l'Arno, & sur la partie de la ville qui est de l'autre côté du fleuve; il est vrai que quand il se déborde, tout le rez-de-chaussée devient inhabitable, & se remplit d'eau, ainsi que je l'ai vu au mois de novembre 1761. Les appartemens sont ornés de tableaux précieux des meilleurs maîtres, de bronzes antiques & modernes, de très-belle forme; de bonnes statues, parmi lesquelles on remarquera celle du pape Clément XII, qui étoit de cette maison; elle est placée dans un vestibule au-dessus du grand escalier. Il y a un appartement d'été qui doit être de la plus grande fraîcheur; on y a ménagé de petites fontaines qui donnent de l'eau quand on le juge à propos, & qui sont joliment décorées.

Palais Strozzi. La construction extérieure est en bossages d'ordre Toscan; la cour est quarrée avec deux galeries, l'une au-dessus de l'autre, des ordres dorique & corinthien. Ce palais a été bâti dans le même temps à peu près que les palais Ricardi, Pitti, Salviati, & autres appartenans aux maisons de Florence qui tenoient le premier rang dans la république. Ils sont tous d'une architecture noble, solide & simple. La couleur brune de la pierre du pays leur donne un aspect triste, à moins qu'ils ne soient blanchis, ce qui est rare. Il paroît que le goût de construction de ces différens palais est à peu près le même ; ils ont tous une cour quarrée avec des galeries ouvertes, qui ont autant d'étages que la maison, ce qui est très-commode pour le service ; dans presque toutes les cours il y a des fontaines. Il paroît que dans le temps des révolutions, ces maisons principales étoient autant de lieux d'assemblée, & même de défense pour les chefs de faction qui les habitoient, & qui y rassembloient leurs partisans. Ce palais a appartenu à l'infortuné Philippe Strozzi, qui avoit conspiré contre les Médicis, pour soustraire sa patrie à leur domination, & lui rendre sa liberté ; il fut pris les armes à la main en 1533, & mis en prison, dans laquelle il se poignarda lui-même, pour se soustraire au dernier supplice qui lui étoit destiné. Il avoit écrit sur la cheminée de la prison, avec la pointe de son poignard, ce vers de Virgile....

Exoriare aliquis, nostris ex ossibus ultor.

Ce souhait n'a pas empêché la puissance des Medicis de s'établir solidement, & sa postérité s'y est accoutumée. Pierre & Philippe Strozzi, fils & petit-fils de Philippe, furent successivement maréchaux de France. Aux angles des principaux palais, l'on voit de grands anneaux de fer qui servent à y placer de grosses lampes de reverbere.

Sur la place de la sainte Trinité, est une grande colonne de granit, d'ordre dorique, sur laquelle est une statue de la Justice, plus grande que nature, érigée par ordre du grand duc Cosme I, dans l'endroit même où il apprit la nouvelle de la reddition de Sienne en 1564. Cette colonne servoit aux thermes de l'empereur Antonin à Rome, d'où elle fut tirée & envoyée en présent au grand duc par le pape Pie V.

Le bâtiment où les différens magistrats de la ville se rassemblent, appellé *Fabrica dogli ustici*, a été construit sous le régne du grand duc Cosme I, sur les desseins du Vasari. L'architecture est d'ordre dorique, relevée d'ornemens de sculpture de bon goût. Toute cette fabrique de forme quarré long, est entourée de trois côtés par une colonnade à portiques ouverts, sous laquelle sont les différens tribunaux de justice & de police. L'étage au-dessus des portiques est occupé d'un côté par la bibliothéque Magliabecchi, qui est publique. Elle doit son établissement au savant Antoine Magliabecchi, bibliothécaire du grand duc, mort en 1714, âgé de quatre-vingt-un ans, qui laissa sa bibliothéque à sa patrie, avec des fonds pour l'entretenir. Le grand duc Cosme III la fit placer où elle est. De l'autre côté sont les logemens & atteliers des différens ouvriers qui travaillent à la mosaïque de Florence, & qui ont pour directeur principal Louis Siriés, très-habile graveur en pierres fines, & orfévre-cizeleur connu dans toute l'Europe.

Mosaïque de Florence. 14. Les tableaux de mosaïque de Florence, portés au degré de perfection où elle est actuellement, sont d'un très-haut prix, tant par rapport à la richesse des matieres que l'on y emploie, qu'au long temps qu'il faut pour les finir. Les marbres les plus précieux, les agathes, les grenats, les sardoines, les coraux, les nacres de perles, le lapis lazuli, les jaspes, l'émeraude & la topaze entrent aussi dans la composition de ces tableaux singuliers. Il y a une autre espece de cailloux, que l'on annonce comme très-rares, & sur la qualité desquels on fait un grand secret à Florence, de même que sur l'endroit d'où on les tire. Ceux que j'ai vu dans les magasins sont ronds, & peuvent avoir sur différentes grosseurs de trois à six pouces de diamétre.... quelques-uns même sont plus gros; mais à l'usage que l'on en fait, à leur force & à la couleur de leur surface extérieure, j'ai lieu de croire qu'on les tire de quelques vallées de l'Apennin, situées entre Sanguirico & Radicofani, à moitié chemin à peu près de l'un & de l'autre, sur-tout aux environs de *la Scala*. Je vis dans le lit d'un ruisseau qui coule de la hauteur de Radicofani, des cailloux de différentes grosseurs, qui me rappellerent ceux des magasins de Florence; j'en vis quelques-uns lavés par l'eau du ruisseau, qui étoient de la couleur la plus vive; j'en cassai d'autres, j'en trouvai de rouges, de verds, de jaunes, quelques-uns blancs marqués de bleu, d'autres de nuances fort brunes; ce qui me donne lieu de croire

D vj

que l'on peut en trouver de différentes nuances, de couleurs primitives.

La matiere des tableaux de mosaïque, quoique très-précieuse, coûte beaucoup moins que la main-d'œuvre. Comme on imite, autant qu'il est possible, les diverses nuances de la peinture, il faut diviser ces pierres, qui sont extrêmement dures, en parties très-minces, ce qui ne se fait qu'à force de bras & de temps, par des ouvriers assez adroits pour ne rien perdre mal-à-propos, & conduire avec précision la petite scie avec laquelle on divise les pierres. Ce métier est si pénible, & demande une application si forte, que très-peu d'ouvriers sont assez robustes pour y résister quelques années de suite : dès que leur santé commence à s'altérer, il faut qu'ils se retirent ; car si l'amour du gain les opiniâtre à rester, ils périssent infailliblement. On ne travaille à cette manufacture que pour l'empereur, tous les ouvrages qui en sortent lui appartiennent, & on ne peut en avoir que de sa main. J'ai vu le dessein d'une table qui devoit être commencée en 1762 ; c'étoit une guirlande de coquillages les plus rares,& les plus beaux, entremêlés de branches de corail rouge, noir & blanc, le tout rattaché par un cordon de perles tournant autour de la guirlande : le fond de la table devoit être de lapis lazuli. On m'a assuré que pour exécuter ce dessein dans toute sa perfection, il falloit le travail continuel de quarante hommes pendant un an & demi : cette table devoit avoir cinq pieds de longueur sur deux & demi de largeur. Quiconque y aura vu travailler, croira aisément que l'on ne m'a rien exagéré.

L'ouvrier a toujours devant lui le dessein colorié de l'ouvrage qu'il doit exécuter, & il choisit les pierres qui répondent aux couleurs. J'ai vu travailler à quatre tableaux d'histoire représentant les quatre parties du monde ; ils étoient déja très-avancés, & les parties finies avoient beaucoup d'éclat. Dans ces tableaux, ce n'est plus l'imitation de la nature, mais celle de la peinture que l'on cherche à rendre avec des matieres qui ne s'alterent point, & qui sont très-précieuses. L'ouvrier principal, celui qu'on peut appeller le peintre ou le metteur en œuvre, a devant lui, sur un plan incliné, une très-grande piéce de pierre brune, appellée *lavagna*, plus compacte & plus pesante que l'ardoise ;

cette pierre est recouverte d'un mastic épais, sur lequel il place les différens morceaux de pierres précieuses, de cailloux coloriés, ou de marbres qu'il emploie. Ces morceaux, pour tenir solidement & s'unir les uns aux autres, doivent avoir au moins sept à huit lignes de hauteur, quelques-uns ont même davantage; plus ils sont minces, plus ils doivent être longs. Que l'on imagine la quantité de coups de pinceau nécessaires pour former une draperie, une boucle de cheveux, un visage, une fleur, un fruit, un nuage, & l'on pourra prendre une idée de la multitude de piéces différentes qu'il faut employer pour rendre les différens objets que l'on a à représenter, & dont plusieurs, à l'éclat près, sont rendus avec beaucoup de vérité. Dans l'architecture, où il semble qu'il faudroit moins de piéces, j'en ai vu mettre en œuvre qui ne paroissoient pas plus grosses que des crins. Ces différentes piéces unies ensemble par le mastic, sont resserrées par un cercle de fer, qui les entoure & les tient très-serrées les unes contre les autres, & avec la lavagna sur laquelle il a son principal appui. Quand le travail est fini, que le mastic s'est durci, & ne fait plus qu'un même corps avec la lavagna & les pierres fines mises en œuvre, on polit le tableau, & on le rend uni comme une glace ; ce qui se doit faire avec beaucoup de précautions, pour ne pas écailler les matieres différentes qui sont en œuvre. Ce poli se donne avec une sorte d'émeri ou de sable très-fin que l'on mouille légérement, & qui ronge les parties excédentes : l'ouvrier chargé de ce travail, qui demande de l'intelligence & de l'habitude, lave de temps en temps quelques parties, pour voir si le travail sort de dessous le polissoir uni & brillant. Il faut apprendre ce que l'on peut de cet art singulier : en examinant les ouvriers, que l'on interroge en vain sur leur secret, ils ne savent que répondre, voyez & apprenez si vous pouvez. Il se fait dans ces atteliers une petite contrebande, sur quoi les directeurs ferment les yeux ; on vend aux étrangers quelques petits tableaux de peu de conséquence, qui peuvent servir à donner une idée de ce travail ; mais d'ordinaire ils sont mal rendus, faits à la hâte & sans soin, & on n'y emploie pas les matieres précieuses qui donnent le plus d'éclat & de prix à la mosaïque.

Plus anciennement la belle mosaïque

de Florence ne repréfentoit que des fleurs, des fruits, & quelques oifeaux en relief; on y employoit également les matieres les plus précieufes. On en voit des armoires remplies dans la galerie des grands ducs, & beaucoup d'ornemens faits par leurs ordres en différentes églifes de Florence; mais on ne travaille plus à préfent dans ce goût; il eft certain que la maniere actuelle eft bien plus belle, & approche davantage de la peinture; ce qui me fait croire que l'ufage que l'on fait des cailloux dont j'ai parlé, a paru d'une fi grande reffource, que l'on a changé la maniere ancienne en la perfectionnant beaucoup. Cette mofaïque n'étoit précieufe qu'en égard aux matieres que l'on y employoit. Le beau travail antique de ce genre, pour la correction du deffein & l'expreffion, eft bien au-deffus; mais la mofaïque de Rome, telle qu'on l'exécute à préfent, eft fupérieure à l'antique & à la moderne de Florence, & rend les tableaux des meilleurs maîtres avec une vérité qui étonne. Je n'ai pas vu qu'à Florence on ait ofé entreprendre de copier en mofaïque quelques tableaux d'une grandeur confidérable; on n'y fait que des tables, ou de petits tableaux de chevalet, ou des piéces d'ornement; & à Rome les tableaux d'autel, dont plusieurs ont trente pieds de hauteur, sur une largeur proportionnée, sont imités, ou plutôt copiés avec une perfection & une vérité qui étonnent.

On travaille à Florence à une autre espece de mosaïque appellée *scagliola*; elle se fait avec des cailloux durs & coloriés, dont on emploie quelques-uns en propre substance, quand il s'y trouve de ces accidens heureux qui font beauté, soit dans un ciel, soit dans un paysage; les intervalles sont remplis par un mastic, dont le fond principal est une poussiere tirée de ces différens cailloux, à laquelle on mêle d'autres couleurs. Cette composition ressemble au stuc, mais elle est beaucoup plus solide. J'en ai vu des tableaux de paysage & des marines; mais il ne faut attendre ni correction, ni vraisemblance dans tout ce qui demande quelque finesse d'exécution; aussi il est rare d'y voir quelques figures qui soient supportables; le feuillé des arbres n'est pas plus aisé à rendre, & on ne réussit bien que dans les représentations d'architectures & de ruines. Ces ouvrages ne sont point chers, & ils sont d'une solidité qui en rend le transport facile.

On trouve dans ces magasins des bronzes modernes d'un très-bon goût de desseins, des modeles en terre cuite, quelquefois des médailles & des pierres fines excellemment gravées par M. Siriés; la finesse de son burin égale la beauté de l'antique. Il fait aussi différens ouvrages d'acier ciselés & damasquinés en or, travaillés de bon goût, & recherchés avec une propreté surprenante. Ces ouvrages sont fort chers, mais en les voyant on peut juger du temps qu'il faut pour les porter à un si haut point de perfection.

Vieux palais. 15. Ce côté de la galerie tient au vieux palais, bâti dans le treiziéme siécle par ordre du sénat de Florence; c'étoit le lieu principal de ses assemblées, & le centre où résidoit la majesté de la république. Ce palais est par la suite devenu celui des souverains, après que les Florentins, d'un commun accord, eurent reconnu les Medicis pour leurs princes. L'architecture, quoiqu'ancienne, a de la grandeur & de la noblesse, & répond à l'usage auquel elle fut destinée.

Au-devant est une tour ou campanile de deux cents soixante pieds de hauteur, soutenu sur quatre grosses colonnes qui forment un portique ouvert. A l'entrée du palais, au-dessous du grand balcon, sont placées deux grandes statues; l'une de Michel-Ange, qui représente David encore jeune, à l'âge à peu près qu'il vainquit le géant Goliath; quoique la figure soit d'un jeune homme fort & vigoureux, elle a les graces de la beauté & de la douceur: l'autre du Bandinelli, qui représente Hercule venant d'abattre Cacus, traitée du plus grand style, & digne d'être mise en opposition avec celle de Michel-Ange.

La cour du palais, entourée de portiques ouverts, a une belle fontaine dont le bassin est de porphyre; au milieu est un enfant de bronze jetté par André Verrochio, maître de Pierre Perugin & de Léonard de Vinci. On peut juger du goût qui régnoit à Florence par cette statue qui est du quinziéme siécle, avant qu'on eût ouvert les yeux sur les beautés de l'antique, & que Michel-Ange eût commencé la carriere qu'il a courue avec tant de gloire, & dans laquelle il a été suivi de près par le Bandinelli, Jean de Bologne, & tant d'autres illustres artistes.

Au premier étage est l'ancienne salle

d'audience, l'une des plus grandes qui soient en Italie : elle a plus de cent soixante pieds de longueur, sur une très-grande largeur. Le plafond est à compartimens de stucs dorés, avec différens tableaux peints à fresque par le Vasari, de même que la plupart des grandes compositions qui sont autour de la salle, & qui représentent les faits les plus mémorables de l'histoire de Florence dans son état de république, & sous la domination des Médicis. Aux quatre angles de cette salle sont quatre grands tableaux peints à l'huile, deux par le Ligozzi, dont le premier a pour sujet le couronnement du grand duc Cosme premier, & l'autre un fait singulier, dont la mémoire devoit être conservée dans ce lieu. Douze Florentins se trouverent en même temps ambassadeurs de différentes puissances de l'Europe, à la cour du pape Boniface VIII... Ces tableaux sont d'un meilleur ton de couleur que ceux du Vasari; l'ordonnance du dernier est bonne, les attitudes y sont variées, & on a consulté l'histoire pour les airs de tête & les caracteres. Le troisiéme est du Cigoli, & a pour sujet l'instant où le sénat de Florence reconnoît & salue le jeune

Alexandre Medicis pour son prince. Le quatriéme est du Passignani, & représente l'institution de l'ordre de saint Etienne par le grand duc Cosme premier; mais les statues qui décorent cette salle sont fort au-dessus des peintures. Au fond est celle du pape Leon X, qui a à ses côtés celle de Jean & Alexandre Medicis; au coin est celle du pape Clément VII, vis-à-vis celle de Cosme premier, toutes de la main du Bandinelli. On y a placé une très-belle statue de la victoire qui tient un prisonnier sous ses pieds; elle est de Michel-Ange, & devoit être mise sur le tombeau de Jules II à saint Pierre *in vincoli* à Rome. Des deux côtés de la salle sont six groupes qui représentent les travaux d'Hercule, le combat avec Anthée, la mort de Diomede, le sanglier d'Erimenthe, la défaite du centaure, la rencontre d'Atlas, & la victoire sur la reine des Amazones. Au fond sont deux statues d'Adam & d'Eve, par le Bandinelli, qui étoient autrefois derriere le maître-autel de la cathédrale, & que l'on a enlevées à cause de leur nudité. L'Eve est de plus grande taille qu'Adam; mais les proportions en sont si justes & si belles, que ce sont celles de la nature même.

Il y a d'autres grandes piéces démeublées, où sont plusieurs peintures du Vasari, à fresque & à l'huile. C'est grand dommage que tout ce bâtiment soit inhabité ; les statues & les tableaux sont chargés de poussiere, & toute cette partie est tenue avec peu de soin. A côté de cette salle est un grand magasin, dans lequel est un squelette d'éléphant revêtu de sa peau, & beaucoup de meubles anciens. Les plus précieux, ceux qui serviroient à meubler le vieux palais, si les Souverains jugeoient à propos de l'habiter, sont enfermés dans de grands garde-meubles ; mais ce qui est vraiment curieux & d'une richesse immense, ce sont les effets conservés dans les salles connues sous le nom de garderobe des grands ducs.

Garderobe des grands ducs. 16. Je n'entrerai point dans le détail de la vaisselle d'argent, de vermeil & d'or qui est en différentes armoires. La quantité en est considérable ; les grandes piéces sont ciselées dans le bon goût du temps où elles ont été faites. A en juger par les différens services qui y sont, il est à croire que les Medicis aimoient à acquérir beaucoup d'effets de ce genre ; car on y voit de la vaisselle très-ancienne, qui auroit pu être refondue &

mise dans une forme plus convenable à l'usage du dernier siécle & de celui-ci; mais on n'a touché à rien.

La chapelle du grand duc, ou plutôt les ornemens destinés à cette chapelle, sont de la plus grande richesse, tout y est or & pierreries; il y a entr'autres effets un devant d'autel dont le fond est d'or massif; au milieu est la figure en relief de Ferdinand II, formée de pierres précieuses de différentes couleurs (*a*); il y a sur-tout des topazes orientales, des émeraudes & des saphirs d'une grosseur considérable; au-dessus est une inscription en grands caracteres formés avec des grenats, qui apprend que c'étoit un *ex voto*, destiné par le grand duc au tombeau de saint Charles: ce prince espéroit de guérir d'une maladie dangereuse par l'intercession de ce saint; mais comme il en mourut, ses héritiers jugerent à propos de laisser l'*ex voto* dans le trésor.

L'armoire la plus riche est celle qui renferme les ornemens de la chapelle

---

(*a*) Il est à genoux devant le tombeau d'un saint; le tour de ce médaillon est rempli d'ornemens travaillés de bon goût, & enrichis de pierres fines.

du dernier cardinal de Medicis : il y a de quoi parer une église entiere ; on y voit reliquaires, crucifix, chandeliers, vases & statues d'or d'un très-beau travail, & plusieurs effets de ce genre en argent doré.

C'est là que l'on voit les habillemens orientaux envoyés par les Sultans au fameux Cosme de Medicis, pere de la patrie, qui étoit en relation de commerce avec eux, & qui tenoit à leurs cours des gens qui avoient presque autant de considération que les ministres des princes étrangers ; deux équipages de cheval, l'un à fond d'or, l'autre de velours cramoisi, tous deux brodés de perles, grenats, turquoises, émeraudes, rubis, &c.... Une selle dont les panneaux & la monture sont en or, de même que les étriers pleins. Il y a un sabre à l'orientale, dont la poignée & le fourreau sont d'or, & entierement recouverts de pierreries; cette partie est aussi curieuse qu'elle est riche. On y voit les habillemens & les armes les plus magnifiques qu'ait inventé le luxe asiatique. A côté est un ancien fauteuil d'un très-beau travail; les pommes qui sont au dossier, aux bras & aux quatre pieds, sont massives d'or : il est garni de velours cramoisi,

moisi, brodé en plein de perles & de pierres fines. Cet assemblage d'effets précieux peut donner une idée de la magnificence des Medicis, & de leurs richesses. Le mobilier seul, qui est, tant au palais Pitti, qu'à la galerie, & dans le vieux palais qui appartient aux grands ducs de Toscane, est d'une valeur qui équivaut au prix d'une belle province. Pendant trois siécles les Medicis, qui avoient du goût pour ces sortes de richesses, n'ont fait que les accumuler, & ils ont été assez heureux pour n'éprouver aucun échec qui leur en ait rien fait perdre.

C'est dans ce même trésor que l'on conserve un très-ancien manuscrit des pandectes de Justinien, ou recueil d'ordonnances & décisions des Jurisconsultes, fait sous le regne de ce prince en 534 : on croit que c'est l'original même qui a appartenu à cet empereur. Il est écrit sur velin, d'un beau caractere ; c'est un très-grand in-folio bien conservé. La république de Florence a eu dans les temps les plus reculés la plus grande vénération pour ce manuscrit, & le regardoit comme son *palladium :* on le mettoit dans les camps & à la suite des armées, sur un chariot gardé par l'élite des troupes, au-dessus duquel étoit at-

Tome III. E

taché l'étendard de la république; il sembloit que son honneur & sa fortune fussent attachés à la conservation de ce manuscrit : il est connu sous le nom de *Pandectes Florentines*. On voit dans le même endroit l'original du traité de réunion, fait en 1439 entre les églises Latine & Grecque au concile général de Florence. Ceux qui seront curieux de voir des peintures anciennes, peuvent juger de leur mérite par la chapelle du vieux palais, qui est toute peinte de la main du Ghirlandaïo, artiste médiocre, quoique supérieur aux peintres Grecs, à l'école desquels il s'étoit formé.

Places, statues, fontaines, ponts, monumens publics.

17. La place du grand duc, qui est au-devant du vieux palais, est décorée de plusieurs beaux monumens. La loge, du dessein d'André Orgagna, très-bon architecte vivant à Florence dans le quatorziéme siécle, est de grande maniere. Les trois groupes placés sous l'ouverture des arcs, méritent l'attention des curieux. Le premier est en bronze, exécuté par le Donatelli; il représente Judith qui vient de couper la tête à Holopherne ; le courage & la confiance sont singulierement bien exprimés sur le visage de l'héroïne. Le second, aussi en bronze, est Persée dans l'instant qu'il

a coupé la tête à Méduse : de la droite il tient son épée, de la gauche la tête sanglante qu'il regarde avec horreur : cette statue paroît animée, elle est de l'exécution la plus vraie & la plus légere ; le bas-relief de bronze qui est au bas, & qui a pour sujet principal la fable d'Andromede & de Persée, est rendu avec beaucoup de finesse & de vérité. Le troisiéme est de Jean de Bologne ; il est en marbre, composé de trois figures qui représentent un Romain qui enleve une Sabine ; aux pieds du Romain est un vieillard abattu qui paroît être le pere de la jeune femme enlevée, & qui fait d'inutiles efforts pour arrêter le ravisseur ; la colere & la douleur sont bien exprimées sur son visage ; les mouvemens du soldat Romain sont vigoureux ; son aspect a de la fierté & une sorte de fureur que lui inspirent la résistance qu'il éprouve, & la force qu'il faut qu'il emploie pour enlever la femme qu'il soutient en l'air, & se débarrasser en même temps du vieillard qui veut l'arrêter ; la jeune femme est d'une taille légere & agréable ; l'effroi & la crainte sont marqués par les traits de son visage ; ces passions alterent sa beauté, mais ne la détruisent

E ij

point. Ce groupe excellent réunit une belle représentation des trois âges de la vie, de la jeunesse, de l'âge viril & fort, & de la foible vieillesse, représentés avec des passions différentes. La base sur laquelle il est placé est ornée d'un bas-relief en bronze, qui représente l'histoire entiere de l'enlevement des Sabines.

Près d'un des angles du vieux palais, dans la même place du grand duc, est une belle fontaine décorée par l'Ammanati, sculpteur Florentin; le bassin principal est grand, plusieurs jets d'eau le remplissent continuellement; au milieu est une statue colossale de Neptune, haute de dix brasses, posée droite sur une grande conque marine tirée par quatre chevaux marins de marbre de différentes couleurs; entre les jambes du Neptune sont trois figures de tritons. Le bassin de marbre est à huit pans d'inégale grandeur; il est revêtu de divers ornemens de bronze, tels qu'enfans, coquilles, cornes d'abondance & cartels; aux côtés sont quatre piédestaux, sur lesquels sont posées quatre statues de bronze plus grandes que le naturel: deux représentent Thétis & Doris, & les deux autres des Dieux marins. Sur les bords des deux plus petits pans du bassin étoient placés deux satyres de bronze de grandeur naturelle; il n'en reste plus qu'un; on voit les crampons de fer qui tenoient l'autre, & qui ont été sciés. On m'a assuré qu'un étranger qui ne pouvoit pas l'acquérir à prix d'argent, fut assez hardi pour enlever cette statue il y a quelques années pendant la nuit, & la faire conduire secrettement à Livourne où elle fut embarquée. Tout l'ensemble de cette fontaine est très-élégant; on voit que le grand duc Cosme premier, par les ordres duquel elle a été faite, n'a rien épargné pour en faire un monument digne de la capitale de ses états.

La statue équestre qui est au milieu de la place, érigée en 1594 par Ferdinand premier, à la mémoire de son pere Cosme premier, est un très-bel ouvrage de Jean de Bologne. Cet artiste si habile ne réussissoit pas à représenter les chevaux au même degré de perfection que les hommes; celui sur lequel est placé la statue du grand duc, a quelque chose de roide & de gêné qui ne peut être dans la nature. Les bas-reliefs de bronze qui décorent le piédestal, sont de la plus belle exécution. Le premier représente le couronnement du grand duc Cosme premier, avec cette inscription.... *Ob zelum religionis, præcipuumque justitiæ studium*.... Le second est son entrée dans la ville de Sienne après qu'elle fut soumise à son empire.... Le troisiéme a pour sujet l'instant auquel le sénat & la république de Florence, touchés de ses belles qualités, le reconnurent solemnellement pour leur prince à l'âge de dix-huit ans... La quatriéme face du piédestal est occupée par cette inscription :

Cosmo Medici, magno Etruriæ duci primo,
Pio, felici,
Invicto, justo, clementi ;
Sacræ militiæ, pacisque in Etruria authori;
Patri & principi optimo
Ferdinandus. F. magnus dux III, erexit.
A. M. DLXXXXIIII.

A cent cinquante pas environ de cette place, est un grand édifice que le peuple appelle *Or san Michele*, dont le vrai nom est *san Michele in orto* : l'extérieur est revêtu de colonnes & de pilastres, entre lesquels il y a plusieurs niches où sont placées des statues de marbre & de bronze plus grandes que le naturel, & de la main de très-bons maîtres. Le saint Matthieu, saint Etienne & saint Jean, en bronze, sont de Lorenzo Giberti, qui a fait les belles portes du baptistere. Saint Jean l'évangéliste, de Bacio da Montelupo.... Le Donatelli a exécuté en marbre les statues de saint Pierre, de saint Marc & de saint Georges : cette derniere est d'une grande beauté. Le saint Philippe & le saint Eloi, sont des éleves du Donatelli. Le groupe de saint Thomas & du Sauveur, d'André Verochio. Le saint Luc, de bronze, de Jean de Bologne. L'intérieur qui étoit autrefois une loge ou halle couverte où se vendoit le blé, a été fermé & converti en église, où l'on révere une image miraculeuse de la Vierge placée sous un baldaquin de marbre exécuté par André Orgagna.... On verra dans cette église des peintures & des bas-reliefs de la fin du treiziéme siécle & du quatorziéme, dont la plupart sont déja d'un très-bon goût, tandis que tout ce qui se faisoit ailleurs étoit encore si grossier & si barbare. Le grand duc Cosme premier fit établir en 1569 dans les salles qui sont au-dessus de cette église, les archives générales de la ville & de l'état : chaque notaire est obligé d'apporter dans ce dépôt une copie authentique des actes qu'il reçoit ; il a un temps fixé pour satisfaire à ce devoir, à proportion de l'éloignement où il est du dépôt. A la mort de chaque notaire, on y fait transporter ses minutes en original ; alors on porte les copies qu'il avoit envoyées, dans un autre dépôt placé au-dessus du marché-neuf, à peu de distance du premier. Ainsi dans la Toscane tous les actes qui intéressent l'état ou les particuliers, sont placés dans deux dépôts séparés l'un de l'autre, gardés avec soin, & par la solidité de leur construction, & leur situation à l'abri de tous les accidens.

La place du marché-vieux, occupée en partie par des halles ou loges, a pour ornement principal une grande colonne de granit, sur laquelle est placée une statue de l'abondance.

Dans le voisinage de sainte Marie majeure, est un beau groupe de Jean de Bologne, qui représente le combat d'Hercule & d'un centaure ; il est d'un seul bloc de marbre & d'une exécution très-hardie ; toute la masse porte sur les jambes d'Hercule qui sont de côté, & sur les jambes de derriere du centaure qui sont fort repliées ; cependant la ligne d'appui est juste, mais cachée avec tant d'art, qu'elle n'a mis aucune roideur dans la figure du centaure, ni dans celle d'Hercule, qui ont conservé l'un & l'autre la souplesse & le mouvement de deux athlétes vigoureux & adroits, dont l'un veut assurer sa victoire, & l'autre se soustraire à la force qu'il ne peut surmonter….

Dans le cloître tenant à cette église, est l'épitaphe d'un homme appellé *Salvino di Armato*, mort en 1317, & qui y est qualifié d'inventeur des lunettes: ce qui est à remarquer.

A la place du marché-neuf, sur les escaliers de la loge, est une fontaine ornée d'un sanglier de bronze, fait d'après le sanglier antique de marbre qui étoit dans la galerie de Florence, à l'extrémité de l'aîle qui a été brûlée nouvellement, & dans laquelle se trouvoit le sanglier antique que l'on dit avoir péri dans l'incendie.

De l'autre côté de la riviere, au bas du *ponte vecchio*, on voit sur un piédestal élevé, un soldat armé qui porte le corps d'un guerrier mort de ses blessures; ce groupe est dans la maniere grecque d'une grande exécution, & d'un style fort noble: on le croit de Jean de Bologne. Les uns disent qu'il représente Ajax, qui vient d'enlever des mains des Troyens le corps mort de Patrocle: les autres, que c'est Ajax lui-même porté par un soldat. Le peuple a jugé à propos d'appeller ce groupe du nom d'Alexandre le Grand; ce qui ne peut convenir à aucune des circonstances de la vie de ce héros.... A la place du palais Pitti, est une grande colonne de granit, érigée en mémoire de la bataille de Marciano, gagnée par les troupes du grand duc Cosme premier, contre les Siennois.

La communication des deux parties de la ville de Florence se fait par quatre grands ponts de pierre, appellés *ponte alle grazie, ponte vecchio, ponte santa Trinita, ponte alla Carraia.*

Le ponte vecchio est couvert de bâtimens tous habités par des orfévres. Au-dessus passe la galerie couverte, ou corridor qui va du palais Pitti au vieux palais, & qui a six cens pas de longueur... Le pont de la sainte Trinité fut renversé dans l'inondation de 1557, & rebâti sur les desseins de l'Ammanati, par les ordres du grand duc Cosme I. Il est d'une construction solide & hardie; les arcs sont de forme ovale coupée par le milieu dans sa longueur, ce qui leur donne plus d'ouverture, & facilite le passage de l'eau; les piles sont armées d'épe-

GRAND DUCHÉ DE TOSCANE. 107

rons saillans à angles aigus, qui divisent le volume de l'eau, & en diminuent la force. Il est garni des deux côtés de banquettes élevées pour le passage des gens de pied, le milieu étant réservé aux voitures. Aux extrémités sont les statues des quatre saisons de l'année. Les deux autres ponts n'ont rien de remarquable que la solidité de leur construction. Ces quatre ponts, bâtis sur le canal que forme l'Arno entre les deux parties de Florence, sont placés sur une ligne droite, & feroient un bel effet de perspective, si le point de vue n'étoit pas coupé par les bâtimens qui sont sur le ponte vecchio.

Il y a plusieurs théâtres pour les spectacles, qui n'ont rien de remarquable, ni dans leur construction, ni dans leurs ornemens. Le plus vaste & le mieux décoré, est celui où l'on représente les grands opéra; il est situé au centre de la ville; il a été réparé à neuf, depuis quelques années, par les ordres de l'empereur; les décorations sont de Bibiena, l'artiste le plus intelligent dans cette partie qui soit en Italie.

18. Les dehors de Florence offrent plusieurs objets dignes de la curiosité des voyageurs. Hors de la porte Ro-

Dehors de Florence. Maisons royales. Promenades.

E vj

maine, est une grande allée double de cyprès & de chênes verds d'environ un mille de longueur, qui aboutit à une maison de plaisance du souverain, appellée *Villa* ou *Poggio imperiale*. La maison est située sur une hauteur, à laquelle on monte insensiblement par un niveau penchant. A la tête de l'allée, du côté de la ville, est un grand bassin ou fossé revêtu que l'on passe sur un pont ; aux côtés de ce bassin, sont des colonnes surmontées de l'écusson des armes impériales & des Medicis, & de deux figures, l'une d'un lion tenant un globe, qui figure la Toscane ; l'autre, d'une louve alaitant ses petits, symbole de l'état de Sienne. Un peu plus loin sont deux autres bassins taillés en demi-cercle, & séparés par un pont ; aux côtés sont deux colosses de maniere rustique ou grotesque, qui représentent des fleuves. Il y a quelques anciennes statues médiocres, que l'on dit être Virgile, Homere, le Dante & Pétrarque.

 La cour principale de la maison, coupée en demi-cercle, & fermée d'une muraille surmontée d'une balustrade, a deux statues, l'une d'Atlas, l'autre de Jupiter tenant sa foudre. La maison a peu d'apparence extérieure, & n'est pas considérable, mais on a la plus belle vue des appartemens du haut.

On y voit plusieurs meubles précieux, de cette mosaïque ou marquetterie ancienne dont j'ai parlé plus haut; ils sont du plus beau fini; le cryſtal de roche, le lapis, l'agathe orientale, les jaſpes y ſont employés ſous les formes les plus agréables. Parmi les tableaux les plus remarquables, ſont... un ſacrifice d'Abraham, par le Tintoret... Une belle tête de vieillard, de Jean de *San-Giovanni*... Jeſus au milieu des docteurs, avec la Vierge & ſaint Joſeph qui le retrouvent; il y a tant d'expreſſion dans la tête de la Vierge qui regarde Jeſus, qu'il ſemble lui entendre dire, *ego & pater tuus, dolentes, quærebamus te*; la compoſition en eſt très-bonne, il eſt un peu noirci, du Paſſignani.... Une muſique, par Michel-Ange de Caravage, à remarquer pour la vérité & le naturel de l'expreſſion: ce tableau eſt fortement peint.... Moïſe tiré des eaux, grand & beau tableau de Ciro Ferri.... Une Vierge dans une gloire avec de beaux anges... Saint Luc ayant un chevalet devant lui, & une toile ſur laquelle il peint la Vierge; l'attention, le reſpect & le feu d'un bon artiſte, ſont également repréſentés ſur le visage du saint, qui est placé dans une attitude respectueuse & svelte en même temps: le pinceau, quoique vigoureux, est frais & gracieux, par le Franceschini de Volterra... La Vierge, l'Enfant Jesus, saint Jean & quelques anges, par le Salviati; tableau très-agréable, mais singulier par la maniere dont le peintre a groupé ces différentes figures... Une tapisserie à petit point, où sont représentées de grandeur naturelle les duchesses de Toscane: cet ouvrage est d'un fini précieux... Beaucoup de copies en miniature des plus beaux tableaux de Florence... Une statue d'Adonis par Michel-Ange, dans laquelle ce grand artiste a quitté sa maniere fiere & sublime, pour laisser exprimer à son ciseau les traits gracieux d'un jeune homme de la plus grande beauté.... Les jardins de cette maison sont frais & agréables; d'un côté est un bosquet de lauriers & de chênes verds, terminé par une grande grotte rustique, au milieu de laquelle est un jet d'eau qui y répand beaucoup de fraîcheur; de l'autre est un jardin planté d'orangers, de myrtes & de différens jasmins, dans un bel ordre: ces jardins sont tenus avec propreté.

La Chartreuse, bâtie sur une colline

isolée, en tirant du midi au couchant, a été, à ce que l'on croit, bâtie sur les desseins d'André Orgagna. Les cloîtres & l'église, quoique d'ancienne architecture, ont des beautés qui tiennent au bon goût. Cette maison reconnoît pour son fondateur Laurent Acciaïoli, grand sénéchal du royaume de Sicile en 1364, qui augmenta aussi la Chartreuse de Naples. Il y a plusieurs peintures à fresque, du Pontorme & d'autres bons maîtres de l'école Florentine, dans le grand cloître & le réfectoire.

Hors de la porte *san Frediano*, à gauche sur la montagne de san Bartholomeo, est situé le monastere des religieux Olivetains : la maison & l'église n'ont rien de remarquable que deux statues en marbre copiées d'après l'antique, qui portent les bénitiers ; & quelques tableaux, dont l'un, du Passignani, représente S. Bernard Tolomé, un des fondateurs de l'ordre : mais des terrasses qui entourent la maison, & des grandes fenêtres des corridors, on a la vue la plus étendue & la plus magnifique ; on voit la ville de Florence en entier, & d'un point si favorable, que l'on peut suivre le cours de l'Arno à une assez grande distance, & jouir de droite & de gauche de la vue de ces collines couvertes de maisons de plaisance, de beaux jardins & de diverses plantations, sans aucun intervalle vague, en si grand nombre, & bâties la plupart avec tant de magnificence, que l'on est surpris de leur nombre & de leur beauté, & que l'on ne peut que reconnoître la vérité de ce qu'a dit l'Arioste, que si toutes ces belles maisons étoient rassemblées, deux villes comme Rome ne seroient pas à comparer à Florence.

A veder pien di tanté ville é colli
Par' ch'el terren, vé lé germogli, come
Ver mene germogliar suole, e rampolli.
Se dentro a un' mur', sotto un medesimo nome
Fusser' raccolti, i tuoi palagi sparti
Non ti sarien' da pareggiar dué Rome....

Voilà ce que pensoit l'Arioste... Que diroit-il, s'il voyoit à quel point de magnificence & de beauté ces mêmes objets, qui l'affectoient si agréablement, ont été portés?

Hors de la porte *del prato*, est le jardin *Ferdinando*, dit *la Vagaloggia*. Les bâtimens n'en sont point finis, mais les plantations d'orangers sont belles. Un grand canal, tiré de l'Arno, les partage dans toute leur longueur. Au sortir de ce jardin, on entre dans une grande allée de pins, alignée au cours du fleuve, qui conduit *alle cascine*, ferme ou maison qui appartient à l'empereur. Elle est entourée de bosquets arrosés par des canaux, de grandes allées d'arbres qui forment une promenade délicieuse au printemps; on en permet l'entrée à tous les habitans de Florence, qui peuvent s'y promener librement, pourvu qu'ils ne gâtent pas les arbres, & n'effarouchent pas les faisans que l'on nourrit dans ces bosquets, & qui sont en très-grand nombre. C'est là que les grands ducs faisoient nourrir le bétail qui fournissoit le laitage à leurs maisons, & tout y est entretenu encore dans le même état que lorsqu'ils vivoient.

Les grands ducs ont plusieurs autres maisons de plaisance aux environs de Florence, presque toutes dans des situations élevées & agréables, d'où l'on a les plus belles vues. Ces maisons sont Poggio Caïano, Artimini, Petraïa, Castello, Pratolino & Careggi.

Il y a de belles choses à voir à Poggio Caïano. Cette maison, commencée par Laurent le magnifique, pere de Leon X, a été finie par le grand duc François I. Le grand salon est de l'architecture de saint Gal; la voûte en est bien entendue & d'une grande légereté, revêtue d'ornemens de stucs sculptés de bon goût. Les grands tableaux à fresque qui couvrent les murailles de ce salon, sont d'André del Sarto, du Pontòrme, de Francabigio, & d'Alexandre Allori. Ils ont pour sujets différens traits de l'histoire Romaine, heureusement appliqués à la maison de Medicis. Le premier, peint par André del Sarto, représente César entouré de divers peuples de l'Egypte, caractérisés par les animaux & les présens qu'ils lui offrent, parmi lesquels est la giraffe, qu'un soudan d'Egypte envoya en 1487 à Laurent le magnifique : cet animal, si rare qu'on l'a cru chimérique, a été décrit par Ange Politien dans ses mêlanges; c'est le même que le *camelo-pardalis*, dont parlent les naturalistes Grecs : il est de la grosseur d'une biche, sa tête y ressemble, son encolure est plus élevée & plus mince, ses cornes ou bois ont environ un pied de longueur, sa peau est belle & marquetée des couleurs les plus vives, à peu près comme celle de la panthere ou du léopard ; il est élevé sur ses jambes, sur-tout celles de devant sont si longues, qu'il auroit de la peine à boire s'il ne les écartoit. La giraffe ne doit

point être légere à la course, elle est sauvage & timide, & se tient dans les déserts les plus écartés ; on assure qu'on l'apprivoise aisément quand on l'a prise....
Le second, peint par Francabigio, a pour sujet Cicéron rappelé de son exil, qui est honoré dans le capitole du beau nom de pere de la patrie, allusion au rappel de Cosme l'ancien à Florence....
Le troisiéme, par Allori, représente le consul Flaminius dans l'assemblée des Achéens, rompant les desseins des ambassadeurs des Etoliens & du roi Antiochus, qui vouloient faire une ligue entr'eux contre les Romains; allusion à l'assemblée de Cremone, quand Laurent de Medicis rompit les projets des Vénitiens qui sembloient prétendre à l'empire d'Italie.... Le quatriéme, par le Pontorme, est le repas que Siphax, roi de Numidie, fit à Scipion après qu'il eut défait Asdrubal ; allégorique à la réception que fit le roi de Naples au même Laurent de Medicis. Ces compositions sont belles & ingénieuses, & d'une grande exécution, de même que les autres ornemens des piéces différentes de cette maison. Il y a un grand cabinet où sont quantité de petits tableaux des meilleurs artistes de Flandre & d'Italie.

Pratolino est une grande maison de campagne, bâtie avec ses aisances sur les collines qui joignent les hautes montagnes de l'Apennin, à dix ou douze milles de Florence, sur le chemin de Bologne. Plusieurs grandes allées de cyprès, d'ifs & de sapins l'annoncent aux passans : ces avenues ont plusieurs fontaines artistement décorées ; on y voit des jets d'eau de toute espece, des machines hydrauliques qui font mouvoir des statues, jouer des orgues, enfin une multitude de choses singulieres & curieuses de ce genre, la plupart encore bien conservées. Plusieurs statues de marbre & de bronze sont employées à orner ces fontaines ; mais la plus singuliere est une statue colossale de l'Apennin, qui a plus de soixante pieds de proportion ; elle est formée de morceaux de pierre entassés les uns sur les autres avec tant d'intelligence, qu'à un certain point de vue dans l'éloignement, la statue paroît bien proportionnée & finie ; mais à mesure que l'on en approche, les traits grossissent, & de près ce n'est plus qu'un tas de pierres qui n'a aucune forme : sous cette figure de l'Apennin est un monstre qui vomit de l'eau en assez grande quantité pour remplir la grande piéce qui est au-dessous. Au milieu de la voûte du salon on lit cette inscription, qui annonce le temps auquel il fut bâti, & le dessein du prince qui le fit construire.

Fontibus, vivariis,
Xiftis, has ædes
Franc. Med. mag. Dux Etruriæ II.
Exornavit, hilaritatique
Et sui, amicorumque suorum
Remissioni animi dicavit.
Anno Dom. M. D. LXXV.

Il est rare de trouver des inscriptions où l'on fasse parler les princes d'une maniere aussi simple & aussi agréable.

Cinq cents pas environ hors de la porte saint Gal, est un très-bel arc de triomphe érigé à l'occasion de l'entrée solemnelle du grand duc François de Lorraine, actuellement empereur, qui se fit le 20 Janvier 1739. La construction en est noble; on y a employé la plus belle pierre du pays; l'architecture est d'ordre composite; le fronton est couronné d'une statue équestre de ce prince, & de plusieurs autres statues symboliques; la plupart de ces statues, & quelques-uns des ornemens de relief, sont en bronze. Cet arc est placé sur le chemin de Bologne à Florence, & fermé avec des chaînes, de façon qu'aucune voiture ou bête de somme ne peuvent passer sous les arcades, ni même en approcher de trop près ; l'arcade du milieu est d'une belle proportion, & beaucoup plus élevée que les deux autres. Ce monument moderne, composé à l'imitation de ceux que les anciens faisoient élever en pareilles occasions, est d'une solidité qui le fera durer long-temps, & triompher de l'injure des temps & de la durée des siécles.

Un peu plus haut sont plusieurs chemins ou allées en patte d'oie, qui forment une des promenades les plus fréquentées des environs de Florence : comme les allées sont fort rapprochées, & que dans les beaux temps, sur-tout les jours de fête, il y a beaucoup de carrosses & de gens qui se promenent à pied, le spectacle y est très-vivant.

A deux milles de Florence, au levant d'hiver, on voit les ruines de l'ancienne ville de *Fiesoli* (*Fesula*), l'une des douze villes ou colonies principales des Toscans. Elle conserva une sorte de supériorité sur Florence jusqu'au commencement du onziéme siécle, que les Florentins s'en emparerent, la ruinerent, & forcerent les habitans à venir s'établir dans l'enceinte de Florence même. Quoique cette ville ait été détruite, l'évêque, qui avoit un vaste diocèse, a conservé sa jurisdiction, ses droits & ses revenus, dont il jouit, ainsi que de son titre, à Florence, où il réside dans un palais qui est de son diocèse. La cathédrale, d'architecture ancienne gothique, est sur la montagne, avec un séminaire, une maison pour les chanoines, & un couvent de Franciscains, qui sont les principaux bâtimens de l'endroit que l'on appelle *Fiesoli*, où l'on ne voit plus rien d'antique que quelques restes de murs, & les ruines d'un vieux château.

Voilà ce que j'ai remarqué de plus curieux dans la ville & les environs de Florence. Je ne doute pas qu'il ne me soit échappé beaucoup de choses à voir, qui mériteroient encore d'être citées avec distinction; mais il arrive souvent que tandis que l'attention commence à se fixer sur un objet, elle est détournée par un autre qui l'emporte toute entière, & qui souvent fait oublier le premier auquel on ne revient plus.

Ce que l'on ne peut assez louer, ce sont les agrémens de la situation de Florence, & la beauté de ses environs,

Elle est placée dans un vallon resserré, couvert au nord & au midi par des montagnes qui en sont très-près. La ville, traversée par le fleuve du levant au couchant, a des bâtimens magnifiques, de belles places, de grandes rues larges & alignées, toutes pavées de grandes pierres brunes, qui exigent un entretien continuel; sans quoi ce pavé n'est plus praticable, sur-tout pour les carrosses. Ses environs se présentent sous l'aspect le plus riant & le plus riche; un peuple nombreux habite ces côteaux couverts d'une multitude de belles maisons de campagne, parmi lesquelles sont des plantations de vignes, d'oliviers, d'arbres fruitiers & de bois; par-tout sortent des sources d'eau vive, qui contribuent autant à la beauté de la végétation, qu'à l'embellissement & au service des maisons. Ces agrémens réunis rendent Florence la ville d'Italie la plus agréable pendant l'été. Les chaleurs y sont beaucoup plus tempérées qu'à Rome, à Naples & à Gènes; alors l'air y est fort sain, le ciel y est presque toujours pur, & on n'y redoute pas le serein si dangereux dans toute l'Italie méridionale : aussi est-ce une des villes où les étrangers habitent de préférence
pendant

pendant l'été ; mais à la fin de l'automne, & pendant la meilleure partie de l'hiver, lorsque les pluies ont commencé à tomber en abondance, l'air y devient pernicieux, les brouillards y sont continuels & de la plus mauvaise qualité ; les gens à catharre, & qui n'observent pas le régime le plus exact, périssent presque tous dans cette saison, & beaucoup d'apoplexie à tout âge, sans que rien leur annonce une fin si prochaine & si funeste. Cette malignité de l'air est sensible même à ceux qui cherchent avec le plus de soin à s'en garantir. Il paroît que ces brouillards coagulent le sang, épaississent les humeurs, & en interrompent absolument le cours, dans ceux que l'on regarde comme les victimes de l'intempérie de l'air.

Le seul remede à tous ces inconvéniens si dangereux, sont les vents du nord, qui dissipent les brouillards, changent la température de l'air, & amenent les gelées ; c'est pour cela que presque toute la noblesse & les bourgeois aisés quittent la ville à la fin d'octobre & en novembre, & se retirent à la campagne & dans les villes voisines situées dans la montagne, où l'air est pur, & d'où ils ne reviennent qu'au mois de Janvier.

Avant que de dire quelque chose du gouvernement, des mœurs & du commerce de ce pays, je dois parler d'un des grands objets de curiosité qui soit en Italie, de cette collection célébre de statues, de bronzes antiques, & de tableaux choisis, connue sous le nom de galerie de Florence.

Galerie des grands ducs de Toscane à Florence.

Galerie des grands ducs. 19. La galerie de Florence, célébre dans toute l'Europe par la quantité de statues antiques, de tableaux choisis, de bronzes, de vases, & d'autres effets rares & curieux qu'elle renferme, la plupart aussi précieux par la beauté du travail, que par la richesse de la matiere, est déja connue par quelques descriptions qui en ont été faites: je ne les ai pas sous les yeux pour décider si elles sont exactes ou non, si elles peuvent donner une juste idée de ce qui est contenu dans la galerie, & de l'ordre où les choses y sont placées : ce que je crois pouvoir assurer, c'est qu'aucun n'a parlé de tous les objets de curiosité qui y

GRAND DUCHÉ DE TOSCANE. 123

font. Les différens voyageurs qui en ont écrit, se sont contentés de l'indiquer; le peu qu'ils en rapportent prouve qu'ils l'ont vue, mais ne suffit pas pour la faire connoître; cependant c'est la plus belle collection que l'amour des arts ait fait jamais former, & qui n'est devenue si considérable, que parce qu'elle a été commencée dans des temps où les seuls Medicis sembloient connoître le prix de toutes ces beautés antiques qu'ils ont rassemblées. Ce goût a été héréditaire dans leur maison; & les précautions qu'ils ont prises pour fixer dans la ville de Florence ce trésor inestimable, sont cause qu'il n'a pas été dissipé après leur mort, & qu'il a été conservé dans le même état où ils l'avoient laissé.

La galerie fut bâtie par les ordres du grand duc Cosme premier, qui commença à y placer une partie des statues, tableaux, & autres curiosités que l'on y voit, que ses ancêtres avoient amassées à grands frais, & que ses successeurs ont considérablement augmentées, surtout depuis qu'ils y ont réuni ce qu'ils ont trouvé dans la succession des ducs d'Urbin, de la maison de la Rovere, dont Ferdinand II, grand duc de Tos-

F ij

cané, avoit épousé l'héritiere. On peut dire encore, que la perfection à laquelle la fabrique de la mosaïque a été portée dans ces derniers temps, a ajouté un nouveau prix à la galerie.

Elle est divisée en trois grands corridors; celui qui est au levant, a environ quatre cents soixante pieds de longueur; celui qui est parallele au couchant, est un peu moins long; la partie qui communique de l'un à l'autre, & qui est au midi, a cent douze pieds de longueur; la largeur de ces trois piéces est de vingt-un pieds, & la hauteur d'un peu plus de dix-neuf.

Le vestibule de ces galeries, qui est au couchant, est décoré de bas-reliefs, de statues, d'urnes & d'autres monumens antiques, étrusques, grecs & romains. On y voit une statue de Junon, *Pronuba*, couverte de ce voile que portoit la femme qui conduisoit la nouvelle épouse au lit nuptial; il est semblable à celui des peintures antiques du même sujet... Des trophées seulement ébauchés par Michel-Ange.... Un gladiateur, statue moderne fort inférieure aux antiques connus... Quelques bustes romains & grecs, que l'on n'a pas jugé à propos de placer dans la suite de la galerie, & dont le travail est médiocre... Un des plus grands bas-reliefs antiques que l'on connoisse ; il a neuf pieds de longueur sur quatre & demi de hauteur, & de la plus belle exécution. La figure principale est une femme assise sur une petite élévation ; la draperie qui la couvre est bien jettée ; ses cheveux sont nattés & ornés de quelques fruits ; elle tient entre ses bras deux enfans qui la caressent ; elle a sur ses genoux des fleurs & des fruits jettés sans ordre. A ses pieds sont quelques animaux qui paissent tranquillement. A sa droite est une autre femme de grandeur moindre que le naturel, élégamment coiffée d'une bandelette ou diadême qui lui soutient les cheveux ; elle a l'air & la fraîcheur de la jeunesse ; elle n'est vêtue que jusqu'à la ceinture ; le reste de la draperie qu'elle soutient de la main droite, passe au-dessus de sa tête, & est enflé par le vent ; elle est assise sur un grand oiseau qui paroît planer doucement dans les airs ; à ses pieds est un autre petit oiseau qui boit dans un vase d'où sort une liqueur : le champ au-dessous de ces deux figures est couvert de fleurs, de pavots, d'épis & d'autres plantes utiles. A la gauche est une femme ou divinité de même proportion que la précédente, appuyée fur un monftre marin, & couronnée d'algue; elle fort de l'onde qui occupe tout ce côté du bas-relief. Ces trois figures repréfentent la terre fertilifée par l'air & l'eau, avec les effets de la fécondité. Ce bas-relief, pour la beauté de l'exécution & fa grandeur, eft l'un des plus confidérables qui reftent.

Vis-à-vis font cinq autres bas-reliefs, dont l'un a pour fujet Marc-Antoine qui déploie devant le fénat la robe enfanglantée de Céfar... Un autre eft Ulyffe attaché au mât de fon vaiffeau, pour fe fouftraire aux chants féducteurs des fyrènes; elles font au nombre de trois, belles & bien proportionnées, fans aucune difformité de conformation, tels que des pieds & des jambes d'oifeaux, comme l'ont dit quelques commentateurs, ou moitié femmes, moitié poiffons, felon d'autres; elles ont au contraire tous les agrémens capables de féduire... Un autre repréfente quelque fujet terrible; il n'eft pas de la même beauté d'exécution que les premiers, & il femble qu'on doive le rapporter à quelque trait de l'hiftoire grecque du bas-empire. La figure principale eft une femme à genoux que deux soldats tiennent par les bras, tandis que deux autres sont au point de l'aveugler avec un fer chaud. Derriere est un vieillard qui a la tête découverte, & une autre femme assise qui paroît dans l'agitation & la douleur, & qui est retenue par un autre soldat. A gauche est une femme très-affligée qui a deux enfans à ses pieds qui partagent sa douleur. Il y a un très-grand mouvement dans toute cette composition, qui paroît plutôt être un trait de l'histoire de l'empire grec, qu'aucune allégorie.

Les plafonds des trois corridors ou galeries sont divisés en compartimens remplis par des tableaux symboliques qui ont rapport à l'histoire de Florence, & des grands hommes en tous les genres qui l'ont illustrée.

A la tête de ces divisions est l'agriculture, avec les portraits des auteurs Florentins qui ont écrit sur la culture de la vigne & de l'olivier, & sur la meilleure maniere de fertiliser les terres... Vient ensuite la peinture, avec les portraits de ses restaurateurs, qui sont le Cimabué, le Giotto, le Musaccio, & Fra Bartholomeo della porta, qui a eu la gloire de contribuer à la perfection de

Raphaël, & de l'égaler dans bien des parties. On y a aussi placé les portraits de Leonard de Vinci, d'André del Sarto, du Bronzin & du Cigoli... A côté de la peinture est la sculpture, avec les portraits des plus célébres sculpteurs du quatorziéme & du quinziéme siécle, qui sont Lorenzo Ghiberti, Luc della Robia, le Donatelli, l'incomparable Michel-Ange & le Bandinelli... L'architecture suit avec les portraits de Michel-Ange, & à côté de lui la coupole de saint Pierre de Rome; de Philippe Brunelleschi, avec la coupole de la cathédrale de Florence, aussi belle dans son genre que celle de Rome, & faite près d'un siécle plutôt; du Giotto, d'André Orgagna, de Leon-Baptista Alberti, tous signalés par quelque fameux monument de l'art encore subsistant... La poësie, où l'on voit les portraits du Dante, de Pétrarque, de Guido Cavalcanti & de monsignor della Casa... La langue Toscane, la musique, la politique, la théologie, la jurisprudence, la médecine & la philosophie ont aussi leurs divisions traitées dans le même goût.

L'amour des sciences & des belles-lettres, & la protection que quelques hommes puissans leur ont accordée, a sa

GRAND DUCHÉ DE TOSCANE.

division. On y voit les portraits de Cosme l'ancien, pere de la patrie, de Laurent le magnifique, des papes Leon X. & Clement VII, du grand duc Cosme I, digne imitateur de ses ancêtres, & avec eux Jean Pic de la Mirandole, Ange Politien, Marsile Ficin, Demetrius Calchondile, Jean Lascaris, Bernard Ruccellaï, qu'Erasme compare à Salluste pour l'élégance & la politesse de ses écrits... A la division des mathématiques, on voit, entr'autres illustres, le célébre Torricelli & l'immortel Galilée.

Dans d'autres cartels on voit les portraits de tous ceux qui ont illustré la patrie, soit en la servant, soit en portant la gloire de son nom chez les nations étrangeres : ainsi on y voit ceux des Strozzi, que les troubles de Florence forcerent à quitter leur patrie, & à se retirer en France, où ils jouirent des avantages que leur procurerent leur valeur & leurs autres vertus. Dans le cartel dédié à la fortune, on voit ces mêmes Strozzi, que les Florentins eux-mêmes jugerent heureux d'avoir fait dans leur malheur de si beaux établissemens en France. Nicolas Acciaioli, grand sénéchal du royaume de Naples, qui y jouit de la plus haute faveur, dont

F v

les descendans ont possédé, pendant une longue suite d'années, le duché d'Athènes, & même en conservent encore le titre. Le portrait d'Americ Vespuce n'a pas été oublié ; il a joui de l'honneur unique de découvrir la quatriéme partie du monde, & de lui donner son nom qu'elle conserve encore... Enfin, toutes les vertus civiles, morales & politiques des illustres Florentins, sont célébrées dans cette galerie, que l'on peut regarder comme un monument historique, que les arts, la reconnoissance & la fortune des Medicis ont élevé à l'honneur de la patrie, & des citoyens illustres qu'elle se glorifie d'avoir nourris dans son sein.

Le petit corridor qui sert à joindre les deux grandes galeries, est ouvert des deux côtés par de grandes fenêtres séparées seulement par des pilastres. Le plafond partagé en divers compartimens, est entierement peint de sujets, les uns à la gloire des grands ducs, les autres pour rappeller la mémoire des événemens les plus célébres arrivés à Florence, entr'autres.... le concile général de 1439, où se fit la réunion des deux églises Latine & Grecque.... L'établissement de l'ordre de saint Etienne, par le grand duc Cosme I.... Les saints

& les saintes de familles Florentines, peints, avec les attributs de leur état, dans différens cartels... Le plafond de la seconde galerie est peint d'ornemens arabesques. Toutes ces peintures sont à fresque, & ont été heureusement imaginées, autant pour la décoration de la galerie, que pour la gloire de Florence. Comme elles sont plates, sans aucuns ornemens en relief, & distribuées dans un très-grand espace, elles font peu d'effet dans la perspective; il faut les examiner dans le détail pour pouvoir en juger; ce qui a engagé quelques voyageurs, qui sans doute n'avoient vu que superficiellement cette galerie, à écrire qu'elle n'avoit d'autres ornemens que les statues antiques rangées sur des piédestaux. Ils auroient dû cependant remarquer qu'il y avoit une suite de plus de quatre cents tableaux rangés par ordre chronologique, représentant les rois & les princes de l'Europe; les familles des souverains qui ont régné en Italie; les hommes illustres par la gloire des armes ou de l'érudition, qui ont rapport à l'histoire de Florence depuis le commencement du quatorziéme siécle; & parmi ces peintures, les portraits des grands hommes de la maison Medicis, de plus grande forme que les autres tableaux.

<small>Statues & buſtes antiques de la galerie.</small>

20. Cette galerie eſt ornée de ſoixante-deux ſtatues antiques, de quatre-vingt-douze buſtes, & de quelques morceaux précieux des grands artiſtes modernes; la ſuite ſur-tout des empereurs & des impératrices eſt la plus conſidérable que l'on connoiſſe.

Parmi les ſtatues, on verra d'abord le groupe antique qui repréſente la défaite du centaure par Hercule; la force du héros y eſt merveilleuſement exprimée, par les muſcles & les nerfs qui ſont fortement exprimés; la peau du lion eſt jettée négligemment ſur ſon dos. Le centaure eſt repréſenté avec l'expreſſion de la douleur & du déſeſpoir; il ne peut réſiſter à la force du héros qui le terraſſe, ſans employer d'autres armes que la vigueur de ſes bras.

Deux figures de femmes aſſiſes, l'une deſquelles a toute la dignité d'une impératrice Romaine, & que l'on pourroit prendre pour une Agrippine, tant elle reſſemble à la ſtatue de ce nom qui eſt dans les jardins Farneſe ſur le mont Palatin; la draperie en eſt pliſſée du meilleur goût; l'une & l'autre paroiſſent avoir été deſtinées à orner quelque tombeau antique.

Une statue consulaire dans l'attitude d'un orateur parlant au peuple ; le mouvement des bras & celui des yeux est reglé par ce qu'il dit : cette figure est traitée avec beaucoup d'esprit, & de la plus belle forme.

Une dame Romaine, en marbre noir, avec les pieds, les mains & le visage en marbre blanc : on peut juger par cet antique, comparé avec l'Agrippine, de la différente maniere des artistes de l'antiquité, & combien les uns étoient supérieurs aux autres.

Léda qui soutient un cygne appuyé contre sa cuisse. Les parties qui sont vraiment antiques sont d'une grande beauté, telles que la poitrine, la main qui se perd dans les plumes du cygne, & la draperie : ce qui est moderne n'est pas si heureusement traité.

La plupart des statues antiques mutilées, soit par le peu de soin que l'on a pris de les conserver, soit par le zèle indiscret de quelques chrétiens peu éclairés qui croyoient faire une œuvre agréable à Dieu, en détruisant ce qui avoit servi au culte des idoles, ou au luxe de leurs adorateurs, ont été restaurées lorsque le goût de l'antique reprit vigueur, & que l'on ouvrit les yeux sur les beautés des statues grecques & romaines. Dans quelques-unes les artistes modernes ont si heureusement imité le style & la maniere des artistes Grecs, que l'on ne voit aucune différence entre leur ouvrage & l'antique. Les pieds & partie des jambes de l'Hercule Farnese, quoique modernes, sont de la même beauté que le reste de la statue, que l'on sait être l'un des antiques le plus parfait. Mais il faut avouer que cette maniere de restaurer n'est pas la plus ordinaire, & que l'on ne s'apperçoit que trop aisément de ce qui est antique avec ce qui est moderne. Il seroit à souhaiter que les visages & les mains eussent été les parties les plus respectées; mais d'ordinaire ce sont celles qui ont le plus souffert.

Une figure de jeune homme, que l'on croit être Marc-Aurele dans l'adolescence. Il est nu & tient un petit globe d'une main, & de l'autre une épée ou grand poignard; il a le manteau sur les épaules, & paroît avoir été destiné à quelque temple..... il est dans le goût romain du meilleur temps.

Un athléte qui tient un vase à la main, du plus beau caractere de dessein; les muscles sont fortement prononcés: quel-

GRAND DUCHÉ DE TOSCANE. 135

ques-uns croient que c'est un Ganimede, à cause du vase qu'il porte; mais on sait que les athlétes se servoient de ces vases pour mouiller la poussiere qui s'étoit desséchée sur leur corps, & l'en détacher, ce quils faisoient même en courant. Le caractere du dessein est trop vigoureux & trop marqué pour un Ganimede, & convient beaucoup mieux à un jeune athléte.

Une vestale avec tous les attributs de son état: le feu sacré vers lequel elle étend sa main, est placé à droite; elle tient une patere de la main gauche; la modestie est peinte sur son visage; la draperie dont elle est couverte est bien traitée: toute la figure est belle & noble, & dans la même attitude que la plupart des vestales sont représentées dans les médailles.

Mercure debout, le coude appuyé sur un tronc d'arbre recouvert d'une draperie; il a le bonnet & les brodequins ailés; il tient entre ses mains les morceaux d'un bâton qu'on peut supposer être les restes d'un caducée, ou du rameau d'olivier que portoit le Mercure pacifique, ainsi qu'il est représenté dans quelques médailles. Le corps & les cuisses sont ce qu'il y a de mieux traité dans la figure, dont les mains ont été restaurées.

Pomone couronnée d'une guirlande de fruits & de feuilles ; elle soutient de ses deux mains une partie de la draperie qui la couvre, & qui est pleine de fruits. La statue est svelte & traitée agréablement : il paroît qu'elle a été plutôt destinée à l'ornement de quelque jardin, qu'à être placée dans un temple.

Une Bacchante couronnée de lierre & de pampres, tenant de la gauche le thyrse, & de la droite une grosse grappe de raisin : elle est dans l'attitude d'une personne qui va entrer en danse ; ainsi toute la figure est de mouvement : la proportion en est plus grande que le naturel, la tête est très-belle.

Un jeune homme nu, de belle proportion, se retournant pour regarder à la hauteur de l'horison avec un chien entre les jambes ; on croit que c'est Endimion qui observe le lever de la lune.

Une Vénus, qui paroît être une copie de la fameuse Vénus Medicis, ou au moins faite à son imitation.

Mars, de pasalte ou marbre noir d'Ethiopie, tirant sur la couleur du fer & d'une dureté extrême, statue antique, fort rare par rapport à la matiere qu'on y a employée ; il a le casque en tête, tient le bouclier de la main gauche, & l'épée de la droite ; il est nu & dans l'attitude de marcher ; ce pourroit bien être le *Mars Gravidus* des anciens : il est entierement conservé, à l'exception de la moitié d'un pied qui est bien restauré.

Apollon assis sur un massif, tenant ou une branche de laurier, ou un archet entre les mains ; on ne peut pas en bien juger, attendu que la plus grande partie en est rompue ; il a sous les pieds une tortue ; à côté de lui pend au rocher un grand carquois sans fléches ; tout le corps est antique, le reste est restauré par une bonne main, quoiqu'elle n'ait pas parfaitement suivi la belle simplicité & la vérité du style antique.

Prométhée, de grandeur plus que naturelle, figure svelte & légere, le corps antique est de la plus grande beauté ; il tient à la main gauche le flambeau qu'il a allumé au char du soleil qu'il semble regarder, & vers lequel il tient la main droite levée : elle est dans la maniere grecque.

Flore, statue de grandeur ordinaire & nue ; elle tient des fleurs dans la main droite, & dans la gauche un morceau de draperie qu'elle leve de terre comme si elle vouloit se couvrir la ceinture; elle a tous les traits de la beauté, des graces aisées, une certaine gentillesse qui porte à croire que c'est une statue de la fameuse Flore, courtisane Romaine, si célèbre par sa beauté & ses richesses; qui fut honorée après sa mort de jeux solemnels, si libres, que les graves Romains n'osoient y assister : ses cheveux sont rangés avec tant d'art & d'élégance, que la coiffure vient à l'appui de la conjecture.

Un homme vêtu de l'habit consulaire, tenant de la main droite un style, & de l'autre un rouleau ; cette figure est traitée d'une grande maniere, & a quelque ressemblance avec les Antonins.

Bacchus tenant d'une main une coupe, ayant l'autre appuyée sur la tête d'un enfant assis sur une grande urne; il a les jambes entrelacées avec la jambe droite du Dieu ; ses deux mains sont placées sur un trophée formé de raisins, d'une tête de porc & de deux masques de satyre & de faune ; à une des extrémités de la draperie qui le couvre, est attaché un masque qui pend négligemment sur ses épaules, & qu'il semble

GRAND DUCHÉ DE TOSCANE. 139
avoir ôté dans l'inſtant de deſſus ſon viſage, à en juger par l'air gai & malin avec lequel il regarde Bacchus qui lui parle en riant ; le Bacchus a ſur l'épaule gauche une peau de chevre jettée avec grace : ce morceau antique pour la plus grande partie, a été reſtauré habilement.

Mars & Vénus, groupe antique de grande maniere ; Mars le caſque en tête & le poignard au côté, eſt entierement nu ; la Vénus eſt couverte de la ceinture en bas d'une draperie légere ; elle careſſe Mars avec beaucoup de paſſion ; ce qui a fait croire que ce groupe pourroit bien repréſenter Fauſtine & ſon gladiateur favori. On a prétendu qu'aucun ſculpteur n'auroit été aſſez hardi pour faire une ſtatue de cette eſpece ; mais n'a-t-on pas trouvé dans les ruines d'Herculée des tableaux ſatyriques contre le cruel Neron, qui attaquoient ſes paſſions favorites, celles dont il tiroit le plus de gloire ? N'en a-t-on pas découvert nouvellement dans la Villa Adriani, au-deſſous de Tivoli, avec des inſcriptions qui reprochoient à Antonin Caracalla le meutre de ſon frere Geta ? L'impératrice elle-même dans l'ivreſſe de la paſſion, ne peut-elle pas avoir ordonné que l'on fît cette statue ? Elle a au bras le ceste ou bracelet de Junon, que l'on regardoit comme si capable de relever la beauté.

Bacchus & un jeune faune, beau groupe dans la maniere grecque : le Bacchus couronné de lierre est jeune & beau (*a*) ; il a la main appuyée sur l'épaule du faune comme pour l'engager à le suivre : le faune a les oreilles de chevre, l'air riant & malin ; il tient à la main un vase qu'il montre à Bacchus ; à côté de lui, contre un tronc d'arbre, sont le bâton recourbé & une flûte à neuf trous ou tuyaux ; singularité qui peut être un équivoque de l'artiste, quoique cependant ils fussent grands observateurs du costume.

Une grande statue de bronze ; le style, quoiqu'assez noble, en est rude, & fort différent des antiques grecs ou romains, mais elle est précieuse en ce qu'on la regarde comme un véritable antique Etrusque. Le P. Montfaucon n'en doute point, & l'a fait graver dans son antiq. expliq. t. III, p. 39. Cette statue fut trouvée en terre près de Pérouse, l'une

―――――――――――

(*a*) *Tu puer æternus, tu formosissimus alta conspiceris cælo....* Ovid.

des douze anciennes cités Etrusques, sous le régne du grand duc Cosme I qui en fit l'acquisition : il y a apparence qu'elle représente un de ces gouverneurs électifs des cités Etrusques, connus sous le nom de Lucumon, qui durant leur magistrature jouissoient d'un pouvoir presque royal. Il est revêtu d'une robe longue qui ressemble à la consulaire ; il a la main droite élevée comme un homme qui parle en public, & porte un anneau à gauche ; la chaussure est plus composée que la romaine.

Une grande statue qui peut être celle de la géométrie ou de l'astronomie ; il n'est pas aisé de le décider, attendu que parmi les attributs qui la caractérisent, il n'y a rien d'antique que la tête du compas qu'elle tient à la main ; les autres sont de l'idée de l'artiste qui l'a restaurée, & qui étoit médiocre.

Une Léda de petite proportion, différente de celle dont j'ai déja parlé : le cygne est petit, il semble qu'elle le veuille dérober à tous les regards : la draperie qui lui pend de l'épaule gauche jusqu'aux talons est heureusement jettée.

Une petite Vénus assise, dans l'attitude de se tirer du pied une épine de rose ;

elle est dans le goût grec, traitée avec délicatesse ; la draperie lui couvre à peine la moitié du corps ; elle a la main gauche appuyée, & paroît souffrir plus de délicatesse que de douleur réelle.

Une chimere, de bronze, antique Etrusque trouvé sous les murs d'Arezzo dans le seiziéme siécle ; le travail en est médiocre, mais elle est telle que Lucrece l'a décrite.

Prima leo, postrema draco, media ipsa chimera.

L'Amour & Psyché ; l'Amour est représenté avec tous ses attributs, les ailes, l'arc & le carquois ; Psyché a des ailes de papillon : ces deux figures s'embrassent tendrement, & sont dans la maniere grecque.

Une petite statue d'un jeune homme, dont il semble dans l'état actuel que l'on ait voulu faire un Ganimede : ce qui est antique est excellent....

Apollon, le coude gauche appuyé sur sa lyre, posée sur un autel antique : comme cette statue est restaurée pour la plus grande partie, il est difficile de juger de l'intention du premier artiste.

Une muse tenant un rouleau dans la main gauche, vêtue d'une draperie si légere, que le nu paroît à travers ; elle a pour ornement de tête deux plumes entrelacées dans les cheveux, qui, au rapport des anciens Philosophes, semblent signifier l'activité & la véhémence du discours.... L'ensemble de cette statue est bon & du meilleur goût.

Une statue de bronze de belle proportion; on croit que c'est une idole antique qui a la main droite étendue, comme pour recevoir les offrandes qu'on lui faisoit; on voit à la place des yeux qu'il y eut autrefois des pierres précieuses que l'on a enlevées; le piédestal sur lequel elle est posée, quoique moderne, est un ouvrage excellent de Laurenzo Ghiberti; il est orné de festons de lierre, de pampres & de raisins, soutenu aux angles par des têtes de chevre & de deux bas-reliefs, l'un représentant Ariane sur un char tiré par deux tigres, ayant pour cortege plusieurs satyres; l'autre le sacrifice d'un bouc : ces ornemens indiquent que l'on a pris cette statue pour un Bacchus.

Marsias attaché à un tronc d'arbre, & déja écorché; cette statue est extrêmement savante, les nerfs & les veines sont à découvert; il semble qu'Ovide (*a*) l'eût sous les yeux lorsqu'il parle de la défaite de Marsias, de son supplice & de ses plaintes.

Un secretaire ou notaire tenant un rouleau ou volume dans la main, la cassette ou porte-feuille est à ses pieds: l'ouvrage en est médiocre. Cette statue est répétée & dans le même goût.

Esculape, grande statue; il est tel qu'il est représenté dans les médailles grecques & romaines, la barbe longue & épaisse, le bras gauche appuyé sur un gros bâton noueux, autour duquel un serpent se tortille.

Venus tenant l'Amour sur ses genoux, que l'on croit être la *Venus genitrix*; elle montre un arc à son fils, & semble lui en indiquer l'usage: ce groupe est beau & bien conservé.

Un homme en habit asiatique; statue plus curieuse à cause de la rareté de la maniere, que par la beauté de l'ouvrage: il y reste peu de parties antiques qui

---

(*a*) .... *Quid me mihi detrahis, inquit,*
Ah! piget, ah! non est, clamabat tibia tanti...
Detectique patent nervi, trepidesque sine ulla
Pelle micant venæ, salientia viscera possis,
Et perlucentes numerare in corpore fibras....

soient

soient entieres ; elle est restaurée & fort médiocre en tout.

Narcisse à genoux, la main droite levée, la gauche étendue, le corps avancé & dans une attitude gênée, il semble s'admirer dans la fontaine ; cette statue antique de marbre Parien est très-belle, on y retrouve toutes les perfections qu'Ovide (a) a données à Narcisse, des doigts dignes de Bacchus, des cheveux aussi beaux que ceux d'Apollon, le visage le plus charmant, un col d'ivoire ; mais ce qui est bien exprimé, c'est l'espece d'étonnement & les désirs insensés que semble lui inspirer sa propre beauté.

Une statue de philosophe ; il a la main sous le menton, l'air appliqué & pensif, de la meilleure expression : la draperie est simple & à plis larges.

La victoire, statue travaillée d'une

(a) Il sembloit avoir cette statue sous les yeux, lorsqu'il a parlé de Narcisse. L. 3. Métam.....
Spectat humi positus geminum, sua lumina, sidus Ac stupet ipse sibi.....
Et dignos Baccho digitos & Apolline crines, Impubesque genas, & eburnea colla, decusque Oris........

Tome III.   G

maniere élégante ; elle tient une couronne dans la main droite, & une palme dans la gauche ; elle n'a point d'ailes comme quelques autres statues du même sujet, & paroît avoir été faite dans le temps où la victoire étoit constamment attachée aux armes des Romains; ou si elle est grecque, c'est un antique du beau temps d'Athènes, lorsque ses citoyens faisoient représenter la victoire sans ailes, afin qu'elle restât chez eux, ainsi que Pausanias le rapporte.... Il y a une pensée heureuse dans l'antologie au sujet d'une statue de la victoire qui eut les ailes enlevées d'un coup de foudre.... Rome, reine des nations, ton nom sera immortel, la victoire ne peut plus te fuir, ses ailes lui ont été enlevées....

Vénus nue, tenant une coquille à la main ; à côté d'elle est un grand vase à mettre de l'eau avec un linge jetté dessus; cette statue a servi à orner quelques bains : l'ouvrage en est médiocre.

Un soldat le genou gauche en terre; il lève le bras droit ; de la main gauche il tient un bouclier : cette figure est d'un soldat étranger ou d'un gladiateur, n'ayant rien de l'habillement romain; la chaussure est dans le goût grec. On

Grand Duché de Toscane. 147

fait que les Romains faifoient combattre comme gladiateurs les prifonniers de guerre, & une ftatue de ce genre paroît avoir été employée à la décoration d'un amphithéâtre ou d'un cirque.

Un jeune homme deftiné à fervir dans les facrifices, ftatue rare; fon habit particulier à cet état lui couvre tout le corps, même les bras & les mains; il a l'air de l'attention & du refpect, les cheveux courts & liffes; la maniere fimple de la draperie eft dans le goût étrufque.

Apollon affis qui touche la lyre, avec un ferpent à fes pieds; il eft nu; le corps eft de la plus belle forme; le refte qui eft reftauré n'y répond pas.

La Santé, fille d'Efculape, porte un grand ferpent tortillé autour du bras droit, qu'il quitte en fe recourbant pour s'approcher d'une coupe qu'elle tient de la main gauche, & où il femble s'abreuver: la draperie en eft belle.

Une Diane en habit de chaffe qui ne lui defcend pas plus bas que le genou; elle a le croiffant fur la tête, l'arc dans la main gauche; elle étend la droite comme pour prendre un trait dans le carquois qu'elle porte fur les épaules; elle eft coiffée de fes cheveux treffés &

tortillés en rond fur fa tête, ainfi que les portoient les filles grecques & romaines.

Jupiter, grande ftatue en pied, ayant la poitrine, l'épaule & le bras droit découverts : il a un manteau jetté fur l'épaule & le bras gauche.

Un jeune faune couronné de pampres, portant fur les épaules la peau de chevre; ftatue reftaurée pour la plus grande partie.

Junon, avec l'habit & le manteau royal qui ne tombe pas jufqu'à terre, mais qui eft replié, & femble rattaché au-deffous de l'épaule; elle porte le fceptre de la main gauche, & une coupe dans la droite. L'ouvrage en eft médiocre; la draperie eft ce qu'il y a de mieux exécuté.

Venus nue, fans aucun attribut, très-belle ftatue antique.

Bacchus nu & affis; il a les cheveux longs, une grappe de raifin à la main, & un tigre à fes pieds.

Minerve, ftatue antique, d'un travail médiocre, mais très-curieufe par fa rareté, en ce qu'elle n'eft pas une ftatue de Minerve guerriere, mais de Minerve ouvriere; elle tient d'une main la navette, de l'autre l'éguille; fa coiffure est un casque ouvert, ou heaume qui a pour cimier un petit dragon, symbole de la vigilance & de la prudence. Sur les côtés sont gravées des têtes de bélier & des griffons; c'est ce que les anciens mythologistes ont appellé *Minerva Ergane*, la déesse inventrice des arts utiles. Les traits du visage sont ceux d'une beauté sérieuse; elle est vêtue d'un habit long fait de peaux, dont les extrémités rattachées devant l'estomac forment une espece d'égide.

Pâris assis, présentant la pomme à Vénus, qu'il paroît regarder avec la plus grande satisfaction (*a*); statue antique de la belle maniere grecque, bien conservée & heureusement restaurée.

Un soldat ou gladiateur, vêtu de la saye ou habillement gaulois. Il paroît avoir quelque rapport avec la statue de ce genre, dont j'ai parlé plus haut, mais d'une meilleure main; il a sur les épaules une draperie légere, tortillée avec grace autour du bras; la chaussure est dans le goût grec.

(a) *Luce deas, cœloque Paris spectavit aperto.*
 Cum dixit Veneri, vincis utramque, Venus.
Ovide.

Un sanglier antique, en marbre blanc, de la plus grande taille & d'un excellent travail.

Parmi ces statues antiques, sont quelques modernes des meilleurs maîtres.

Bacchus couronné de lierre & de pampres, tenant à la main droite une coupe qu'il approche de ses levres, & de la gauche des grappes de raisin, qu'un petit satyre qui s'enveloppe dans une peau de chevre, tâche de prendre; ouvrage excellent de Michel-Ange Buonarotti....

Un Bacchus plus jeune, par le Sansoyin, très-beau.

Une figure de femme seulement ébauchée par Michel-Ange, & déja de belle expression.

Un jeune Hercule, que l'on dit de Michel-Ange.

Une excellente copie du Laocoon du Belvedere, par le Bandinelli.

Un enfant, statue moderne en marbre noir, de trois pieds & demi de proportion. Il paroît que l'intention de l'artiste a été de représenter le sommeil: l'ouvrage en est très-beau.

Le côté de la galerie où étoient placés le sanglier antique & le Laocoon du Bandinelli, a été fort endommagé par un incendie en 1763 : on dit même qu'on n'a pu fauver quelques ftatues qui étoient à cette extrémité.

Suite des Empereurs & Impératrices.

21. Jules Céfar, bronze de grandeur ordinaire, d'un beau travail; il reffemble en tout aux médailles les plus authentiques, le vifage maigre & un peu allongé, les yeux vifs & pleins de feu, tous les traits qui annoncent l'activité, la pénétration & l'étendue du génie; il a le front chauve qui paroît tout à découvert, ce bufte ayant été jetté fans doute avant qu'il eût obtenu du fénat le privilége de porter toujours la couronne de laurier; privilége qui lui devint fi cher, parce qu'il cachoit cette prétendue difformité à laquelle il étoit fi fenfible; tant il eft vrai que les plus grands hommes tiennent toujours par quelques endroits aux foibleffes de l'humanité.

Ciceron, bufte en marbre, du beau temps de la fculpture à Rome; la tête, le col & le haut de la poitrine font antiques, le refte eft moderne. On y remarquera fur la joue gauche cette petite excroiffance groffe comme un pois, (*cicer*) que l'on dit que portoient tous

Buftes antiques.

ceux de la famille de Ciceron, & dont même ils avoient pris leur nom.

Auguste. Il est avec tous les traits que Suetone lui attribue, d'une belle figure qui se conserva toujours dans les changemens qu'y apportoit l'âge (*a*). Les cheveux sont légérement crépus, les sourcils épais & unis ensemble, les oreilles petites & bien faites, le nez élevé du haut, & rabattu par le bas.

Sapho, de petite proportion, dans le goût grec. L'air de tête est extrêmement gracieux, & la physionomie aimable.

Marcus Agrippa, le sourcil élevé, les yeux couverts & retirés, le visage sévere, sans dureté, très-ressemblant, à ce que Tacite nous apprend de ce grand homme.

Sophocle, poëte tragique grec; l'ouvrage en est bon, sans être bien caractérisé.

Tibere, les yeux grands, les traits majestueux, qui annoncent encore la fraîcheur de l'âge & sa force; ce qui fait croire que ce buste est des premiers temps de cet empereur, non pas des dernieres années, lorsqu'accablé de dé-

_____
(*a*) *Formâ fuit eximiâ, & per omnes ætatis gradus venustissimâ....*

bauches & d'inquiétudes, sa physionomie eut tout-à-fait changé; son visage n'étoit presque jamais sans pustules ou boutons; défaut que l'artiste a eu raison d'éviter.

Aristippe, philosophe grec, d'une proportion plus grande que le naturel. Le travail de sa barbe & l'arrangement de ses cheveux, annoncent cet homme délicat qui vivoit voluptueusement, & en donnoit des préceptes.

Caïus César Caligula, le sourcil froncé, le regard sévere, le front plein de rides comme un vieillard, avec les traits de la jeunesse; ce qui prouvoit, dit-on, l'atrocité de ses desseins & de ses pensées. La forme de sa tête est allongée & chauve dans la partie supérieure. Il avoit une pâleur habituelle, que le marbre semble indiquer (*a*). Ce buste est bien fini & traité avec beaucoup de vérité.

Agrippine, mere de Caligula, que le

(*a*) *Tanta illi palloris insaniam testantis fœditas erat....*
Tanta oculorum sub fronte anili latentium torvitas.... Seneca....

Fronte latâ & torvâ, capillo raro ac circa verticem nullo, hirsuta cætera.... Sueton...

G v

soupçonneux Tibere força à se laisser mourir de faim; femme vertueuse, représentée avec cette noblesse de sentimens qui fit son caractere.

Claude; ses traits annoncent cette ineptie, cette pesanteur, qui le caractériserent dans toutes ses actions (*a*); cet homme auquel la moindre application donnoit un tremblement de tête qu'il ne pouvoit arrêter; on verra même que sa bouche est traitée de façon à y faire reconnoître un autre défaut naturel de ce foible prince, dont parle Juvenal, sat. 6.

Longam manantia labra salivam.

Antonia, mere de Claude, femme d'un grand mérite; on la reconnoît à la modestie de ses regards, à la tranquillité de ses traits, à la décence de son habillement, que l'artiste a parfaitement bien rendus.

Néron, d'une excellente maniere; ses traits ont plus de beauté que d'agrément; l'air riant sous lequel il est représenté semble être affecté, & cacher de la cruauté; il a le visage plein & les

---

(*a*) *Non faciendo nocens, sed patiendo fuit....*
Auson.

cheveux frisés par étage, mode qu'il avoit prise des Grecs, au rapport de Suetone (a), & qu'il porta à l'excès.

Poppée, femme ou maîtresse de Néron; ses traits sont délicats & pleins d'agrémens; le regard franc, vif & hardi qu'on lui a donné, annonce qu'elle faisoit trophée de sa fortune & de son état.

Seneque; ce buste est traité de la plus grande maniere, & représente bien le philosophe accrédité à la cour de l'empereur, ayant une grande réputation de sagesse & de prudence. Cet ouvrage est sans doute des premiers temps de Néron; il ne ressemble pas à d'autres statues du même Seneque, où l'on voit un vieillard accablé de craintes & de douleur, exténué d'une abstinence forcée, & ayant à peine assez de force pour se faire ouvrir les veines.

Galba; il y a des traits de force qui prouvent que l'ouvrage est d'un bon artiste; mais on n'y retrouve pas, comme dans les précédens, ces traits fins & marqués qui caractérisent l'homme.

(a) *Vultu magis pulchro quam honesto.... comam semper in gradus formatam, peregrinatione Achaicâ, etiam penes verticem sumpserit....* Sueton....

Galba régna peu, & ses bustes sont rares.

Othon; buste plus rare encore & plus précieux que les médailles d'or & d'argent de cet empereur; on y retrouve le visage plein & efféminé de ce prince, qui n'eut pas le courage de porter le sceptre plus de trois mois, & qui céda à sa premiere disgrace, mais qui se faisoit raser tous les jours, qui même dans les camps vivoit avec luxe : pour remplacer les cheveux qui lui manquoient, il portoit une petite perruque ronde & frisée aussi courte devant que derriere. Suetone & Juvenal (a), sat. 2, parlent beaucoup du luxe ridicule & de la mollesse de cet empereur.

(a) *Munditiarum pene muliebrium, vultu, corpore, galericulo capiti, propter raritatem capillorum adaptato, & annexo* .... Sueton....

Nimirum summi ducis est, occidere Galbam,
Et curare cutem summi constantia civis,
Bebriaci in campo, spolium affectare palati,
Et pressum in faciem, digitis extendere panem .... Juvenalis....

Ce qu'il y a de mieux dans son histoire, comme le dit Ausone, c'est que son empire fut de courte durée.

Fine tamen laudandus erit, quod morte decorâ
Hoc solum fecit nobile, quod periit ...

Carneade, philosophe & excellent orateur Grec: ce buste est beau & bien caractérisé.

Vitellius; il semble le voir avec cette taille prodigieuse & ce tein enflammé que Suetone lui attribue (*a*): il est extrêmement gras & gros, & a bien l'air d'un homme qui passoit son temps, & ruinoit les autres, à faire grande chere, & qui ne savoit parler & s'occuper d'autre chose. Comment un homme de cette trempe peut-il être compté au rang des empereurs Romains?

Xénocrate, philosophe Grec; l'exactitude & la sévérité de ses mœurs est parfaitement bien rendue dans tous les traits de son visage.

Vespasien; belle tête traitée avec les

(*a*) *Enormi proceritate & facie rubidâ....*
     Sueton....

Ces deux compétiteurs à l'empire étoient bien dignes l'un de l'autre. Le premier étoit une espece de damoiseau qui n'étoit occupé que de sa figure & de ses aises.... Le second un gourmand à l'excès, qui ne songeoit qu'à se remplir l'estomac, & qui n'étoit pas capable d'autre chose. Ce fut cependant pour placer l'un ou l'autre de ces hommes, indignes de l'être, sur le trône de l'Univers, qu'il y eut tant de sang répandu....

détails heureux qui caractérifent l'attention, l'activité & la grandeur d'ame de cet empereur; le front eft ridé, les yeux font couverts, mais point durs, le né aquilin, les joues larges; il a un certain éclat de majefté répandu fur tout le vifage.

Bérénice, reine d'une partie de la Judée, que Tite aima fi tendrement: elle eft coiffée d'un bandeau royal qui ceint le deffus de fa tête; l'arrangement de fes cheveux n'a rien de commun avec celui des dames Romaines; fes cheveux font frifés à plufieurs étages de boucles, dont les plus longues tombent fur les épaules, & accompagnent le vifage. Il y a un bufte femblable à celui-là dans la villa Borghefe à Rome. Cette coiffure eft la même que celle des dames de la cour de France du temps de la reine Marie-Therefe d'Autriche, de Mefdames de Montefpan, de la Valiere, &c. Les auteurs contemporains de Bérénice difent que cette frifure étoit poftiche, & que toutes les femmes de Judée s'en paroient.

Titus; la majefté, la beauté, la grace, cette bienfaifance qui caractérifent ce prince, & qui en firent les délices du monde, sont habilement exprimées sur ce marbre (*a*).

Julie, fille de Titus, peu connue : ce buste est d'un beau travail.

Domitia, de belle exécution, & qui paroît bien faire portrait.

Domitien n'a pas dans son buste cette beauté & cette force qu'on lui donne dans les médailles ; ce qui peut venir de ce qu'il n'a pas été bien conservé, & ensuite restauré par une main qui a travaillé d'après sa propre idée, & non sur aucun buste original : il manque d'expression, le travail en est froid.

Nerva (*b*), vieillard d'un aspect majestueux, que son équité éleva sur le trône ; il est de proportion plus grande que le naturel, ce qui fait que son nez aquilin paroît d'une grandeur énorme.

Trajan ; son buste est de bonne maniere, la plupart de ses traits semblent

---

(*a*) *Forma egregia & cui non minus authoritatis inesset quam gratiæ*.... Suetone....

(*b*) *Nerva senex, princeps nomine, mente parens.*
Nulla viro soboles, imitatur adoptio prolem,
Quam legisse juvet, quam genuisse velis.
                        Auson.....

La pensée de ces vers est belle, le premier sur-tout caractérise un excellent prince.

répondre à ses grandes qualités si connues; cependant le travail n'est pas d'un artiste du premier rang.

Mathidia & Plotina, bustes rares: le travail du second est bien supérieur à celui du premier.

Adrien, beau de visage, les cheveux peignés avec art, ce qui est une distinction remarquable pour ce temps; la barbe large & épaisse, entretenue de ce volume pour couvrir quelque difformité naturelle que ce prince avoit sur le visage (*a*) : ces parties sur-tout sont d'un excellent travail.... Vis-à-vis est un autre buste d'Adrien représenté beaucoup plus jeune.

Antinoüs, dans le plus excellent goût grec, conservé entier & d'un travail admirable; ce buste est bien fait pour donner une grande idée des artistes de l'antiquité: il est un peu plus grand que nature, & tout-à-fait nu.

Un buste de femme voilée, que l'on croit être une vestale, ou Sabina femme d'Adrien, d'un beau travail & bien fini.

(*a*) *Staturâ fuit procerus, formâ comptus, flexo ad pectinem capillo.... Promissâ barbâ ut vulnera quæ in facie naturalia erant tegeret....*
Spartianus.....

Elius César, adopté par Adrien, & destiné à lui succéder, s'il lui eût survécu; il étoit beau, son aspect majestueux inspiroit le respect; mais il étoit de la plus foible santé : il semble que l'artiste ait rendu tous ces sentimens, tant le buste est beau.

Antonin le pieux, du plus beau travail, très-ressemblant aux médailles & statues antiques de cet excellent prince, qui sont fort communes.

Les deux Faustines, mere & fille, toutes deux de bonne main & bien conservées.

Marc-Aurele Antonin le philosophe : il y a de suite trois bustes de cet empereur à différens âges; il n'est pas étonnant que ses portraits soient si fort multipliés. Capitolin a écrit, que quiconque n'avoit pas chez lui son portrait, étoit réputé sacrilége, & que ses statues avoient été conservées au nombre de celles des Dieux Pénates. Le premier paroît fait sur la fin du régne de ce prince; il est d'un grand caractere; la barbe & les cheveux peu soignés sont bien rendus... Le second a moins de barbe, & est beaucoup plus beau.... Le troisiéme paroît être du temps auquel Marc-Aurele fut adopté par Antonin.

Lucius Verus, associé à l'empire par son frere Marc-Aurele, a le visage boutonné, la barbe longue & abattue, telle que la portoient les barbares, & une gravité majestueuse dans toute la figure (a) : il ne régna que neuf ans avec son frere.

Commodus, fils de Marc-Aurele : cette tête est d'un excellent travail, & celle d'un jeune homme dont tous les traits sont beaux ; le visage est gracieux & d'un bel embonpoint ; les cheveux sont bien traités ; il semble avoir déja dans la physionomie quelques signes de cette sotte foiblesse qui le rendit si facile aux mauvais conseils, & si indigne du rang qu'il occupoit.

Crispina, femme de Commode, représentée à la fleur de son âge, sans doute dans les premiers temps de son mariage : il y a beaucoup d'expression & de finesse dans cet ouvrage.

Pertinax, vieillard vénérable, qui a la barbe longue, les cheveux hérissés & mal en ordre, de l'embonpoint & une taille majestueuse : le travail en est

---

(a) *Vultu gemmatus, barbá prope barbarice demissá procerus, & fronte in supercilia adductiore venerabilis*.... Capitolinus....

beau, & conforme à la vérité historique (*a*).

Didius Julianus; on fait qui il étoit; & son portrait rendu avec beaucoup de vérité, n'annonce qu'un vieillard encore livré à ses passions, qui n'acheta l'empire que pour le perdre aussi-tôt (*b*).

Didia Clara, Manilia Scantilla, l'une femme, l'autre fille de Didius Julianus. Leurs bustes n'ont rien de remarquable, ni par la beauté de l'ouvrage, ni par la ressemblance des figures, quoique, suivant les historiens, la premiere eût été la plus belle des filles de son temps, & l'autre une des plus laides; ce qui pourroit faire soupçonner la vérité de ces deux bustes, qui n'ont rien qui les caractérise d'une maniere conforme à l'histoire, ni qui ressemble aux médailles.

Albin, compétiteur de Severe à l'empire, & qui en conserva le titre pendant quelques années dans les Gaules, a la barbe épaisse, crépue & courte, &

(*a*) *Senex venerabilis, immissâ barbâ, reflexo capillo, habitudine corporis pinguiore, staturâ imperatoriâ....* Jul. Capitol....

(*b*) *Dii bene, quod spoliis Didius non gaudet opimis,*
Et cito perjuro, premia adempta seni.....
Auson.....

tous les traits qui caractérisent un guerrier : ce buste est d'albâtre, traité d'une grande maniere, & d'une entiere conservation.

Septimius Severus; belle tête pleine d'esprit & de mouvement : il y a quelque chose d'austere & de dur dans la physionomie qui caractérise cet empereur; la barbe est épaisse & négligée.

Deux bustes de Julia Severa, femme de Septime; l'un où elle est représentée avec la beauté, les graces & la majesté qui la rendirent si célèbre à Rome & en Syrie; l'autre où la vieillesse lui a enlevé ces avantages, & ne lui a laissé que quelque majesté dans la physionomie.

Antonin Caracalla; ce buste n'a plus cet air aimable, les graces de physionomie, qui rendirent ce prince si cher dans sa jeunesse au peuple & au sénat (*a*); il a l'air effrayé & féroce, le visage plein de rides : on voit seulement à la maniere dont la tête est tournée sur l'épaule gauche, que l'artiste à au

---

(*a*) *Vultu etiam truculentior factus est, prorsus ut eum quem puerum scirent, multi esse non crederent....*

Alexandrum magnum, ejusque gesta in ore semper habuit.... Spartianus....

moins imité l'attitude habituelle de ce prince, qui avoit la fantaisie de se croire un autre Alexandre, lequel avoit la tête placée de cette maniere.

Plautilla; sa tête est assez belle, quoique médiocrement traitée.... Une autre Plautilla plus vieille.

Deux bustes de Géta, frere de Caracalla, qui régna quelque temps avec lui. Dans le premier il commence à avoir un peu de barbe; & sans doute il fut fait peu avant qu'il fût mis à mort par les ordres du cruel Caracalla. Le second est celui d'un enfant. L'un & l'autre sont traités habilement.

Deux têtes de Diadumene encore enfant; elles paroissent faites d'idée, & sont plus précieuses à cause de leur rareté, que de la beauté du travail.

Marc-Aurele-Antonin-Eliogabale, prince d'une belle figure, mais de mœurs si dissolues & si cruelles, qu'il est regardé comme le plus méchant des souverains qui ayent jamais deshonoré le trône. Son buste est habilement traité, & d'autant plus précieux, qu'après que son corps eut été jetté dans le tybre par ordre du sénat, on détruisit également toutes ses statues, & très-peu échapperent à la sévérité de cet ordre.

Celui-ci est antique, & fort ressemblant aux médailles.

Aquilia, vestale qu'Eliogabale épousa, disant qu'il convenoit que la femme d'un prêtre du Soleil fût une vestale: l'ouvrage est imparfait; on voit que l'idée de l'artiste a été de la représenter avec l'air & les attributs de son premier état.

Alexandre Sévere; son buste annonce la majesté de sa taille, la dignité de son maintien, & l'affabilité qui lui étoit naturelle: l'ouvrage en est médiocre.

Julia Mammea, mere d'Alexandre Sévere; son buste, dont l'ouvrage est altéré, semble être de la même main que le précédent; on reconnoît dans ses traits cette soif de régner, & cet orgueil qui la rendirent si odieuse.

Julia Messa, qui par ses artifices parvint à porter Eliogabale sur le trône; elle a joui de la dignité d'auguste. L'ouvrage qui représente une vieille femme, est médiocre.

Gordien l'Africain le vieux; des qualités extérieures que lui donnent les historiens, on ne reconnoît dans son buste que l'épaisseur de sa taille; on n'y retrouve ni cet air triomphant, ni ce regard & ce front respectable dont ils

GRAND DUCHÉ DE TOSCANE. 167
parlent, & qui n'est point d'accord avec les médailles de son temps.

Maximin Pupien, buste d'un assez beau travail; il a les yeux vifs & le regard fier, indices de ce grand courage que Capitolin lui attribue.

Antiochus Evergete, roi de Syrie; sa tête est ornée du bandeau royal: le travail en est lourd.

Philippe l'ancien ou le pere; buste rare, quoique le travail en soit médiocre; il est estimable pour son temps, où l'art commençoit à beaucoup dégénérer.

Un buste médiocre de quelque roi ou prince asiatique; il porte sur son front les marques de la royauté.

Décius, buste dans lequel on remarque quelques traits qui annoncent la bravoure & l'affabilité qui le rendirent cher aux soldats, & agréable au peuple.

Un buste antique dans le meilleur goût romain, & de grand caractere; il représente un vieillard chauve & sans barbe, qui a la physionomie la plus noble & la plus honnête.

Un buste d'un travail médiocre, que l'on dit représenter Quintus Herennius.

Une très-belle tête traitée avec feu & légereté; son air respire le courage &

la fierté; une barbe épaisse & frisée couvre plus de la moitié du visage; les cheveux sont traités de même: on dit qu'il représente Annibal, mais sans certitude.

Volusien; le travail n'en est pas à mépriser pour le temps; il représente ce prince sous un aspect aimable, avec l'air de vivacité de son âge; à peine la barbe commence-t-elle à paroître.

Deux bustes de Gallien; le premier assez bien traité: on reconnoît dans ses traits un homme né pour la bonne chere, qui passoit les jours à boire, & les nuits dans d'autres débauches (*a*) : on voit

---

(*a*) *Natus abdomini & voluptatibus, dies ac noctes vino & stupris perdidit....* Trebellius....

Quelque connoissance de l'histoire & l'étude des statues antiques, comparées avec les tableaux modernes de portraits, même avec les originaux vivans, pourroient donner des connoissances assez étendues dans l'art de la physionomie. Sans intention directe, & par le seul rapport des traits du visage & de l'habitude du corps avec quelques antiques, j'ai trouvé des caracteres modernes très-ressemblans avec ce que les meilleurs historiens nous ont transmis, sur les principaux personnages de leur temps; malheureusement les rapports en mal sont plus sensibles & plus communs que ceux en bien, qui sont aussi les plus rares dans l'anti-

dans

dans tout l'air du visage cet abattement & cette nonchalance, qui sont la suite ordinaire de la débauche.... Le second, plus grand que nature, est traité d'une maniere plus ferme & plus fiere ; on voit que c'est le même portrait, mais il semble annoncer des dispositions toutes différentes de celles que les historiens attribuent à ce prince.

Constantin le Grand ; ouvrage médiocre, mais bien dans le goût du temps, & fort semblable aux médailles de ce prince : on remarque dans ses traits une sorte de délicatesse que Julien lui a reprochée, comme une marque de mollesse & de vanité qui ne convenoit point à un prince. On verra encore que le cavalier Bernin, dans la belle statue de Constantin qui est sous le vestibule de l'église de saint Pierre de Rome, a bien saisi la ressemblance de cet empereur.

---

quité ; & il est rare de trouver de ces têtes vivantes, dans lesquelles on puisse remarquer les traits caractéristiques du buste de Platon qui est à la villa Borghese à Rome, tels que j'ai cru les remarquer sur la physionomie du marquis Tanucci, ministre d'état à Naples, & sans avoir aucun dessein de le flatter....

On voit à la suite d'autres bustes inconnus, dont quelques-uns sont d'un beau travail.

Dans le corridor qui est au midi, & qui joint les deux galeries parallèles, sont placés plusieurs bustes, dont je n'ai encore rien dit, pour ne pas interrompre la suite des empereurs telle qu'elle se trouve dans la galerie. On y verra les bustes d'Adrien & de Sabina de grandeur héroïque: ils sont l'un & l'autre d'un travail médiocre.

Une tête d'homme qui n'est qu'ébauchée par Michel-Ange, mais déja pleine de vie & de la plus grande maniere; on croit que c'est un Brutus: on lit au bas ce distique du cardinal Bembo....

M. *Dum Bruti effigiem sculptor de marmore ducit,* A.
B. *In mentem sceleris, venit & abstinuit.* F.

Il n'est pas à croire que pareille idée ait empêché ce grand homme de finir un ouvrage qu'il avoit si bien conçu, & qu'il rendoit avec tant de vérité ; il me paroît au contraire que l'horreur que doit inspirer le crime du meurtrier de César, bien conçue, est très-capable de conduire le ciseau d'un habile artiste, & de faire sortir du marbre cette expression frappante qui l'anime, & qui rend l'art rival de la nature.

Une tête de femme, par le Bernin ; elle est d'un travail excellent, & de ce fini admirable que l'on connoît dans ce maître. On dit à Florence qu'elle représente Constanza Bonarelli, maîtresse de ce grand artiste ; mais on lit dans sa vie qu'elle est le portrait de la femme d'un de ses éleves favoris, dont il retouchoit les ouvrages, & dont plusieurs passent même pour être de lui.

Annius Verus, fils de Marc-Aurele, enfant âgé d'environ sept ans, temps auquel il mourut : un décret du sénat ordonna qu'on porteroit sa statue à ses funérailles ; ce qui n'a été fait pour aucun autre enfant de cet âge : ce buste est l'un des plus précieux de cette collection ; le travail en est admirable.

Pan, buste de marbre blanc dans le goût grec, bien conservé, d'une expression merveilleuse, & conforme en tout à la description que les poëtes ont faite de cette divinité champêtre ; deux petites cornes rougeâtres lui sortent du front, les oreilles sont droites & pointues, les yeux riants & malins, le nez un peu recourbé, les épaules couvertes d'une peau de daim rattachée sur sa poitrine (a).

Alexandre le Grand, buste colossal trois fois aussi grand que le naturel, d'un beau marbre jaunâtre; on peut le regarder comme une merveille de l'art, & le chef-d'œuvre de quelque sculpteur Grec, dont le style étoit grand & sublime: le héros est représenté mourant, le haut du nez est enflé, la bouche entr'ouverte, les yeux sont légerement tournés, & tous les traits sont dans un si grand repos, qu'il n'y a aucune marque de douleur, tout y annonce plutôt une défaillance générale: ainsi ce buste doit être la représentation du héros, ou lorsqu'on le tira des eaux froides du Cidne, ou bien à l'instant qu'il expira; mais non pas lorsqu'il fut blessé à l'assaut de la ville des Oxidraques, comme quelques-uns l'ont prétendu; il souffroit alors d'une blessure violente & dangereuse, mais il ne se mouroit point: on en peut juger par la force qu'il montra en se faisant faire l'extraction de la flé-

―――――――――――――――

(a) *At parva erumpunt, rubicunda cornua fronte,*
Stant aures, summoque cadit barba hispida mento..., - Silius Ital. l. 3.

che qui l'avoit percé, sans vouloir qu'on le soutînt : dans toute cette action son caractere d'héroïsme ne se démentit point.

Dans ce même corridor sont deux colonnes ou pilastres de marbre blanc, carrées, hautes chacune de dix pieds romain (le pied romain est de dix pouces dix lignes); elles sont sculptées des quatre côtés en demi-relief, & chargées de trophées d'armes antiques offensives & défensives, entrelacées d'instrumens de musique militaire, d'enseignes & d'étendards; on y voit les autels portatifs, & tout ce qui servoit au culte des Dieux & aux sacrifices dans la marche des armées & dans les camps. Cet ouvrage, qui est romain, quoique l'on y trouve une partie de ce qui servoit aux Grecs, est aussi curieux qu'instructif, pour quiconque voudra se mettre au fait de l'armure des anciens.

Cabinets de curiosités tenans à la galerie.

Plusieurs chambres ou grands cabinets tiennent à cette galerie, dans lesquelles on trouve une multitude de tableaux de prix, de bronzes rares, de statues, de meubles riches d'un travail exquis, & des matieres les plus précieuses.

Premiere chambre des peintres.

22. La premiere, dans l'ordre où elles sont placées, est celle des peintres, garnie des portraits de tous les peintres célébres, tant d'Italie que de France, de Flandres & d'Allemagne, peints par eux-mêmes. On doit regarder cette collection unique comme une espece d'académie, où le mérite seul donne lieu d'être admis, & où l'on vit encore après sa mort. Le cardinal Léopold de Medicis commença la collection, & invita tous les célébres peintres vivans à y envoyer leurs portraits, ce qu'ils tinrent à grand honneur, & depuis ils ont continué ; car on y voit les portraits des écoles Romaine & Florentine, depuis Raphaël jusqu'à Sebastien Concha ; ceux de l'école Lombarde commencent au Titien, & finissent à la Rosalba Carriera : ainsi des autres écoles ; car tous les peintres en réputation se sont fait un honneur d'envoyer leurs portraits peints par eux-mêmes, pour être placés à côté des hommes illustres dont ils ont suivi les traces, & partager avec eux la gloire dont ils jouiront tant que les beaux arts seront en honneur.

Comme ces tableaux sont au nombre de près de deux cents cinquante, placés les uns à côté des autres, ils font peu

GRAND DUCHÉ DE TOSCANE. 175

d'effet; il est même difficile de les considérer séparément, l'attention est toujours partagée par les tableaux voisins, ce qui cause une sorte d'inquiétude qui brouille les idées, & empêche de sentir le mérite de la peinture.

Dans cette même chambre est la statue du cardinal Léopold de Médicis en marbre blanc; il est assis, & a divers papiers devant lui. Sur la base du piédestal on lit une inscription à la louange de ce cardinal, qui apprend que Cosme III, grand duc, a fait ériger ce monument à la gloire de son oncle & des beaux arts (a).

(a) Leopoldo. ab. Etruriâ. cardinali.
Numismatum. tabularum. signorum. Gemmarum.
Omnium. denique. deliciarum.
Eruditæ. antiquitatis.
Vindici. arbitroque.
Inter. hæc. ipsius. monumenta.
Vere. Regia.
Vivos. ac. spirantes. quasi. vultus.
Pictorum. toto. orbe. celebriorum.
Propriâ. manu. æternitati. consecratos.
Patruo. de. se. de. civibus.
Deque. posteris. optime. merito.
Cosmus. III. M. Etrur. d. memor. gratusque.
Suum. quoq. uti. par. erat. locum. dedit.

On voit dans un cartel la devise de ce prince, qui étoit une colonne, avec ces mots....semper rectus, semper idem.

H iv

Seconde chambre des porcelaines.

23. Dans la seconde chambre, dite *des porcelaines*, on en conserve de toute grandeur & de toute forme. Les principales sont anciennes de la Chine & du vieux Japon, tant vases que figures. Il y en a de belles formes, sur-tout de ces porcelaines vertes que les curieux estiment beaucoup. Au milieu est une grande table de marqueterie d'un beau travail. C'est à cette chambre que répond la galerie qui traverse l'Arno, & va jusqu'au palais Pitti.

Troisiéme chambre des idoles.

24. La troisiéme chambre, appellée *des idoles*, à cause de la multitude de bronzes antiques qui s'y conservent, peut être regardée comme un des plus beaux & des plus riches cabinets de curiosités qui existent... A côté de la porte est une colonne d'albâtre oriental transparent, haute de six pieds, travaillée en spirale avec beaucoup de délicatesse. La base & le chapiteau sont de marbre d'Afrique. Au-dessus est une Diane antique de marbre d'environ deux pieds de haut, dans l'attitude de tirer quelque bête à la chasse.

Autour de ce cabinet régnent deux corniches, sur lesquelles sont rangés plus de trois cents bronzes de différentes tailles; parmi lesquels on voit plusieurs têtes de grandeur naturelle; entr'autres

Tibere, Antinoüs, Faustine; ensuite quatre bustes ou têtes trouvées dans la mer près de Livourne en 1720. Des plongeurs essayant de retirer quelques ballots d'une chaloupe qui avoit fait naufrage, l'un d'eux ramena avec ses crochets une tête ou buste de bronze entierement conservé; ses compagnons en trouverent trois autres dans le même endroit. On voit de suite ces quatre têtes qui sont de bonne maniere grecque, parmi lesquelles on croit reconnoître un Homere qui est très-beau.

Saturne armé d'une faulx.... Cybele assise sur un massif, ayant sur la tête une couronne de creneaux... Plusieurs Jupiter de formes & d'attitudes différentes, les uns nus, les autres habillés, avec le sceptre, la foudre, la lance, la patere, ou d'autres attributs... La Junon Sospita... Vesta, ou la déesse du feu, dont elle porte l'emblême dans sa main... Une vestale tenant le vase (*acerra*) à conserver l'encens... *Minerva salutare*, & *Minerva ergane*, même petite idole ou statue; elle a le serpent tortillé autour du bras droit, & tient de la main gauche la navette du tixier. On ne doit pas donner la préférence à une de ces opinions sur l'autre. La plupart de ces

H v

petites statues ont été certainement des idoles domestiques; & on sait que pour ne les pas multiplier, on représentoit la même divinité avec tous les attributs sous lesquels on pouvoit avoir recours à elle; ainsi l'ancien possesseur de cette idole avoit dans cette même figure la déesse de la santé & celle de l'industrie. Une muse tenant une flûte d'une main, de l'autre un livre avec les notes ou caracteres de la musique... Plusieurs Venus différemment caractérisées, parmi lesquelles la Venus pudique ou céleste, vêtue jusqu'à la ceinture; la triomphante, la pomme à la main; la marine, sur une conque... Bacchus & trois figures de Bacchantes, dans lesquelles une Ménade furieuse, d'une grande expression (a)... Plusieurs petits Hercules; à la suite quelques soldats ou gladiateurs, au nombre desquels une figure, que l'on dit étrusque, fort singuliere. Elle est armée d'une espece de massue, & porte des cornes au front, ou au moins des cheveux rangés de façon qu'ils ressemblent à des cornes, ce qui me porteroit

---

(a) .... *Cornu pariter, vinoque feruntur Attonitæ, crinemque rotant ululante Priapo, Mænades*..... Juv. sat. 6.

GRAND DUCHÉ DE TOSCANE. 179

à penser que ce pourroit être la figure d'un soldat ou gladiateur Gaulois... Une figure de femme, d'un pied de haut, de bonne maniere & bien conservée, blessée sous la mammelle gauche ; elle leve les bras au ciel, & paroît beaucoup souffrir de sa plaie : ce peut être une amazone... La victoire & la réputation, la premiere habillée, la seconde nue... Un groupe composé de trois figures ; deux victoires qui soutiennent & qui regardent avec admiration un soldat mort... Un autre groupe composé de deux soldats armés de toutes piéces, qui en portent un troisiéme qui est mourant. On peut lui donner le nom de charité militaire... Un Hercule soulevant Antée : il est aidé de Pallas ; ainsi sa force est personifiée, & paroît différente de lui-même... Le Laocoon avec ses deux fils, aux prises avec les serpens ; petit groupe bien travaillé dans la maniere grecque.... La chimere & un sphinx, figures composées & connues ; la premiere grecque ou étrusque, la seconde égyptienne.... Un petit squelette en bronze. On ne doute point de son antiquité, & il prouve que l'on étudioit l'anatomie... Une femme, les cheveux épars, l'habillement mal en ordre, les

H vj

traits du visage beaux, mais respirant la férocité, le corps découvert jusqu'à la ceinture; elle a perdu la main gauche. Ne seroit-ce pas une de ces Lamies, monstres d'Afrique que l'on trouvoit en Lydie, qui nourrissoient leurs enfans ou petits, & les dévoroient ensuite? Ce morceau est rare & curieux... Un petit Telesfore, fils d'Esculape & d'Hygée, regardé comme le dieu des convalescens, vêtu d'un manteau qui ne descend que jusqu'à mi-jambe, & coiffé d'un capuchon qui tient au manteau... Plusieurs idoles égyptiennes, représentant Sérapis, Isis, Osiris, Anubis, Canope; parmi lesquelles une Isis symbolique, couronnée d'un disque ou rond, aux côtés duquel pointent les extrémités du croissant de la lune. Elle tient le petit Orus sur ses genoux, & est assise sur une poule de Numidie, qui l'embrasse & la couvre en partie. Ce petit groupe est porté sur un autel environné d'un grand oiseau de riviere. Toutes ces figures hyérogliphiques sont symboliques de la fécondité de l'Egypte.... Le Canope est d'une forme singuliere; il a la tête humaine avec la barbe de bouc, le corps très-long, & fait en vase à conserver de l'eau; les bras & les jambes

GRAND DUCHÉ DE TOSCANE.

fi courtes, que les pieds & les mains tiennent immédiatement au corps. Telle étoit la divinité favorite des prêtres Egyptiens, celle qui avoit vaincu toutes les autres, même le feu qu'adoroient les Chaldéens. Les anciens historiens, entr'autres Rufin & Eusebe, dans la préparation évangélique, racontent que les prêtres Egyptiens & Chaldéens ayant eu querelle sur la puissance de leurs divinités; les Chaldéens prétendant que le feu étoit supérieur, & qu'il consumoit tout; les Egyptiens assurant au contraire que Canope arrêteroit l'activité du feu, & le détruiroit enfin. Pour soutenir leurs prétentions, ils fabriquerent une idole telle que je l'ai décrite, le corps rempli d'un volume d'eau considérable, percée par le bas de petits trous bouchés avec un mastic qui devoit céder à la premiere action du feu. Ils étoient seuls dans le secret de la supercherie; le feu s'éteignit, Canope resta vainqueur, sa réputation fut faite & solidement établie..... Un petit Harpocrate, haut d'environ six pouces; il a le lotus sur la tête, avec les ailes & le carquois sur les épaules; il tient de la main gauche une corne d'abondance, autour de laquelle se tortille un serpent qui cache sa tête dans les fruits qui en sortent. Il est nu, & n'a qu'une peau de chévre sur les épaules, la petite draperie qui pend de son bras à terre ne touchant point le corps. L'ouvrage en est assez bon, & il est bien conservé... Cléopatre prête à mourir avec l'aspic tortillé autour du bras gauche, bronze antique d'un beau caractere (*a*)... Amphitrite, belle femme jusqu'à la ceinture, poisson à deux queues dans le reste du corps... Une aigle romaine, qui a servi d'enseigne à la vingt-quatriéme légion... Une main ouverte de bronze, enseigne de compagnie appellée *Manipulus*... Une couronne murale, antique de bronze bien conservé... Plusieurs pateres ou coupes antiques, dont quelques-unes sont étrusques, celle sur-tout sur laquelle est gravé l'enlevement de Proserpine... Deux trépieds antiques entierement conservés. Le plus petit n'a aucun symbole qui le caractérise, il se replie & a été

(*a*) *Ausa & jacentem visere regiam*
Vultu sereno, fortis, & asperas
Tractare serpentes : ut atrum
Corpore combiberet venenum ;
Deliberata, morte ferocior.
     Horat. L. 1. od. 37.
Le bronze rend très-bien cette grande idée.

portatif. Le second, plus grand, ne se replie point, les pieds sont formés par trois corps de serpens, terminés par des bustes de femmes voilées, qui tiennent à la main une fleur étoilée. Il paroît avoir servi aux mysteres d'Apollon.... Parmi les lampes antiques de bronze & de terre cuite, il y en a quelques-unes sur lesquelles on voit de plein relief des figures symboliques, telles que celles qui portent le soleil & la lune avec leurs attributs, & un triton qui sonne d'une trompe marine.... Deux de figures entieres, l'une de Priape, l'autre de Silene... Dans le nombre de celles qui ont servi aux premiers chrétiens, l'on en voit deux en bronze d'une forme singuliere ; l'une sur laquelle est un Moïse qui frappe le rocher, avec une autre figure qui puise de l'eau ; l'autre en forme de barque, sur laquelle saint Pierre & saint Paul prient à genoux. Au mât est attaché un petit cartel avec cette inscription... *Dominus legem dat Valerio Severo ; Eutropi vivas.*

Cette chambre a deux rangs de tableaux, placés l'un entre les deux corniches, l'autre au-dessus. Il y en a de très-beaux, parmi lesquels une esquisse originale du Titien, très-bien coloriée, qui a pour sujet une bataille; c'est le dessein d'un grand tableau qui a péri à Venise dans un incendie.... Deux de Jacques Bassan, le mauvais riche à table, & le déluge universel, tous deux d'un beau ton de couleur... La Vierge, l'Enfant Jesus, saint Joseph & saint François, par le Barocci; tableau excellent pour le dessein & la couleur; les chairs sont extrêmement fraîches, les airs de tête gracieux, & toutes les attitudes vraies & naturelles... Une esquisse que l'on dit être de Paul Veronese, qui représente une sainte qui prie à genoux; la couleur en est belle.... La famille de Paul Veronese, peinte par lui-même, figures de grandeur naturelle, vues jusqu'aux genoux. Ce tableau a beaucoup souffert, cependant on y reconnoît la touche savante & gracieuse de ce maître... Un sujet tiré du Tasse, qui paroît représenter Armide & Tancrede. Le jeune homme est assis à terre & souffrant, la femme est debout & armée d'un dard. Le dessein en est parfait, la couleur en est gracieuse & claire; tout dans ce tableau est net & précis, sans dureté, les draperies sont heureusement jettées. Ce beau morceau est du Guide, de la meilleure maniere.... Judas qui se présente pour donner le baiser à Jesus-Christ. Les figures n'y font qu'en buste, très-bien dessinées & d'un caractere bien exprimé, par le Titien... Une sainte famille, par André del Sarto, dessinée de grande maniere, & d'un pinceau moëlleux, quoiqu'elle ne soit pas du plus beau de ce maître... Plusieurs miniatures de dom Jules Clovio, copiées d'après quelques tableaux célébres à Florence... Deux tables de mosaïque, l'une en relief, l'autre dans le goût actuel, avec des desseins de fleurs & de fruits ; le travail est est parfait.

25. On a rassemblé dans la quatriéme chambre, dite *des arts*, plusieurs tableaux des anciens peintres, auxquels on a joint quelques-uns de ceux que l'école de Florence regarde comme ses premiers maîtres, parmi lesquels un tableau de Jacques Coppi, vivant en 1481, dans lequel cet ancien maître a représenté l'invention de la poudre par Belthold Schwartz ; tableau précieux par son ancienneté, & dont les détails sont rendus avec fidélité... Deux tableaux de *Gio da Fiesole*, l'un représentant le mariage de Joseph & de Marie, l'autre la mort de la Vierge. Les habits & les ornemens sont enrichis d'or. Le dessein

Quatriéme chambre des arts.

en est sec, les figures roides & sans mouvement ; les visages ont quelque chose de gracieux, & le coloris en est assez beau... Une adoration des Mages, par *Sandro Boticelli*. On commence à y remarquer un goût de dessein plus exact, & qui approche de la premiere maniere de Raphaël.... La Vierge à genoux, l'Enfant couché à terre, avec un doigt dans la bouche, & un Ange à côté, par *le Ghirlandaïo*... Deux tableaux représentant chacun un prophete de grandeur naturelle, par *Fra Bartholomeo del Porta*, dessinés de grande maniere, de belle expression, & d'un pinceau moëlleux. Dans ces deux ouvrages, le second maître de Raphaël est aussi grand que Raphaël lui-même... Une tête de fille, par *André del Sarto*; portrait de la plus grande vérité, du plus beau de ce maître, & très-bien conservé... Un *Ecce Homo*, par *Albert Durer*, de la meilleure maniere de ce maître, qui est bien inférieur, dans toutes les parties de la peinture, aux peintres de Florence.... Le portrait de Julien de Medicis, duc de Nemours, par *le Vasari*. Il a un bonnet sur la tête, les deux mains l'une sur l'autre, une lettre dans la droite. Cet ouvrage, digne du

Titien ou du Georgion, eſt peut-être le chef-d'œuvre du Vaſari. Une tête de Méduſe, d'un beau deſſein & d'une grande expreſſion, mais foible de couleur, par *Leonard de Vinci*. Les autres ornemens ou meubles de cette chambre, ſont des armoires ou bureaux de bois précieux, & d'un excellent travail, qui renferment quantité d'ouvrages curieux faits au tour, parmi leſquels on voit quelques figures finies ſur le tour. Une de ces armoires eſt remplie de chandeliers, crucifix, petites ſtatues & vaſes d'ambre, qui paroiſſent avoir été deſtinés à orner une chapelle. On y voit auſſi quelques taſſes de même matiere & de belle forme. L'un de ces bureaux, enrichi de colonnes d'albâtre oriental, eſt orné de petits bas-reliefs d'ivoire, ſéparés par des cadres ou moulures d'ébene, d'un travail admirable. C'eſt-là que l'on admirera pluſieurs petits groupes d'environ dix pouces de haut, travaillés en argent par Jean de Bologne; ils repréſentent les travaux d'Hercule, & quelques autres ſujets. La ſcience & le travail excellent de cet artiſte ſont auſſi frappans dans ces petites figures que dans ſes grands ouvrages. On y trouve la même exactitude de deffein & la même nobleffe d'idées. On y verra un grand crucifix d'ivoire, placé fur un pied de marbre noir, revêtu d'ornemens de bronze doré, par quelque excellent artifte.

Un Sicilien nommé *Zummo*, très-induftrieux, vivant fur la fin du dix-feptiéme fiécle, a repréfenté en cire un fépulcre plein de différens cadavres, dans toutes les fituations où ils peuvent être depuis l'inftant de la mort jufqu'à leur diffolution totale : cet objet affreux & dégoutant eft rendu avec tant de vérité, qu'il femble voir fourmiller les vers dans quelques-uns. L'autre caiffe renferme un monument où font raffemblés plufieurs peftiférés morts ou mourans, & rendus avec autant d'énergie : ces différentes figures ont environ un pied de proportion. Il y a dans ce cabinet deux belles tables de marqueterie, l'une entierement formée des pierres précieufes que l'on trouve en Bohême, l'autre fur laquelle eft tracé le plan de la ville & du port de Livourne.

Cinquiéme chambre.
Tableaux Flamands.

26. La cinquiéme chambre renferme une collection précieufe de tableaux Flamands, au nombre de cent cinquante. La maniere de cette école eft plus connue que celle d'aucune autre, à l'excep-

tion de Rubens & de Vandick, que l'on peut mettre au rang de ces hommes rares, que le génie, la science & la maniere admirable ont placé au premier rang parmi les grands peintres; tous les autres sont plus recommandables par le fini précieux de leurs ouvrages & l'éclat du coloris, que par la correction du dessein, la beauté de l'ordonnance, & la sublimité de l'expression, qui sont les parties essentielles & constitutives des grands peintres; cependant on trouve dans cette collection quelques grands morceaux, où les peintres Flamands se sont élevés au-dessus de leur maniere connue.

Le sacrifice d'Abraham, par *Livio Meus*. Les figures sont de grandeur naturelle; le dessein en est fier; il y a du feu dans la composition; les idées des différentes têtes sont belles; le ton de couleur en est vigoureux; enfin ce tableau est fort dans le grand goût de l'école Romaine : mais on ne sait par quel accident les teintes se perdent les unes dans les autres, de façon qu'on ne voit plus les couleurs que comme à travers un brouillard qui trouble tout....

Hercule, entre le vice & la vertu, représentés par Minerve & l'Amour, sujet allégorique admirablement composé par *Rubens* ; l'expression en est d'une noblesse singuliere & d'une vérité parlante ; le héros n'est pas encore décidé, mais on voit qu'il suivra les conseils de Minerve ; les têtes sont belles & bien caractérisées ; l'effet de lumiere y est bien entendu ; le coloris est excellent, & il régne entre toutes les parties de ce tableau une harmonie admirable..... Plusieurs excellens portraits de *Vandick*, parmi lesquels un gros homme vêtu de noir, deux femmes, & Charles V à cheval.... Un tableau de *Peternef* (*a*), représentant une église vue de nuit ; l'intelligence de la lumiere y est à un haut degré ; le fond, quoique dans l'obscurité, est traité avec une vérité qui étonne.... Deux tableaux de *Wanderveff* (*b*) ; l'un représente Esther devant Assuerus ; l'autre le jugement de Salomon : on connoît le fini de ce maî-

---

(*a*) *Peternef* naquit à Anvers à la fin du seiziéme siécle. La précision & les détails de ses ouvrages sont admirables. Il peignoit mal les figures....

(*b*) *Wanderveff*, né à Rotterdam, mort en 1727, âgé de soixante-huit ans, un des meilleurs peintres de l'école Flamande. Il finissoit trop ses ouvrages.

GRAND DUCHÉ DE TOSCANE. 191

tre, dont les carnations ont le poli luisant de l'ivoire, mais qui traitoit les étoffes dans le goût le plus riche & avec beaucoup de vérité.... Quatre petits tableaux du fameux graveur *Callot*, qui sont des histoires de diseurs de bonne avanture, & d'autres héros de gueuserie: ils sont composés avec esprit & feu, mais il n'y a ni couleur ni effet de lumiere. Il y a plusieurs autres tableaux des *Breughels* (a), de *Mieris*, de *Gerard Dow*, &c. qu'il seroit trop long de détailler.

Au milieu de cette chambre est une armoire ou bureau à pans, haut de neuf à dix pieds, d'ébene & de bois rouge, brillant & dur. Les massifs, les pilastres, les colonnes, les moulures & les corniches sont alternativement de l'un & de l'autre, & sont travaillés avec beaucoup d'art. Dans les panneaux sont encadrés différens morceaux de lapis lazuli, de verd antique, de jaspe & d'autres pierres précieuses, au nombre de plus de soixante & dix, sur lesquels Breughels de Velours & ses éleves ont

---

(a) Il y a eu plusieurs peintres de ce nom; le meilleur est Jean, dit *Breughels de Velours*, mort en 1647.

peint avec autant de patience que d'industrie les traits les plus remarquables de l'ancien & du nouveau testament. Le dessus est couronné par une horloge à figures mouvantes, & une orgue. Le dedans est occupé par une machine qui tourne sur un pivot, & qui présente quatre perspectives ou tableaux différens. L'un est un travail de mosaïque en pierres fines, qui représente des oiseaux, des fleurs & d'autres ornemens. L'autre est une descente de croix exécutée en cire sur les desseins de Michel-Ange. Le troisiéme a pour sujet Jésus-Christ & les Apôtres; les figures sont d'ambre, hautes d'environ dix pouces; le corps & les draperies sont jaunes; le visage, les pieds & les mains sont blancs. Le quatriéme est un crucifix d'ambre, avec la Vierge & saint Jean. Ces différens sujets sont posés de façon qu'ils sont en quelque sorte multipliés par des miroirs qui se réfléchissent les uns les autres, & qui font un effet de perspective très-agréable.

On voit dans cette même chambre deux tables d'albâtre oriental, sur l'une desquelles est un vase antique de même matiere, d'un très-beau travail; il a la forme allongée d'une petite barque; sur

l'autre

GRAND DUCHÉ DE TOSCANE

l'autre est une tête en cire, qui semble nouvellement séparée du corps, ouverte par le dessus pour faire l'anatomie du cerveau : imitation qui ressemble parfaitement à la nature.

27. On trouve dans la chambre suivante plusieurs instrumens de mathématiques, d'astronomie & de physique ; deux globes, l'un terrestre & l'autre céleste, qui ont six pieds de diametre ; un très-gros aimant armé, qui soutient un poids de quarante livres ; un fort grand miroir ardent ; un morceau d'aloës oriental, qui a près de douze pieds de longueur. *Sixiéme chambre des mathématiques.*

28. Septiéme chambre, dite *la tribune*, est la piéce la plus riche de la galerie, la plus curieuse à tous égards, & celle qui mérite le plus d'attention ; c'est-là où est la fameuse statue de Vénus, connue sous le nom de *Venus Medicis* ; elle est d'un marbre fin & blanc, qui par la suite des temps est devenu jaunâtre, cependant d'une belle couleur, & si net qu'il semble transparent. Pour bien juger de la beauté de cette statue & s'en former une idée juste, je conseille de lire la description que fait Lucien de la Vénus de Cnide, dans le dialogue intitulé *les Amours*. Elle com- *Tribune. Venus Medicis. Autres statues.*

Tome III. I

mence à ces mots.... » Nous entrâmes
» dans le temple où brilloit au milieu
» la ſtatue de la déeſſe, qui ouvroit à
» demi les lèvres comme une perſonne
» qui ſourit; elle étoit toute nue depuis
» les pieds juſqu'à la tête.... p. 192
de la trad. d'Ablancourt, vol. 2, édit.
in-12.

   Elle eſt placée ſur un piédeſtal moderne d'environ trois pieds de haut, dans le fond de la tribune vis-à-vis la porte. Elle a un peu plus de cinq pieds de hauteur, qui eſt la belle proportion de la taille des femmes; elle ſeroit même un peu plus grande, ſi elle n'étoit dans une attitude de mouvement qui lui fait plier en avant le genou droit, & avancer tout le corps qui eſt légèrement courbé. Elle eſt poſée ſur une conque marine, & à côté d'elle eſt un dauphin, la tête en bas, la queue en haut; devant ſont deux petits amours. Ainſi on ne peut douter que ce ne ſoit la Vénus *Pontia* ou maritime des Grès. Que l'on conſulte la deſcription que donne Anacréon dans l'ode cinquante-une, de Vénus ſur les ondes; on y verra le même accompagnement & les deux petits enfans annoncés ſous le nom d'amour & de cupidon, portés ſur un dauphin...

Elle est entierement antique; les piéces restaurées ou rajustées, sont celles de la statue même, qui fut brisée dans le transport de Rome à Florence sous le pontificat d'Innocent XI, car on prétend qu'elle avoit été trouvée dans son entier. La Vénus de Cnide étoit l'ouvrage de Praxitele; on lit sur la base de celle-ci, qu'elle a été faite par Cléomene fils d'Apollodore Athénien : on doute de l'authenticité de cette inscription, qui semble en effet avoir été mise fort tard. Pline l'ancien, qui parle de tous les artistes célébres, ne dit rien, ni de Cléomene, ni de sa statue; on peut donc conjecturer que cette statue a été faite plus tard, c'est-à-dire du temps d'Adrien, plus de trente ans après la mort de Pline. Alors il y avoit à Rome nombre d'artistes Grecs excellens, que le goût de cet empereur pour les beaux arts, & la protection qu'il leur accordoit, y avoit attirés. Les statues & bustes d'Antinoüs, qui sont de ce temps, vont de pair avec tout ce que l'antiquité a produit de plus beau. A quoi on peut ajouter que cette statue a été trouvée à Tivoli ou dans les environs, d'où l'on tire encore plusieurs statues admirables d'artistes Grecs. On

I ij

en peut juger par les deux centaures du cardinal Furietti, qui ont été tirés des ruines de la villa Adriani sous le pontificat de Benoît XIV, qui sont entierement conservés & du plus beau travail; cependant l'ouvrage est si beau, d'une si grande délicatesse, il a l'air tellement original, que plus on l'examine, plus on est porté à croire que ce chef-d'œuvre a échappé aux recherches de Pline, & que c'est véritablement un antique grec des plus beaux temps de la sculpture.

A la droite de la Vénus Medicis, sur un piédestal un peu moins élevé, est la Vénus victorieuse, ainsi appellée de la pomme qu'elle tient à la main; elle est beaucoup plus grande que nature, ce qui fait paroître la Vénus Medicis plus petite. Par derriere, il lui pend des épaules une draperie négligemment jettée, qui descend jusqu'aux talons; le devant de la statue est absolument nu : on croit que c'est la Vénus de Phidias que l'on conservoit au belveder à Rome, & que le zèle de la religion fit jetter dans le tybre. On ne sait pas en quel temps se fit cette dévote expédition; mais *Ercole Ferrata*, bon sculpteur vivant en 1677, avoit un plâtre qu'il regardoit comme modelé d'après la Vénus de Phidias que l'on croyoit perdue. Il vint à Florence, vit la statue dont je parle mal restaurée, & couverte en partie d'une draperie mal-adroitement posée. Malgré tant de difformité, il crut reconnoître l'original antique du modele dont il étoit possesseur; il le fit venir de Rome, le compara, & porta ses conjectures au degré de l'évidence même: il restaura la statue dans l'état où elle devoit être, & où elle est à présent.

A gauche est une autre statue de femme, aussi d'une grande beauté, appellée la Vénus céleste ou pudique. De la main gauche elle soutient une belle draperie qui la couvre plus haut que la ceinture; le reste du corps est nu. La main droite est élevée au-dessus du front, & paroît toucher une touffe de cheveux annelés, rangés d'un goût différent du reste de la coiffure. Elle a la tête ceinte d'un réseau ou diadême qui a été autrefois colorié en rouge & or, & dans lequel il reste quelques cavités qui prouvent qu'il a été enrichi de pierres précieuses. Dans le bras droit elle porte le bracelet ou ceste. Tous les antiquaires s'accordent à dire que c'est une Vénus; cependant l'air de modestie

I iij

répandu sur toute la statue, le diadème qu'elle a sur la tête, le ceste qu'elle porte au bras, ce toupet qui pourroit bien être une flamme, symbole de l'air, permettent de conjecturer que ce peut être une statue de Junon, déesse de l'air.

Le faune qui danse, est une des plus belles statues antiques qui ayent été conservées; il est entierement nu, de la plus belle expression de mouvement & la plus animée; il tient des cymbales dans les deux mains, & les frappe l'une contre l'autre. La tête & les bras ont été restaurés par Michel-Ange, de façon à ne pas faire regreter l'antique. Lorsque cette statue fut rétablie, l'opinion commune l'attribuoit à Praxitele, plutôt sur la perfection de l'ouvrage, que sur aucune preuve certaine. Le marbre qu'on y a employé est de la plus belle couleur; il y a seulement quelques taches au visage, occasionnées par les plâtres que l'on y a appliqués en différens temps pour faire des moules : ce que l'on ne permet plus à présent.

L'aiguiseur *Arrotino*, statue célèbre qui tient de la main gauche un couteau à un tranchant, qui est posé sur une pierre, & appuyé par deux doigts de la main droite ; il est entierement nu, dans une attitude gênée, ni à genoux, ni assis, on pourroit dire accroupi ; le corps un peu penché en avant, parce qu'il a son point d'appui sur la main gauche. On prétend lui trouver un air occupé de toute autre chose que du soin d'aiguiser son couteau ; effectivement il a la tête tournée, & ne regarde ni la pierre, ni le couteau ; son air d'attention ne marque point de finesse, & tous les traits indiquent un esprit épais ; la tête cependant est traitée de la meilleure maniere ; la chevelure est courte, négligée & rude, mais faite avec la vérité de la nature même. Les uns ont prétendu que cette statue avoit été érigée par ordre du sénat à un aiguiseur de profession, qui, occupé à son métier, avoit entendu le plan de la conjuration de Catilina qu'il avoit découverte ; mais Saluste dit au contraire que ce fut Curion, confident de Catilina, qui en découvrit toute la trame à Fulvia, dame Romaine.... D'autres prétendent que c'est la statue de Milicus, esclave ou affranchi de Scevin, qui découvrit la conjuration que son maître avoit formée contre Néron.... Enfin on dit que c'est l'augure Attius Nævius, prêt à fendre un caillou avec un rasoir ou un couteau devant Tarquin l'ancien. Ce qu'il y a de certain, c'est que la statue tient un couteau ordinaire, & non un poignard ou un rasoir; que la pierre même sur laquelle il est posé, est un caillou brut fort inégal, & qui ne ressemble en rien à une pierre à aiguiser; ce qui sembleroit donner quelque vraisemblance à la derniere opinion, s'il étoit honnête de représenter un augure nu, qui n'a qu'une légere draperie qui couvre à peine une partie des épaules; mais les artistes Grecs représentoient même les empereurs nus. J'ai déja eu occasion de parler de plusieurs statues de ce genre tout-à-fait nues.

Les lutteurs, groupe excellent de grandeur ordinaire, traité avec feu: l'un semble vaincu; son adversaire lui tient une main & un genou appuyés sur le flanc & sur les épaules, & de l'autre main il lui éloigne du corps un bras qu'il met hors de combat; ce bras même paroît être disloqué : cependant celui qui succombe a le visage tourné du côté de son antagoniste, & a une jambe levée comme pour faire un nouvel effort pour se tirer de la gêne où il est, & culbuter son adversaire : il y a une force d'expression & une vérité admirable dans l'attitude de ces deux combattans. Ce beau groupe fut trouvé en terre, hors de la porte S. Jean de Rome, à la fin du treiziéme siécle.

Autour de la tribune regne une corniche saillante à une hauteur proportionnée à l'ordre, sur laquelle sont placées plusieurs petites statues antiques du meilleur choix, & de la plus belle exécution.

Deux enfans couchés de semblable taille, c'est-à-dire d'environ deux pieds de proportion; l'un étendu sur une draperie, dont l'extrémité rattachée comme un sac lui sert de chevet; il tient à la main droite un paquet de pavots; près de sa tête est un insecte qui peut être un grillon. L'autre couché sur la terre a la tête appuyée sur un lionceau endormi; il tient de la main gauche quelques pavots; les ailes qu'il a aux épaules sont pliées, de même que celles qu'il porte à la tête, & qui sont plus petites; à ses pieds est un lézard endormi: il paroît que l'un représente le sommeil, l'autre Morphée.

Britannicus, statue haute d'environ trente pouces, d'une excellente maniere, vêtu de la robe que portoient les jeunes

Romains avant que de prendre la toge virile; elle est d'un marbre presqu'aussi noir que le Basalte, tirant sur la couleur du fer.... Deux enfans placés vis-à-vis l'un de l'autre, tenant tous deux dans la main gauche un oiseau de riviere.... Hercule enfant, qui sort de son berceau pour tuer deux serpens.... Bacchus, grimpant contre un rocher pour attraper quelques grappes de raisin qui pendent d'une vigne; il les tient de la main gauche, & fait effort pour les arracher; il a l'air satisfait & joyeux; de la droite il tient une coupe.... Un Silene assis qui se soutient sur son bras gauche, à peine il ouvre ses yeux appesantis; il rassemble toutes ses forces pour porter à ses levres une tasse pleine de vin, qu'il ne peut pas rencontrer; c'est la représentation la plus vraie d'une profonde ivresse : la chaussure est le véritable *soccus* d'usage dans l'ancienne comédie.

Outre ces statues, il y a plusieurs bustes antiques de petite proportion, parmi lesquels on remarquera ceux de Néron dans sa premiere jeunesse, de Marc-Aurele, de Livie, de Cléopatre, de Vitellius, de Trajan; mais ce qu'il y a d'admirable pour le travail & pour la matiere, ce font quelques têtes de plein relief formées de pierres précieufes, entr'autres, un jeune Tibere d'une turquoife orientale, de trois pouces de hauteur.... Titus & Sabina en agathe-fardoine... Domitia en criftal de roche... Adrien, d'une calcedoine orientale blanche.... Un bufte de femme bien proportionné, haut de fix pouces, d'un feul morceau d'agathe... Melicerta fur un dauphin, d'une calcedoine... Plufieurs autres têtes de différentes groffeurs, faites de grenat de cornioles, de criftal de roche, & d'un très-beau travail.... Les bronzes entremêlés parmi ces différentes ftatues, font antiques & d'un beau choix; quelques-uns même font précieux par la rareté... Plufieurs buftes de Bacchus, Silene, Faunes & Satyres, du plus beau travail grec... Jupiter, Efculape, Vénus dans l'attitude de la Medicis, & avec les mêmes attributs, Cybele... Deux groupes d'Hercule, la défaite d'Anthée & celle du lion Néméen... Une Diane Polimmama, figure finguliere que l'on peut regarder comme un petit panthéon portatif, par la multitude d'attributs différens qui font raffemblés autour d'elle, & qui prouvent que c'eft une ancienne idole à

I vj

l'usage de quelque maison particuliere: l'idolâtrie avoit ses dévots & ses superstitions... Un lion qui déchire un cheval, bronze antique d'une délicatesse de travail admirable, & d'une vérité d'expression qui le fait distinguer de tout autre... Un coq antique, dans l'attitude de se battre, figure très-rare, & qui prouve que les Romains & les Grecs ont eu le goût qui se conserve encore en Angleterre... Une petite statue presque tout-à-fait nue, tenant sous le bras gauche un instrument qui ressemble à un violon, & de la droite un archet ou petit bâton; elle est dans l'attitude de marcher: C'est probablement un Orphée qui va chercher Euridice aux enfers... Un autre groupe précieux, composé de deux figures; l'une coiffée d'un oiseau de riviere, dont la peau lui recouvre les épaules. Elle a le genou gauche appuyé sur l'épaule de la seconde figure qui est à demi couchée, & tient une urne remplie d'une liqueur qu'elle veut lui faire avaler. Ces deux figures sont d'un travail gracieux & fini. Celle qui est couchée a des ailes, & ressemble à un génie que l'on croit être celui de Naxos, auquel Bacchus veut faire boire du vin, symbole de l'attachement qu'il avoit pour les peuples de cette isle où son culte étoit en honneur.

29. Les tableaux qui enrichissent cette tribune, que l'on peut regarder comme le dépôt le plus riche & le plus précieux qui soit en Italie, ne sont pas moins estimables que les belles choses dont j'ai parlé. *Tableaux de la tribune.*

Deux tableaux de Raphaël, qui représentent l'un & l'autre la Vierge, l'Enfant Jesus, & le petit saint Jean; ils sont excellemment dessinés. On voit dans les airs de tête toute la finesse, l'expression, les grâces & la vérité que l'on peut souhaiter dans un pareil sujet; mais le coloris en est foible & bien inférieur à celui de la Madona della Sédia, qui est au palais Pitti... Saint Jean assis dans le désert, nu, la main étendue. On lui voit le visage en face; le coloris en est beaucoup plus fort; il est de la troisiéme maniere de Raphaël, & ressemble aux tableaux du même maître, qui sont au palais royal à Paris, & au palais du légat à Bologne. Il semble que celui-ci soit peint plus fortement que les deux autres: il est excellent...

Une Madone du Corrége, à genoux, admirant, les bras un peu étendus, l'Enfant Jesus qui est couché devant elle. La draperie qui couvre le corps de la Vierge est singulierement jettée; une partie lui sert de coiffure, & descend de-là jusqu'à terre: c'est sur le bout de cette draperie que l'Enfant est couché, de sorte que la Vierge ne peut faire le moindre mouvement sans renverser l'Enfant. Ce tableau est d'une fraîcheur admirable; on y voit une beauté d'expression, une tendresse de sentimens qui passe jusqu'aux spectateurs. Il n'existe rien du Corrége aussi bien conservé... Une nymphe vue par le dos, à laquelle un satyre présente une corbeille de fleurs; elle est accompagnée de deux enfans. Les figures sont de grandeur naturelle, vues jusqu'aux genoux. Ce tableau est d'Annibal Carrache, peut-être le meilleur qu'il ait fait... Un autre petit tableau de la Vierge, par le même... Le portrait d'André del Sarto, peint par lui-même, d'une excellente couleur... Une tête de vieillard, par Paul Veronese, du plus beau coloris, d'une force d'expression & d'une correction de dessein rares dans ce maître... Une Vénus de grandeur naturelle, ayant à côté d'elle un amour, très-beau tableau du Titien. On l'appelle sa femme... Au-dessous, sous une toile médiocre qui s'enleve;

est la célébre Vénus du Titien, que l'on appelle sa maîtresse. La figure principale, éclairée par-tout, est étendue sur un matelas blanc, & de la plus grande beauté. Elle représente une jeune personne nue, qui tient des fleurs de la main droite, & qui laisse aller négligemment la gauche sur ce que la pudeur couvre toujours. L'air de tête, les pieds, les mains, la carnation sont d'une pureté de dessein & d'une beauté de pinceau inexprimables. Au pied de la Vénus est couché un chien épagneul ; dans le fond est une petite figure qui paroît chercher des habits dans un coffre. Ce tableau est un chef-d'œuvre du Titien, & de la plus belle conservation… Un autre tableau couvert, qui représente une Vierge qui reçoit par-dessus l'épaule l'Enfant Jesus de saint Joseph. Dans le fond sont plusieurs figures nues, qui sans doute devroient être des Anges, mais qui ne sont pas achevées. Ce tableau est de Michel-Ange ; il y a des beautés dans les draperies & une grande force de dessein, mais qui n'ôte rien à l'agrément… Un petit tableau du Parmesan, qui représente la Vierge les mains jointes, & l'Enfant Jesus à côté d'elle ; excellent, de la plus belle couleur & d'un beau caractere... Une Vierge de la maniere gracieuse du Guide, très-bien dessinée... Une Cléopatre dans la maniere forte du même... Un singe qui peigne un enfant, beau tableau du Tintoret... L'ivresse de Silene, petit tableau de Rubens, de la plus grande beauté de couleur, & bien dessiné... Une tête d'homme, par le Giorgion... L'adoration des bergers, figures d'environ un pied de hauteur, par Vanderverf, d'un beau dessein, d'un coloris excellent, trop fini comme tous les ouvrages de ce maître, cependant l'un de ses meilleurs pour la beauté de l'expression & du dessein...

J'aurois pu allonger ce détail, en citant une quantité d'autres tableaux excellens qui sont dans cette tribune ; mais j'en dis assez pour apprendre que l'on y a rassemblé des tableaux des peintres les plus célébres des différentes écoles, du meilleur choix, & tous admirablement conservés....

La forme de ce salon est en octogone régulier ; au-dessus est un attique dans lequel sont ouvertes sept grandes fenêtres ; les ornemens sont riches & de bon goût. La coupole a huit pans, & revêtue de piéces de nacre de perles

GRAND DUCHÉ DE TOSCANE. 209

rangées par compartimens. Le pavé, qui est de marbre de rapport, répond à la distribution de la coupole. On y voit au milieu une table de marqueterie, aussi à huit pans, ornée d'une guirlande de fleurs, & au milieu les armes de la Toscane & de la Rovere, accollées, parce qu'elle fut faite sous le regne du grand duc Ferdinand II. On voit encore dans ce salon un cabinet d'un travail admirable, où l'on a employé les matieres les plus riches ; les entablemens, les massifs, & tout ce qui est plein, est formé de différens jaspes mêlés avec les bois étrangers les plus précieux. Les colonnes sont de lapis lazuli ; les chapiteaux, les corniches, les moulures sont en or ou en pierres précieuses, & on y voit plusieurs petits bas-reliefs en or, faits sur les desseins de Jean de Bologne. Au-dessus est une perle d'une belle eau, d'une grosseur prodigieuse.

Dans deux armoires cachées, sont des tasses, des soucoupes, & d'autres vases de différentes formes & grandeurs, d'agathe orientale, de jaspe, de cristal de roche, de lapis lazuli, & d'autres pierres précieuses, tous de belle forme, montés en or avec des ornemens très-ingénieusement imaginés & exécutés du meilleur goût. La beauté & le prix de ces bijoux étonnent.

Huitiéme chambre de l'hermaphrodite.

30. La huitiéme chambre porte le nom de *l'Hermaphrodite*, de la figure principale qui y est. Elle est de grandeur naturelle, couchée sur un matélas recouvert d'une peau de lion, qui est antique de même que la draperie, que l'hermaphrodite a tortillée autour du bras gauche. Cette statue a bien réellement le visage & la gorge d'une femme ; le sexe masculin y est marqué d'une maniere forte ; l'autre sexe paroît à peine... On sait que les Grecs, qui donnoient à tous les êtres une origine céleste, firent de cette espece informe la production de Mercure & de Vénus (*a*).

(*a*) Ainsi appellée de Ἑρμῆς Mercure, & Ἀφροδίτη, Vénus. Ce nom fut imaginé par les Romains....

Cujus erat facies in quâ materque paterque
Cognosci posset, nomenque traxit ab illis.
Ovid. l. 4. metam.

Ausone, ép. 98, en donne une idée assez plaisante :

Mercurio genitore satus, genitrice Cytherâ,
Nominis ut mixti, sic corporis hermaphrodiius,
Concretus sexu, sed non perfectus utroque,
Ambiguæ Veneris, neutro potiundus amori.

Les Grecs, & Platon même, donnerent à

GRAND DUCHÉ DE TOSCANE.

Outre quantité de petites idoles antiques, placées sur une corniche autour de cette chambre, on y voit plusieurs statues d'environ trois pieds de haut, de marbres choisis, dont les unes sont antiques, les autres modernes. Parmi les antiques, on remarquera avec plaisir un groupe de Drusilla, qui veut arrêter Caligula son frere, qui lui tourne les épaules avec mépris. Ces statues sont d'un beau caractere & très-bien travaillées... Un satyre antique, ouvrage grec extrêmement gracieux ; à côté de

---

cette espece le nom d'androgyne, des mots grecs ανδρος homme, & γυνη femme... On peut voir à ce sujet la fable de Salmacis dans Ovide. Quant à l'idée que l'on en avoit, voici ce que Pline en dit (l. 7. c. 4.) *Quos hermaphroditos vocamus, olim androgynos vocatos, & in prodigiis habitos ; nunc verò in deliciis...* Les Romains, qui avoient porté leurs voluptueuses débauches à l'excès, chercherent dans les monstres même un rafinement de plaisir. On vit un de leurs empereurs épouser publiquement un androgyne ; ce qui fut cause que dans la suite on donna ce nom aux plus infames débauchés... Les ligueurs, avant qu'ils eussent formé le dessein de porter leurs mains parricides sur Henri III, chercherent à le rendre odieux à ses sujets, en donnant une prétendue histoire de sa cour & de ses mœurs, sous le titre de relation de l'isle des hermaphrodites...

lui est attachée à un tronc d'arbre une flûte à six trous seulement. Je remarque cette diversité, pour faire voir que l'usage constant n'étoit pas d'attribuer à ces divinités champêtres la flûte à sept trous; mais qu'il y en avoit depuis trois trous jusqu'à neuf.

Un Therme ou Hermès antique, statue rare & curieuse, sur laquelle on peut prendre une idée de ces statues ou idoles qui étoient si fort multipliées dans les rues & carrefours des villes de la Grece. Cette figure, coiffée à peu près comme Mercure, a la barbe d'un satyre, tient un chevreau sous le bras gauche, & de la main droite une aiguiere ou vase à mettre de l'eau. La draperie qu'il porte sur les épaules est rustique.

Priape, marbre antique très-rare; il est figuré par le bas en lion; le dessus est un Priape monstrueux, ou *Pénis* de près de deux pieds de hauteur; il est à côté de la porte, & recouvert d'une tête de lion de carton battu & peint qui le cache... Le culte de cette divinité obscène est très-ancien. On voit dans saint Jérôme, c. iv. sur Osée, qu'Asa, roi de Juda, détruisit le bois sacré & la caverne consacrée à ce dieu, & éloigna

GRAND DUCHÉ DE TOSCANE. 213
sa mere Maacha, qui s'en étoit établie la prêtresse. Ce n'étoit autre chose que le symbole de la végétation & de la fécondité, puisqu'on en avoit aussi fait le dieu des jardins ; mais la figure sous laquelle on le représentoit, en avoit porté le culte beaucoup plus loin (*a*). On voit

---

(*a*) Le culte de cette divinité obscène est très-ancien. D'excellens auteurs en attribuent l'origine sur-tout à la dévotion des femmes. Elles l'adoroient sous le nom de Béelphegor, sur les montagnes, dans les bois & dans les cavernes. Asa, roi de Juda, eut besoin de toute son autorité pour retirer sa mere Maacha du culte de ce dieu, dont elle s'étoit établie prêtresse...

Beelphegor idoli nomen est, quod apud Madianitas præcipuè à mulieribus colebatur..... Origen. hom. 20, in numer.

Istiusmodi idolatria erat in Israël, colentibus maximè fœminis Beelphegor ob membri obsceni magnitudinem ; undè Asa rex tulit excelsa de populo, & hujusmodi sacerdotes & Maacham matrem suam amovit, ne esset princeps in sacris Priapi... Hyeron. in cap. iv. Oseæ....

La même chose est en termes exprès au chap. 15 du liv. 3 des Rois....

Virgile, toujours chaste & modeste, ne fait de Priape que le dieu gardien des jardins.

. . . . . *Priape*. . .
. . . . *custos es pauperis horti,*
Nunc te marmoreum pro tempore fecimus : at tu
Si fœtura gregem suppleverit aureus esto...
Virg. Eglog. vii.

encore dans cette collection le premier ouvrage du ciseau de Michel-Ange, qui est une tête de satyre qu'il fit à l'âge de quinze ans, & qu'il présenta à l'académie qu'avoit établie Laurent le magnifique, à laquelle il fut aggrégé dèslors, avec une distinction marquée de la part du protecteur, qui l'admit à sa table, & lui assigna une pension.

Dans cette chambre sont deux armoires faites en forme de médailler, & pleines de planches couvertes de velours noir, avec des moulures d'argent, sur chacune desquelles sont rangés plusieurs portraits en miniature très-bien peints, & qui servoient à orner la cellule du cardinal Léopold de Medicis pendant ses conclaves... Il y a, je crois, soixante planches, sur chacune desquelles sont cinq, sept, & quelquefois neuf tableaux différens... Que l'on juge par cet échantillon de la magnificence & du goût de ce prince pour les beaux arts.

Suite de la galerie.

31. La suite des médailles qui est conservée dans une autre chambre, est l'une des plus considérables que l'on connoisse. On dit que l'on y en compte douze mille, au nombre desquelles quantité de médailles grecques en grand bronze, toutes très-rares... Le nombre

des camées & pierres gravées est d'environ trois mille, parmi lesquelles on en voit plusieurs d'un travail excellent. Le Marc-Aurele & la Faustine sur une agathe orientale... Marciana, sœur de Trajan, dont les médailles sont si rares, est gravée sur une belle sardoine. On y trouve une suite presque complette des empereurs, de leurs femmes, & de toutes les personnes de leurs familles qui ont porté le titre d'augustes... Plusieurs figures égyptiennes & grecques, gravées sur des pierres précieuses... Jupiter avec le Soleil & la Lune... Pâris assis, jouant de la lyre; tous deux sur des cornioles... La piéce où sont ces médailles, est décorée de plusieurs tableaux des meilleurs maîtres.

On voit dans une autre salle une grande quantité de vases étrusques, de toutes sortes de formes... Par ce détail on peut juger de la richesse de cette collection, à laquelle rien ne peut être comparé dans ce genre, & qui pour un amateur est l'objet le plus digne de curiosité qui existe en Europe.

Ces richesses furent rassemblées dans un temps où les Medicis ayant fait une fortune considérable dans le commerce du Levant, avoient un état & un crédit qui alloit de pair avec celui des souverains de leur siécle. Ce sont eux qui les premiers ouvrirent les yeux sur les beautés des statues antiques ; car ils réunirent presque tout ce qui étoit connu de leur temps, au moins ce que l'on jugeoit le plus parfait. On sait même que fatigués en quelque sorte de la quantité de choses qu'ils possédoient en ce genre, ils négligerent de l'augmenter encore plus. Laurent le magnifique, que l'on peut regarder comme le Mécene qui a le plus contribué au rétablissement des arts & des lettres dans sa patrie, après avoir rassemblé en assez grand nombre les statues, les bas-reliefs antiques, & les tableaux des meilleurs maîtres alors connus, avoit établi une école de peinture & de sculpture dans ses jardins, où étoient une partie des statues qui se voient dans la galerie. C'est-là que s'est formée l'école de Florence sur l'étude de l'antique. Il entretenoit les jeunes étudians, afin qu'ils n'eussent à penser à autre chose qu'à se perfectionner ; il admettoit même à sa table ceux qui se distinguoient le plus. Lorsque Pierre de Medicis son fils fut chassé de Florence en 1494, ce trésor fut vendu à l'encan & dispersé ; mais en

GRAND DUCHÉ DE TOSCANE.

1512 les Medicis ayant repris le dessus, & étant rentrés dans leur patrie avec un crédit & une autorité qui les conduisit au pouvoir souverain, ils rassemblerent la plus grande partie des statues que les acquéreurs leur rendirent volontairement. Ils eurent plus de peine à retrouver les manuscrits que Jean Lascaris avoit rassemblés en Grece & en Orient aux frais de Laurent le magnifique, qui l'y avoit envoyé avec des lettres de recommandation pour Bajazet II, qui seconda parfaitement les vues de Laurent, & procura à Lascaris toutes les facilités pour faire une récolte abondante. Il n'en reste que ce qui forme une partie de la bibliothéque Medicis à saint Laurent, plusieurs ayant été perdus. Un grand nombre ayant passé en France avec Catherine de Medicis, furent mis dans la bibliothéque que François I commençoit à former. Les richesses des Medicis ayant augmenté avec leur puissance, & ayant conservé le même goût pour les beaux arts, ils porterent leur collection au point où elle est à présent, & ils n'épargnerent rien pour la rendre la plus considérable & la plus précieuse de l'Univers. Ils pousserent ce goût au point de dépouiller des monumens publics. Un cardinal de cette maison fit enlever les têtes des statues qui sont à l'arc de Constantin à Rome, pour les transporter à Florence, & ces statues sont restées mutilées jusqu'au pontificat de Benoît XIV, qui les a fait restaurer. Ils ont eu soin d'y rassembler les meilleurs tableaux des plus excellens peintres, les chef-d'œuvres dans tous les genres d'industrie, & on suit encore actuellement leur intention, en augmentant tous les jours la collection de quelque chose de nouveau, soit en peinture, soit en sculpture, mosaïques, ou autres effets de ce genre.

Plusieurs particuliers ont à Florence des collections précieuses en marbres antiques, bronzes, tableaux & desseins. J'ai oui beaucoup vanter celle du marquis Nicolini, que l'on dit être, après celle du grand duc, une des plus belles & des mieux choisies; mais il ne m'a pas été possible de la voir, le possesseur étoit à la campagne, & ne vint point à Florence pendant le temps que j'y passai. En général, il n'y a presque aucune maison de quelque importance, où l'on ne trouve des statues & des tableaux qui méritent l'attention des curieux. Ces sortes d'effets sont une richesse réelle dans ce pays, comme dans toutes les autres villes principales d'Italie. Les possesseurs les conservent avec soin, à moins qu'un très-grand dérangement dans les affaires domestiques n'oblige à les vendre, ou qu'ils ne passent dans d'autres familles par successions ou mariages, ce qui n'arrive jamais que lorsque les mâles viennent à manquer dans les maisons.

Gouvernement politique de Florence & de la Toscane.

32. Quand la ville de Florence, pour mettre fin aux divisions qui l'agitoient depuis si long-temps, se détermina à reconnoître les Medicis pour ses souverains, elle se conserva quelques priviléges qui la fissent au moins souvenir de son ancienne liberté. Le sénat composé des chefs des principales familles Florentines, fut maintenu en apparence dans presque tous ses droits; mais il n'eut plus la liberté de s'assembler aussi souvent qu'il lui plairoit, & de traiter des affaires du gouvernement. Ce droit fut réservé aux grands ducs, qui à la vérité ne firent rien sans le consulter, mais dont la volonté fut toujours la loi dominante. Peu de souverains furent

Gouvernement. Tribunaux de Justice. Police.

plus attentifs au bien du pays soumis à leur domination, que les Medicis. Riches par eux-mêmes, ils n'accablerent pas d'impôts leurs nouveaux sujets; ils n'en tirent que ce qui étoit nécessaire à la sûreté du pays, & à l'entretien de la dignité dont ils étoient revêtus, & qui étoit reconnue héréditaire dans leur famille.

Après l'extinction de cette maison, lorsque François duc de Lorraine eut acquis le grand duché, par la cession que lui en firent les héritiers de la maison Medicis, il laissa le gouvernement sur le même pied; il y établit seulement un ministre plénipotentiaire, avec le titre & l'autorité de gouverneur dépositaire de sa puissance, mais qu'il ne pourroit exercer arbitrairement.

Ce ministre est à la tête de tous les conseils auxquels il préside, dont le premier est le conseil suprême d'état de régence & de guerre, formé par le gouverneur, trois secrétaires d'état pour les affaires intérieures de la Toscane, la guerre & les affaires étrangeres qui y ont rapport, & deux secrétaires de ce conseil. Pour les affaires purement ecclésiastiques, il y a un théologien de la régence que l'on consulte, ou que l'on appelle suivant l'exigence des cas, mais qui n'a point droit d'entrer. Ce conseil s'assemble une fois par semaine dans le palais du souverain. Les affaires ordinaires, même celles de finances qui ont rapport aux intérêts de l'empereur comme grand duc de Toscane, se traitent chez le gouverneur, où sont obligés de se rendre tous ceux qui doivent y répondre. Les autres gouverneurs particuliers, ou commissaires résidans à Livourne, Pise, Sienne, & autres places de Toscane, sont subordonnés au gouverneur général de l'état, & ont leur correspondance directe avec lui, ou avec le conseil souverain de régence (a).

Il y a un autre conseil, appellé le conseil des deux cents, qui forment un corps de magistrature municipale, où les seuls chefs des familles Florentines ont droit d'être admis. Il s'assemble six fois par an de deux mois en deux mois,

---

(a) Outre un nonce apostolique résidant à Florence, les différens états de l'Europe y ont des ministres chargés de leurs affaires. Le ministre de France en 1761 étoit le comte Lorenzi, Florentin, homme fort honnête & très-obligeant, qui depuis long-temps remplit cette place.

& nomme les officiers différens qui doivent remplir les tribunaux de la ville & de ses dépendances, qui ont pour objet la police des denrées, l'entretien des ouvrages publics & du pavé de la ville, les hôpitaux, la santé, & tous les objets de détail qui demandent les soins continuels de magistrats bien instruits de l'état des choses sur lesquelles ils doivent avoir l'œil. Ce conseil des deux cents représente l'ancien sénat, & a conservé quelques loix & quelques usages d'administration municipale, qui avoient cours lorsque la république subsistoit.

Cette ombre de pouvoir qui reste aux citoyens de tous les rangs, suffit pour les satisfaire, & leur faire trouver le gouvernement monarchique plus doux & plus égal que la puissance républicaine, qui ne s'est jamais soutenue dans une tranquillité parfaite, & qui presque tout le temps que la république de Florence a subsisté, n'a vu l'autorité entre les mains de ses citoyens que pour en abuser, former des factions, & chercher à se détruire les uns les autres.

Depuis que la puissance des Medicis a été solidement affermie, les choses ont totalement changé de face. Ils ont protégé le mérite, les sciences & les arts ; on a vu la ville de Florence s'aggrandir & s'embellir, la population y augmenter, & mille ressources ouvertes contre l'indigence & les malheurs attachés à l'humanité. Les factions étant anéanties, les charges de l'état, & les places, soit honorables, soit utiles, ont été partagées plus également entre les citoyens, qui tous y ont eu droit, & qui n'ont plus eu lieu de craindre qu'une faction opposée à la leur, & plus puissante, leur donnât l'exclusion.

Le soin qu'ont eu les grands ducs de décorer la ville de quantité de monumens publics, & de l'enrichir par cette collection immense de chef-d'œuvres de tous les genres qui sont conservés à la galerie, a beaucoup flatté les Florentins, qui se regardent comme dépositaires nés, & en quelque sorte propriétaires de ces trésors qui attirent beaucoup d'étrangers à Florence, & qui contribuent nécessairement à faire vivre le peuple dans une plus grande aisance. A ces motifs on doit ajouter que les grands ducs ont porté toute leur attention à embellir la capitale, & à l'enrichir aux dépens même des autres villes de l'état, de Pise sur-tout, & de Sienne, qui sont des conquêtes des Florentins, & qui font fubjuguées au point, qu'elles ne confervent plus rien de leur premiere fplendeur que l'étendue de leurs murailles, & la magnificence de leurs édifices publics. Livourne, qui eft une nouvelle ville très-peuplée & très-opulente, eft entierement fubordonnée à Florence, qui lui envoie tous les officiers qui font chargés de l'adminiftration, & qui partage avec elle une grande partie des émolumens du commerce fans en avoir aucun embarras.

Après la mort du dernier grand duc de la maifon Medicis, lorfque l'empereur eut pris poffeffion du grand duché, il donna beaucoup de places aux Lorrains, à l'exclufion des gens du pays, & les chofes alloient de façon à faire craindre un pouvoir defpotique & arbitraire. L'adminiftration municipale n'étoit plus qu'une ombre de pouvoir, fans aucun droit. Le peuple n'étoit pas content; ce qui le fâchoit fur-tout, c'étoit de voir toutes les places utiles, même les plus fubalternes, occupées par une multitude d'étrangers, qui ne fongeoient qu'à s'enrichir aux dépens du pays. Mais les chofes ont totalement changé, le gouvernement fage & exact du maréchal marquis de Botta a rendu la confiance aux peuples, & tous les avantages qu'ils pouvoient espérer. Sans autres intérêts que ceux de la justice qu'il doit, & du souverain qu'il représente, cet homme, vraiment respectable, s'est attiré l'estime, la confiance, & même l'attachement de toute la Toscane. Il n'a d'autres créatures attachées à sa personne que les différens officiers qui remplissent le mieux les devoirs de leurs charges, pour lesquels il choisit des gens d'un mérite reconnu, & les Toscans de préférence à tous les autres. Les chemins sont bien entretenus, il encourage l'agriculture & tous les arts utiles, il n'a en vue que le bien général du pays ; c'est la justice qu'on lui rend par-tout.

A Florence, on auroit souhaité qu'il eût été moins attaché aux prérogatives de son rang, qu'il eût rendu sa maison plus agréable & plus vivante ; mais ce seigneur élevé dans le sérieux de la cour de Vienne, habitué à une étiquette exacte, toujours occupé d'affaires intéressantes, dont il avoit l'habitude depuis long-temps ; accoutumé à la gravité de la représentation, déja âgé, d'une piété solide, chevalier de Malte, & croyant qu'en cette qualité il étoit obligé à plus de circonspection que dans un état libre de tout engagement religieux, il n'est pas étonnant qu'à plus de soixante-douze ans un homme de ce rang, avec cette façon de penser, n'aimât pas les assemblées & les fêtes de pure galanterie : car pour tout ce qui étoit d'étiquette, pour toutes les fêtes d'usage, il s'y portoit avec la plus grande magnificence. J'ai vu sa maison & sa table ouvertes à tous les étrangers qui lui avoient été présentés ; ils y étoient reçus de la maniere la plus obligeante ; ils y faisoient très-bonne chere, & y étoient bien servis. La compagnie y étoit choisie, d'ordinaire sérieuse, mais instructive, & dès-lors utile aux voyageurs. La reconnoissance m'oblige encore à ajouter que ses attentions pour les étrangers étoient soutenues. Il connoissoit parfaitement Florence, & tout ce qu'il y a de curieux & d'intéressant, & il donnoit des ordres précis pour que l'on pût tout voir & examiner librement. Il est vrai qu'il se faisoit rendre compte de ce que l'on avoit vu, & dès qu'il étoit satisfait des détails dans lesquels on entroit avec lui, on acquéroit de nouveaux droits sur ses attentions : j'ai eu plus d'une occasion de l'éprouver.

L'*Arno*, petit fleuve qui descend de l'Apennin, traverse la ville de Florence, & la divise en deux parties inégales; il est sujet à des inondations subites & qui sont très-fortes. Au mois de Novembre 1761 il s'éleva en huit heures de temps, de huit pieds au moins au-dessus de son niveau ordinaire, par rapport à la ville; il passa par-dessus les quais; non-seulement le rez-de-chaussée de toutes les maisons qui l'avoisinent fut inondé, mais dans la plus grande partie des rues de la ville il y avoit de l'eau à la hauteur de deux pieds. On craignoit beaucoup pour les ponts, qui résisterent à la force de l'eau, & ne furent point endommagés. Je fus témoin des attentions du maréchal, & des ordres qu'il donna dans cette occasion, pour empêcher que les ponts ne s'engorgeassent, & pour faciliter, autant qu'il étoit possible, l'écoulement des eaux. Ses soins réussirent, il n'arriva rien de fâcheux; le peuple de Florence n'en eut que la peur, & les eaux s'écoulerent presqu'aussi vîte qu'elles étoient arrivées. Le lendemain les rues furent pleines de pénitens de toutes couleurs, pour obtenir du ciel la cessation du fléau & la sérénité de l'air. Il est vrai qu'ils ne commencerent leurs pieuses marches, que lorsque l'eau retirée des rues leur permit de les parcourir librement, & d'aller d'une église à l'autre.

Pour revenir à l'administration du maréchal de Botta, il est certain qu'il a heureusement disposé la Toscane à jouir des douceurs & des avantages qui seront attachés à la présence du nouveau souverain qui lui est destiné. On dit qu'il est allé à Vienne remercier l'empereur de la confiance qu'il lui avoit accordée, & lui demander son agrément pour se retirer à Pavie sa patrie, & y passer tranquillement le reste de ses jours ; résolution digne d'un homme sage, qui sait qu'il faut mettre un intervalle entre le tumulte des affaires & l'instant de la mort. Il sera, dit-on, remplacé par le comte Firmian, chevalier de la toison d'or, ministre plénipotentiaire de l'impératrice reine dans la Lombardie Autrichienne, qui certainement suivra les traces de son prédécesseur dans tout ce qui regarde la gloire du souverain, le bonheur & les avantages des peuples confiés à son administration.

Les impôts qui se payent au souverain, & que l'on m'a assuré monter à dix-sept millions de livres de notre monnoie, se levent sans beaucoup de frais. Il y a des bureaux établis à Florence, & dans toutes les villes principales, où les contribuables viennent eux-mêmes apporter leurs taxes. Malgré l'empressement des Lorrains à se faire des établissemens dans la Toscane, on n'y a pas multiplié les préposés à la perception des droits du souverain.

Les douanes ne sont pas incommodes dans cet état; il y a des commis établis à l'entrée de Florence, de Livourne, & de quelques autres villes principales, qui font payer les droits dûs par les marchands, mais qui inquiétent peu les voyageurs. En général, on voit qu'il y a beaucoup d'ordre dans cette partie de l'administration, & même que les peuples ont conservé quelques-uns des priviléges dont ils jouissoient dans les temps les plus heureux de la république.

33. L'extérieur de la religion n'a rien de bien frappant à Florence; les églises, quoique la plupart d'une belle construction, n'y sont pas décorées avec autant de magnificence qu'à Bologne, Milan, Gênes & Rome. Les ecclésiastiques y sont très-multipliés, & y jouissent de peu de considération, à l'excep-

Mœurs.

tion de quelques corps qui tiennent le premier rang, comme le chapitre de la cathédrale, celui de saint Laurent collégiale; & en vérité ce sont les revenus dont ils jouissent, les prérogatives attachées à leur état, & leurs droits, qui leur donnent cette considération. Ils y vivent avec autant de liberté que dans le reste de l'Italie. Le service divin se fait à la cathédrale avec décence & souvent avec pompe. Le peuple ne paroît pas avoir cette dévotion superstitieuse que l'on remarque dans plusieurs autres villes de l'Italie. Ce n'est pas qu'il soit plus instruit, c'est qu'il est plus indifférent sur quantité d'objets qui frappent plus vivement dans d'autres lieux, & auxquels on a plus d'attachement.

Il y a en général une liberté de mœurs à Florence, qui probablement n'a pas été le premier état de cette ville, mais qui s'y est établie insensiblement par l'exemple des étrangers, & sur-tout des Anglois qui y sont en grand nombre, & qui donnent le ton dans presque tous les états. Ils font beaucoup de dépense, la plupart ne songent qu'à s'amuser: ceux même que les affaires de commerce y attirent, se conduisent de même, & ont des relations fort étendues dans une ville dont le séjour est très-agréable pour eux, & où leur opulence leur donne beaucoup de considération.

On peut dire que les Florentins ont naturellement de l'esprit, de l'agrément & de la politesse dans le commerce ordinaire de la vie. Les personnes de la plus illustre naissance n'ont rien de cet orgueil ridicule, de cette morgue affectée, que tant de leurs semblables regardent comme la grande prérogative de leur état. On trouve chez eux de l'affabilité & des attentions ; mais il ne faut pas compter sur autre chose que sur beaucoup de complimens. Ils vivent chez eux de la maniere la plus resserrée. Ils ont, comme dans le reste de l'Italie, des appartemens magnifiques que l'on n'habite pas ; de grandes cuisines, où il est rare d'allumer du feu ; des équipages qui ne servent que pour aller à la promenade ou en campagne.

Plusieurs même dans le premier rang y sont très-habiles. Les Ruccellaï, les Antinori, les Nicolini, & autres noms de ce poids, tiennent un rang distingué parmi les savans ; & sans chercher à en faire parade, ils montrent dans les conversations beaucoup de connoissances.... Il n'est pas à croire que la jalousie régne encore parmi eux ; au moins elle est si bien cachée, qu'on ne peut même pas la soupçonner. Les femmes y vivent avec une liberté entiere ; elles sont polies & aimables dans la conversation. Accoutumées à vivre avec les étrangers, elles savent les recevoir avec les attentions les plus gracieuses. Il y a plusieurs maisons ouvertes où l'on s'assemble tous les jours, où l'on peut les voir & faire avec elles quelque connoissance. Quand les théâtres sont ouverts, les loges doivent être regardées comme des lieux d'assemblée générale, où l'on est reçu très-honnêtement à faire la conversation ; il ne s'agit que d'avoir une connoissance qui veuille bien instruire de l'état actuel des intrigues, & indiquer les loges où l'on sera le mieux reçu. Quant aux affaires de galanterie, elles sont si fort d'usage, que l'on n'affecte aucun mystere à ce sujet. Toutes les femmes ont leurs cicisbés qui ne les quittent point. Les Anglois tiennent parmi eux le premier rang : on en voit quelques-uns des autres nations ; mais les femmes de Florence ne les prennent qu'autant qu'elles ne peuvent pas en avoir d'autres, parce qu'ils tiennent peu de temps en place. Il n'en est pas de même d'un

Anglois qui se détermine à passer plusieurs années de suite à Florence, sans autre motif que celui d'y vivre avec une femme qui lui plaît, & qu'il fait promener dans toutes les villes d'Italie où il y a spectacle, fêtes & assemblées; ainsi on les voit aller de foires en foires, au carnaval de Venise, & par-tout où ils croyent devoir s'amuser : plusieurs même achetent des maisons à Florence ou dans les environs, & y restent très-long-temps. On a vu des Angloises s'y établir, & vivre avec les Florentins dans le même goût que les Anglois vivent avec les Florentines. Ces différens usages varient le spectacle, & amusent un voyageur assez circonspect pour n'y prendre aucun intérêt personnel. Pour peu qu'il soit répandu, il est bientôt au fait de toute la chronique. Les femmes elles-mêmes sont d'une franchise singuliere sur cet article ; elles ne font aucune difficulté de raconter leurs intrigues, les voyages qu'elles ont fait avec leurs cicisbés, le nombre qu'elles en ont eu, & les qualités qui les rendoient aimables.

34. Les sciences ont plusieurs beaux établissemens à Florence. Je n'entrerai à ce sujet dans aucun détail ; ce n'est

Sciences, arts, commerce.

pas pour avoir vu les bibliothéques & les salles de l'université, que l'on peut en prendre une idée suffisante pour en parler. Le garde principal de la bibliothéque de saint Laurent étoit absent lorsque je l'ai vue; on en disoit beaucoup de bien. M. Bianchi, garde de la galerie impériale, est très-digne de la place qu'il occupe; il entend parfaitement la partie de la littérature qui a pour objet l'étude des monumens antiques. Il est le cinquiéme de son nom qui occupe cette place. Son bisaïeul a beaucoup contribué à mettre en ordre cette immense collection, & lui-même par la diversité de ses connoissances, est très-capable d'achever ce qui reste à faire, pour porter l'ouvrage à sa perfection. J'ai parlé ailleurs de M. Menabuoni, bibliothécaire du palais Pitti. C'est à Florence où il faut se fournir de bons livres de principes pour étudier la langue Italienne.

La peinture & la sculpture n'ont point de grands maîtres qu'elles puissent vanter; je n'y ai vu que de bons coloristes qui faisoient de belles copies des meilleurs tableaux de la galerie, quelques peintres de portraits qui avoient du mérite, & qui travailloient en miniature & en émail avec la plus grande propreté. J'ai vu dans ce goût des copies charmantes des plus beaux tableaux de la galerie & du palais Pitti. Les Anglois forment des suites considérables de ces petits tableaux en miniature & en émail, qu'ils payent très-cher aux artistes qu'ils employent.

Les montagnes qui sont entre Florence & la mer au couchant, ont beaucoup de carrieres de marbre & d'albâtre. On en fait des statues, des vases & des ornemens de toute espece, que l'on trouve aisément & à bas prix dans les magasins des sculpteurs. Ces morceaux sont copiés ou imités de l'antique, & la plupart très-bien exécutés. J'ai vu deux excellentes copies de la Venus Medicis, de même grandeur que l'original, en beau marbre, bien traitées, & que l'on n'auroit pas vendues plus de cent pistoles la piéce. La difficulté du transport, qui ne se peut faire que par mer, dégoute les curieux, dont plusieurs ont perdu les acquisitions qu'ils avoient faites, ou ont eu le chagrin de les voir arriver toutes mutilées, sans avoir la facilité de les faire restaurer.

La gravure se perfectionne tous les jours à Florence. On connoît les grands

& magnifiques recueils faits d'après la galerie, & qui en peuvent donner une idée. On a gravé avec goût les principales vues de la ville & des environs; les particuliers même qui ont des collections de tableaux & d'antiques, les multiplieront & les feront passer chez les étrangers par le moyen de la gravure.

Quant à l'architecture, il y a peu de villes en Italie où elle se soit mieux conservée dans le vrai goût, & dans la noblesse & la beauté de ses proportions, qu'à Florence. Elle y est d'un sérieux & d'une régularité totalement opposée à l'extravagance de goût, & à cette maniere grotesque que beaucoup d'architectes modernes, amateurs de la nouveauté, ont adoptée. Les bâtimens les plus nouveaux, quoique d'une maniere moins sévere, tiennent encore au bon goût, dont il semble que l'on n'ose pas s'écarter à Florence. Cette maniere doit son origine à Michel-Ange & à son école, qui ont adapté les bonnes regles au temps où ils ont vécu, & à la position des citoyens pour lesquels ils bâtissoient. Les Medicis, les Strozzi, les Salviati, & tant d'autres illustres habitans de Florence, étoient autant occupés de leur propre sûreté, que de la décoration de leurs palais. Ils vouloient avoir des maisons d'un extérieur noble & imposant, qui annonçassent leur état distingué, & qui pussent leur servir de place de sûreté dans les révolutions fréquentes qui arrivoient : de-là cette solidité & cette force dans les constructions, où l'on pouvoit s'assembler en grand nombre, & se défendre avec avantage. Ce sont peut-être ces circonstances qui ont empêché Michel-Ange & ses éleves, qui connoissoient certainement les beautés de l'architecture grecque antique, de les imiter dans leurs édifices modernes, comme a fait depuis Palladio à Venise & à Vicence, dont la maniere si élégante & si noble réunit l'agrément & la beauté de l'antique avec l'aisance & la commodité de ce temps.

Je n'ai rien remarqué de bien brillant dans les théâtres de Florence, ni pour la construction, ni pour la grandeur. On y représentoit avec beaucoup de vérité, & le jeu le plus simple, les comédies de Goldoni. Les acteurs sont toujours des marchands, des petits bourgeois de la ville, & quelquefois des artisans qui ont du talent pour le théâtre, & qui, moyennant une médiocre rétribution, représentent presque tous les jours; ils trouvent dans les magasins du théâtre les habits qui leur sont nécessaires. Une répétition ou deux suffisent pour les mettre ensemble; ils ne se donnent jamais la peine d'apprendre leurs rôles qu'on leur souffle d'un bout à l'autre. Ces gens sont naturellement acteurs, & pour la vérité du jeu théâtral, il suffit qu'ils ayent une idée de l'intrigue. D'ailleurs, comme je l'ai déja dit, on va peu au théâtre pour suivre & entendre la piéce; il n'y a que le parterre & quelques sixiémes loges qui y prennent intérêt. Entre les actes, on joue des intermedes de musique boufonne, qui d'ordinaire sont bien exécutés; on y mêle aussi quelques ballets, ce qui fait que le spectacle est bien rempli & fort long. Les principaux acteurs que j'ai vu sur le théâtre de Florence, étoient un marchand bijoutier, sa femme & un garçon de boutique. Le marchand, homme très-férieux dans sa boutique, étoit sur le théâtre l'arlequin le plus plaisant. Celui qui jouoit les rôles à manteau, ou les comiques férieux, & qui dans les intermedes de musique faisoit aussi le rôle principal, étoit un maître écrivain d'une piété exemplaire, qui paſſoit la plus grande partie de ſa vie dans la priere & les bonnes œuvres, & ſur-tout dans un ſilence preſque continuel. On voit par-là que la profeſſion de comédien n'a rien de deshonnête dans ce pays.

Le commerce à Florence eſt très-conſidérable ; l'Arno, qui eſt navigable une partie de l'année, eſt très-utile pour diminuer les frais d'importation & d'exportation dans l'intérieur du pays. On y fabrique des étoffes de ſoie de toutes ſortes, la plupart de bon goût & de premiere qualité pour les matieres que l'on y emploie. Les vins de Florence & des environs ſe tranſportent dans le reſte de l'Italie, où ils ſont en réputation. Ceux de *Montepulciano* ſur-tout ſont renommés ; c'eſt une eſpece de muſcat fort rouge qui a beaucoup de corps, & qui eſt très-chaud ; il ſe garde pluſieurs années, & acquiert de la qualité. Il eſt difficile de le tranſporter ſans de grandes précautions : je crois cependant que ſi l'on s'appliquoit à le faire avec plus de ſoin, on en tireroit un meilleur parti, & que l'on pourroit en faire un commerce avantageux avec l'étranger ; il eſt à très-grand marché dans le pays. On trouve à Florence

beaucoup de boutiques bien fournies de marchandises de toute espece, autant de luxe que de nécessité ; le pays abondant en bétail, en volaille, en gibier, en grains de toute espece, en légumes & en fruits ; les denrées de consommation y sont à bon marché ; les rivieres & le voisinage de la mer y fournissent du poisson en abondance. On y fait de l'huile au-delà de ce qu'il en faut pour la consommation du pays. Tous ces objets d'utilité générale réunis rendent la Toscane une des contrées de l'Italie la plus agréable à habiter. Tout le pays qui avoisine l'Arno jusqu'à la mer, est riche & fertile : mais combien de terrains incultes dans les montagnes ; que de parties qui pourroient être peuplées, & qui ne le sont pas ! Le climat, quoique fort élevé, ne l'est point assez pour être froid & inhabitable. Les environs de *Radicofani*, qui est une des plus hautes montagnes de l'Apennin, sont cultivés & fertiles. Que n'est-on encore au temps où l'on donnoit aux anciens moines des terrains inhabités & incultes à peupler & à défricher ! ils auroient peu de peine à s'établir dans des contrées où la terre produit par-tout des herbages abondans, qui serviroient à
nourrir

nourrir des troupeaux nombreux, qui fertiliseroient des terrains, que l'on cultiveroit ensuite avec le plus grand avantage : mais il semble que par-tout la quantité des hommes diminue, & que les bras manquent pour cultiver la terre, en voyant tant de terrains abandonnés : on regrette que les climats glacés du nord ne fournissent plus, comme autrefois, des colonies d'hommes forts & laborieux, qui viennent s'établir dans les contrées délicieuses du midi. Une partie des paysans qui habitent les montagnes de Toscane, descendent à la fin de l'hiver dans la plaine, & se répandent dans la campagne de Rome, où ils font les ouvrages les plus pénibles.

Les fleurs & les fruits des jardins de Florence & des environs, donnent la facilité de faire beaucoup de confitures, de pommades & d'essences d'une odeur exquise, qui se transportent par-tout, & qui sont les meilleures de l'Italie ; c'est sur-tout dans les maisons religieuses que se fait ce commerce. Le gouvernement tolere toute l'industrie que la plupart des communautés d'hommes & de femmes mettent en œuvre pour se soutenir ; mais il ne souffre point qu'elles fassent de commerce étranger; il faut qu'elles trouvent dans leur enceinte, ou au moins dans le pays, les matieres qu'elles emploient, & qu'elles ne font en quelque sorte que façonner. Ainsi plusieurs maisons de femmes élevent des vers à soie, en préparent & en filent la soie, en fabriquent elles-mêmes des mouchoirs, & d'autres petites étoffes dont on leur permet le débit, sans les assujettir à aucune charge publique. Comme elles laissent leurs ouvrages à un prix assez bas, les marchands de la ville se fournissent chez elles.

On peut mettre au rang des fruits les plus délicieux qui croissent en Italie, les cédrats, dont le parfum est exquis, & que l'on emploie, quand ils sont frais, à faire des limonades & des syrops; ils sont aussi excellens en confiture. Ce fruit est oblong, & a plutôt la forme d'un citron que d'une orange, quoique pour la nature & la conformation intérieure il tienne plus de l'orange que du citron. Les feuilles tiennent de celles de l'oranger, mais elles ont plus d'odeur. Les cédrats de Florence sont regardés comme les meilleurs de l'Italie; on en fait un très-grand débit, de même que des autres fruits de cette espece,

GRAND DUCHÉ DE TOSCANE. 243
dont il y a beaucoup de plantations dans toute la Toscane.

On n'allume point de lanternes en aucune ville pendant la nuit ; ce qui les rendroit très-obscures & difficiles à tenir, si les propriétaires des maisons ou palais principaux ne faisoient allumer, ou à la porte, ou aux angles de ces maisons, de grosses lanternes à reverbere, qui éclairent une partie du quartier; d'ailleurs il n'y a pas de rue où il n'y ait au moins une image ou deux de la Vierge, devant lesquelles il y a tous les soirs une ou plusieurs lampes allumées, & souvent même des cierges, qui rendent encore plus de lumiere. Ces illuminations pieuses sont d'une grande utilité pour se conduire sur-tout en hiver, & reconnoître les différens quartiers, lorsque l'on est à pied. Cette sorte de dévotion est si bien établie, que dans les villages même c'est l'usage de trouver à la plupart des maisons des images de Madonne éclairées pendant la nuit; l'illumination se fait aux dépens du quartier, qui s'y assemble tous les soirs pour faire une priere commune. Je me rappelle, à ce sujet, qu'arrivant de Pise à Florence par une nuit très-obscure, nous vîmes à nous

L ij

conduire aisément pendant cinq à six milles de chemin, par le moyen de ces lumieres qui se succédoient les unes aux autres.

Route de Florence à Pise.

35. La route de Florence à Pise a environ cinquante milles de longueur, & se fait pour la plus grande partie en plaine le long de l'Arno, que l'on a à sa droite. On trouve quelques villages où il y a des fabriques de poterie, où l'on fait de grandes urnes de différentes formes, & sur des modèles antiques que les potiers n'ont pas devant les yeux, mais qu'ils font d'habitude. On prétend que ces manufactures subsistent depuis le temps des anciens Etrusques qui les établirent les premiers. Si la forme de la plupart des vases & pots que l'on y fabrique pouvoit venir à l'appui de ce sentiment, il est sûr qu'elle y seroit favorable, tant la ressemblance des formes est frappante. On y fait de grandes urnes rondes, dont le corps est beaucoup plus évasé que la bouche, &, qui, chargées de quelques ornemens en relief, & peintes ensuite, servent à décorer les jardins, & même à y placer des arbustes. On en voit beaucoup de cette sorte dans quelques jardins ou vignes des environs de Rome, qui paroissent fabriquées de cette

même terre, qui est douce, grasse, point sablonneuse, & qui prend aisément la cuite. Tout ce pays est bien cultivé ; le chemin y est assez inégal, & se fait sur la croupe des montagnes qui bordent l'Arno.

A vingt milles environ de Florence, on trouve *Empoli*, joli bourg bien peuplé, bâti, à ce que l'on croit, par les anciens rois Goths. La rue principale que l'on traverse est large & bordée de belles maisons. A en juger par son nom latin d'*Emporium*, il paroît que c'étoit le marché de tout le pays voisin, qui est très-fertile.

Peu loin de-là on traverse la petite ville épiscopale de *san Miniato al Tedesco*, joliment bâtie & assez peuplée. Ses habitans obtinrent du grand duc Ferdinand II qu'il feroit ériger leur église paroissiale en cathédrale, & pour cela ils firent une forte contribution pour l'entretien de l'évêque & des chanoines. San Miniato est bâti sur les bords de l'Arno. De-là jusqu'à Pise le chemin est uni & très-bien entretenu ; il a été réparé nouvellement & fort élargi par les ordres du maréchal Botta. Comme le lit de l'Arno est au niveau des terres, pour peu qu'il s'éleve, il les inonde entierement, &

souvent y cause beaucoup de dommage, ce qui a obligé le gouvernement à faire élever une très-longue digue pour l'arrêter ; mais dans les grandes crues, ces digues qui ne sont soutenues que d'une maçonnerie légere, cédent au poids de l'eau, ce qui arriva en 1761 ; alors toute communication est interrompue entre Florence & Livourne. Il faut espérer que l'on remédiera à cet inconvénient, en faisant des digues plus solides, qui forcent les eaux à s'écouler du côté de la mer. J'ai traversé ce pays dans un temps où la riviere commençoit à déborder, & il y avoit quelque danger, car les chemins étoient couverts de près de trois pieds d'eau. La race des chevaux du pays est forte & assez belle, à en juger par ceux qui servent aux postes.

Pise. Université. Edifices.

36. *Pise*, ville très-ancienne de l'Italie, que l'on croit avoir été fondée par les Grecs habitans de Pise en Elide, ou d'Olympia, où les jeux olympiques furent institués ; fut ensuite une des douze cités principales de l'Etrurie. Elle passa avec le reste de l'Italie sous la puissance des Romains, & fut décorée par l'empereur Auguste du nom de colonie romaine, pour jouir de toutes les préro-

gatives attachées à ce titre. C'étoit alors une ville très-confidérable, qui avoit un fénat & des magiftrats municipaux.

Lorfque l'Empire Romain eut été renverfé par les barbares, Pife fe mit en liberté, & prit la forme républicaine. Le voifinage de la mer dont elle n'eft qu'à deux ou trois lieues, fa fituation fur l'Arno, fleuve affez confidérable, & qui lui fervoit d'un port fûr, où les galeres pouvoient remonter & être à l'abri des orages & des corfaires, favoriferent le commerce de cette ville, qui s'augmenta rapidement, & parvint à fe faire compter parmi les puiffances maritimes de l'Italie. Les Pifans firent fur les Sarrafins la conquête des ifles de Corfe & de Sardaigne, de Palerme en Sicile, & de Carthage en Afrique; ils donnerent des loix aux ifles Baléares (a), & furent en état d'entretenir quarante ga-

---

(a) Ils tuerent dans cette expédition le roi de Majorque, qui étoit Mahométan, firent la reine fa femme prifonniere, avec fon fils encore jeune, qu'ils firent élever dans la religion chrétienne, auquel même ils donnerent un canonicat de leur cathédrale, & qu'ils renvoyerent enfin occuper le trône de fon pere... Raphaël *Volater.* L. 5. *de Geogra.*...

leres au service des croisés. Enfin Pise étoit parvenue à un si haut point de grandeur dans le douziéme siécle, qu'on la regardoit comme une des villes les plus puissantes de l'Europe. Ce fut dans ce temps qu'elle fit construire ces édifices superbes qui subsistent encore, & qui sont dignes de la curiosité des voyageurs. Elle avoit alors la même étendue qu'aujourd'hui, mais elle étoit prodigieusement peuplée ; on y comptoit treize mille quatre cens feux, qui se cotiserent volontairement, à un sequin, pour la construction du baptistere de saint Jean, qu'ils firent élever à leurs frais, & avec magnificence, eu égard au siécle où il fut bâti.

Dans le temps de la grande division des Guelphes & des Gibelins, la ville de Pise fut tantôt du parti des papes, tantôt de celui des empereurs. Ces variations, & les pertes qu'elle fit dans les guerres qu'elle eut avec les Génois, commencerent à diminuer sa puissance. Le commerce ne s'y fit plus avec autant d'avantage & de liberté. Des tyrans s'éleverent, qui prirent le nom de comtes de Pise. On voit encore la tour où Ugolin de la Gherardesca, l'un d'eux, enfermé avec ses fils, mourut de faim.

Jean Galeas Visconti, duc de Milan, en acheta la souveraineté, qu'il ne conserva pas long-temps. Les Florentins, soutenus de la faction des Gambacorta, s'en rendirent les maîtres dans le quinziéme siécle, & Laurent de Medicis y fonda une université en 1472. Charles VIII, en allant à l'expédition de Naples, lui rendit sa liberté, qu'elle ne conserva qu'autant que ce prince fut en état de se faire redouter en Italie. Les Florentins la remirent de nouveau sous le joug. Le nombre des habitans, les richesses de la plupart d'entr'eux, y entretenoient encore quelque splendeur ; mais ayant voulu faire en 1609 quelques mouvemens pour se mettre en liberté, les grands ducs de Toscane prirent les précautions les plus séveres pour n'avoir rien à craindre de la part des Pisans, qui depuis ce temps sont tombés avec leur ville dans une sorte d'anéantissement qui va toujours croissant. Les souverains ont fait des efforts inutiles pour la repeupler, & y rétablir les arts & l'industrie. Pour y contribuer, ils ont mis l'université sur le pied le plus florissant. Quant aux professeurs, ils y sont au nombre de quarante-cinq pour les différentes facultés,

L v

ayant à leur tête un grand chancelier, qui est ordinairement l'archevêque de Pise, un proviseur résident, un auditeur général & un recteur, qui passent pour être tous d'un mérite distingué. J'y ai vu en passant monsignor *Cerati*, alors proviseur de l'université, & grand prieur de l'ordre de saint Etienne, également recommandable par son érudition, sa politesse, & la beauté de son caractere. Cette université doit se souvenir encore qu'elle a compté au nombre de ses professeurs en droit le célébre marquis Tanucci, aujourd'hui ministre d'état du royaume de Naples... Malgré les priviléges accordés aux professeurs & aux étudians, cette université est peu fréquentée, & n'a pas autant contribué à repeupler la ville, qu'on avoit droit de l'espérer.

Ordre de saint Etienne à Pise.   37. En 1561, Cosme I, grand duc de Toscane, institua un ordre militaire sous l'invocation de saint Etienne, pape & martyr, dont il se déclara grand maître, lui & ses successeurs à perpétuité. La destination des chevaliers est de tenir la mer, comme ceux de Malte, pour défendre les côtes de Toscane contre les incursions des corsaires. Il y a dans cet ordre des chevaliers de grace & de juſtice. Les chevaliers de grace ſont reçus ſur la préſentation du grand maître, ſans faire de preuves. Les chevaliers de juſtice font preuve de nobleſſe de quatre quartiers francs, non compris le préſenté, dont le pere, l'aïeul, le biſaïeul & le triſaïeul doivent avoir été nobles, ou avoir poſſédé des charges nobles dans la ville de leur réſidence. Les meres & grand'meres, &c. doivent faire les mêmes preuves. Ceux qui fondent des commanderies pour cet ordre, y ſont admis, ſans autre preuve que le contrat de fondation ; ils y peuvent même conſerver le droit d'en diſpoſer en faveur de tous leurs deſcendans en ligne directe, à condition qu'elle rentrera enſuite dans le droit commun de l'ordre. Cependant le fils du fondateur ſe préſentant pour ſuccéder à la commanderie, doit faire preuve de deux quartiers de nobleſſe du côté maternel ; & s'il ne le peut, il doit augmenter le fonds de la commanderie de mille écus.

Les caravanes que doivent faire les chevaliers, ſont de trois ans ; ils paſſent à Piſe le temps qu'ils ne ſont pas en mer, & habitent dans une grande maiſon conventuelle, où chacun a ſon appartement, où la religion lui fournit du bois, de la chandelle & du sel pour son usage & celui de ses domestiques, & une solde fixe pour son entretien.

Outre le grand maître, ou son lieutenant qui le représente, & tient sa place dans les chapitres généraux de la religion, les officiers principaux sont le grand connétable, le grand prieur, le grand chancelier, le grand trésorier, & le grand conservateur, qui sont continués ou remplacés dans les chapitres généraux de l'ordre qui se tiennent tous les trois ans, & auxquels tous les chevaliers doivent assister, à moins qu'ils n'ayent une dispense du grand maître chef de l'ordre, qui s'obtient aisément. Plus de huit cents personnes, tant en Italie qu'ailleurs, portent le titre & la croix de chevalier de S. Etienne de Pise; mais il n'y en a que très-peu qui s'astreignent à faire les caravanes & autres exercices qui sont ordonnés, pour parvenir aux dignités & bénéfices de l'ordre. Le grand prieur conventuel jouit des droits & des marques de l'épiscopat dans l'église de la religion, quand il y officie solemnellement. Ces chevaliers portent pour marque distinctive extérieure, une croix patée d'or émaillée, avec la figure de S. Etienne au milieu; le cordon en est rouge; le grand habit de cérémonie est noir, chargé d'une grande croix rouge à huit pointes.

Cet établissement, dont l'instituteur avoit fixé la résidence principale à Pise, dans l'intention de contribuer à sa population, n'a pas eu l'effet qu'il en espéroit; le quartier où il est placé est aussi désert que les autres; à peine voit-on quelque mouvement dans celui de l'université.

La ville de Pise, divisée en deux parties à peu près égales par l'Arno, a près de six milles de tour. La plupart de ses rues sont larges, bien pavées & décorées de beaux bâtimens. Le fleuve, qui fait un canal droit dans toute la longueur de la ville, est revêtu des deux côtés de larges quais, sur lesquels on voit plusieurs édifices de l'architecture la plus noble; quelques-uns sont revêtus de marbre; d'autres sont peints. Trois grands ponts bâtis sur le fleuve servent à la communication des deux parties de la ville: ils ne sont embarrassés d'aucune espéce de bâtimens, & laissent des deux côtés la vue libre, & la plus belle perspective.

Celui du milieu est de marbre; il a été rebâti en 1660 sous le grand duc

Ferdinand II : on prétend que celui qui subsistoit auparavant n'avoit qu'une seule arcade ; ce qui est difficile à croire, eu égard à la largeur du fleuve. C'est sur ce pont que se fait tous les ans (au mois de Juin) un combat ou une joûte entre les deux quartiers de la ville & leurs dépendances, qui marchent chacun sous leurs bannieres, & avec des uniformes différens. Ce combat, qui ne doit être que de plaisir, est souvent funeste à plusieurs des combattans, qui s'opiniâtrent trop à défendre le terrain qu'ils perdent : ils ne peuvent avoir d'autres armes qu'une espéce de rame ou d'aviron court & plat, fait d'un bois léger, du tranchant duquel il est défendu de frapper ; il ne doit leur servir que pour repousser l'ennemi, & non pour se blesser réciproquement.

Eglise. Baptistere. Tour penchante, & Campo Santo de Pise.

38. L'église cathédrale de Pise, d'architecture gothique, est bâtie à une des extrémités de la ville, dans la partie occidentale : c'est un très-grand édifice construit & revêtu de marbre, dans lequel on a employé à l'extérieur des pierres qui sont chargées d'inscriptions antiques, mutilées pour la plupart, & mises sans ordre ; ce qui prouve le peu de goût & l'ignorance du siécle auquel

elle a été bâtie : on l'a entourée par dehors de colonnes antiques de différens ordres, & de marbres de différentes couleurs, entre-mêlées de bas-reliefs, rangés dans un petit ordre gothique mauvais & déplaisant par lui-même, mais qui fixe l'attention par la beauté des matériaux, & l'élégance de quelques-unes de ces colonnes, quoiqu'elles soient déplacées & hors d'œuvre.

L'intérieur de l'église est d'une obscurité majestueuse à raison de sa construction. La nef du milieu est séparée des bas côtés par de grandes colonnes de granit, tirées des isles d'Elbe & de Sardaigne, lorsque les Pisans en étoient les maîtres ; ce qui donne beaucoup de noblesse à l'architecture, en la dégageant des piliers gothiques, & en y substituant les colonnades d'usage dans la belle antiquité ; ce que l'on ne retrouvera dans aucun autre édifice de ce temps. Les trois portes de bronze qui sont à la face principale de l'église, faites, à ce que l'on dit, sur les desseins de Jean de Bologne, ont quelques parties de détail d'une assez bonne exécution ; mais elles sont fort au-dessous de celles du baptistere de Florence.

Cette église est décorée d'une multitude de tableaux, dont la plupart étoient d'un très-beau coloris, & qui ont été gâtés par un mal-adroit, qui prétendoit leur rendre leur premier éclat en les nettoyant à sa maniere : ils représentent en grande partie l'histoire de saint Rainier, patron de la ville.... On y verra encore à côté de la chaire archiépiscopale, deux tableaux représentans saint Pierre & saint Paul, de la meilleure maniere d'André del Sarto.... L'apparition de Dieu à Moïse dans le buisson ardent, par le Rosselli de Florence.... La manne tombant dans le désert, belle & gracieuse composition de Ventura Salimbeni.... Un très-beau tableau des Anges Gardiens, par le même.... Plusieurs martyres représentés dans un tableau d'autel, par le Passignani.... Un saint Philippe de Neri, par Pierre de Cortone.... Dans une chapelle sont deux colonnes de verd antique bien conservées, & d'une belle proportion. Au-dessus de la porte du vestiaire, on voit le tombeau de l'empereur Henri VII de Luxembourg, qui mourut à Buonconvento dans le Siennois.... La chaire à prêcher, de forme octogone, ornée d'anciennes sculptures qui repréſentent les vertus cardinales, a des beautés; elle eſt de marbre revêtu d'ornemens de bronze. Au-deſſus de la porte principale eſt une grande tribune fort décorée, où ſont diverſes armoires, dans leſquelles on conſerve les reliques de cette égliſe, qui ſont en grand nombre, & fort précieuſes. Les Piſans étoient aſſez puiſſans dans le douziéme & le treiziéme ſiécle pour en tirer beaucoup de l'Orient, d'où les puiſſances maritimes de l'Europe & les croiſés en firent paſſer un ſi grand nombre en Occident.... Le pavé à compartiment de marbre de diverſes couleurs, eſt bien conſervé, & fait une des beautés de cette égliſe, qui a été érigée en archevêché en 1092. L'archevêque eſt primat des métropolitains des iſles de Corſe & de Sardaigne, & légat né du ſaint ſiége dans ces iſles.

Hors de l'égliſe, du côté de la tour du clocher, eſt infixé dans le mur un tombeau antique de marbre, chargé de bas-reliefs d'un beau travail grec, qui repréſentent la fable de Méléagre & Atalante, où ſont enfermés les os de la comteſſe Béatrice, mere de la comteſſe Mathilde. C'eſt principalement ſur l'étude de cet antique que ſe forma le sculpteur Nicolas Pisani, vivant dans le quatorziéme siécle.

L'édifice le plus singulier de Pise, & peut-être de toute l'Italie, est la fameuse tour penchante qui sert de clocher : elle a été construite en 1174; elle est ronde, a sept ordres ou rangs de colonnes l'un sur l'autre : au-dessus est une tourelle plus étroite, aussi décorée d'un ordre de colonnes; chaque ordre ou rang est séparé par une corniche posée sur les arcs qui forment les petites ouvertures, qui séparent les colonnes, ce qui est tout-à-fait dans le goût gothique. La plupart de ces colonnes sont antiques, elles sont entierement détachées du corps de la tour, & laissent entr'elles & le mur circulaire assez d'espace pour y passer librement; ce qui donne à cette décoration gothique un air agréable & léger : d'ailleurs toute cette construction est de beaux marbres. Quant à la cause de la forte inclinaison de la tour, qui est du nord au midi, les uns ont prétendu que le terrain s'étoit affaissé; les autres, que c'étoit un caprice de l'ouvrier. Après l'avoir bien examinée, j'ai eu tout lieu de croire qu'après que les quatre premiers ordres eurent été construits, on s'apperçut de l'affaissement du terrain ; qu'alors l'architecte principal ne voulant pas démolir ce qui étoit déja bâti, fit sans doute assurer les fondemens, & imagina un moyen de donner à cette tour la hauteur convenue, en faisant les colonnes des trois derniers ordres plus longues du côté qu'elle penche, que de l'autre ; ce qui, par ce moyen, redonne à la totalité de la masse son point d'appui, & en fait en même temps une construction fort singuliere : aussi, en l'examinant avec attention, on s'apperçoit qu'elle penche & qu'elle est tordue. Malgré tout cela, l'ouvrage, quoiqu'en apparence fort léger & prêt à tomber, est d'une grande solidité, puisqu'il subsiste depuis près de six cents ans, & qu'il n'a souffert aucune altération. On compare cette tour à celle de Garizende à Bologne ; mais il y a une grande différence entre l'une & l'autre. On voit à n'en pouvoir douter que lors de l'affaissement du terrain, une grande partie de la tour Garizende tomba ; au lieu que celle-ci, quoique plus ancienne, subsiste en son entier. Cette tour a environ cent cinquante pieds de hauteur, & elle est terminée par une plate-forme environnée d'une balustrade , d'où le plomb jetté tombe à douze pieds de la fondation. C'est une merveille singuliere de l'art. Les Pisans prétendent qu'elle a été faite exprès de cette façon pour étonner les spectateurs ; mais ce n'est qu'une tradition populaire destituée de tout fondement.

Le baptistere, situé vis-à-vis la cathédrale & dans la même place, est un grand édifice gothique de forme ronde, tout construit de marbre. L'architecture a de l'élégance & de la noblesse, & semble avoir été destinée à annoncer le rétablissement du bon goût. L'intérieur a un grand ordre de colonnes de granit qui portent des arcades. Au-dessus est un second ordre de colonnes qui soutiennent la coupole, & autour desquelles régne une galerie qui s'étend sur les bas côtés. Au milieu est le grand baptistere de forme octogone, qui est le réservoir principal de l'eau qui sert à baptiser. Aux côtés sont quatre autres petites cuves ou baptisteres, que l'on dit avoir été d'usage lorsque l'on baptisoit par immersion. Ce baptistere sert à toute la ville ; il a été décoré avec assez de goût de marbres précieux. En général, on voit que l'on n'a rien omis pour rendre cet édifice le plus magnifique qu'il étoit possible ; on n'y a épargné ni marbres, ni bronzes. On voit dans l'intérieur, & au-dessus des portes à l'extérieur, plusieurs statues faites dans le temps de la premiere construction, c'est-à-dire dans le douziéme siécle, ainsi que l'apprend une inscription gravée sur une des colonnes, où on lit que cet édifice fut achevé en 1153 : il a cent cinquante pieds de diamétre intérieur.

Le campo santo, ou cimetiere général, est un très-grand édifice public ou cloître bâti en quarré long, & environné de portiques : il est entierement de marbre à l'intérieur & à l'extérieur : on y voit quelques tombeaux antiques, d'autres que l'on peut appeler modernes, quoiqu'ils soient déja très-anciens, & traités de bon goût. Le cloître à l'intérieur est tout couvert de peintures fort anciennes, qui ont été faites peu de temps après la construction, qui est de la même date que l'église, la tour & le baptistere. On y voit l'histoire de Job en six tableaux, par le Giotto. Le jugement dernier, par Orgagna. L'histoire de saint Rainier, par Simon Memmi. A côté du tableau du jugement universel, est représenté la mort de l'homme, & l'état où tombent les cadavres ; on voit trois tombeaux ouverts ; dans l'un est un corps qui commence à se corrompre ; dans l'autre il est presque entierement corrompu, & il commence à se dépouiller de ses chairs ; dans le troisiéme il n'y a plus que des os secs. Plusieurs cavaliers qui paroissent d'un rang distingué, examinent ces cadavres; l'un d'eux se bouche le nez ; on voit qu'ils raisonnent sur l'effet de la terre de ce cimetiere, que l'on dit avoir été apportée de Jérusalem, & avoir servi à lester quarante ou cinquante galeres des Pisans : dévotion singuliere, mais bien dans le goût du douziéme siécle. De toutes les puissances maritimes de ce temps-là, les Pisans sont les seuls qui ayent imaginé de transporter chez eux une partie du sol des lieux saints. Dans le fond du cloître il y a une chapelle dédiée à l'Annonciation, toute revêtue de peintures anciennes.

Parmi les tombeaux on remarquera celui.... Du jurisconsulte Decius, orné de bas-reliefs & d'arabesques travaillés dans le goût antique : sa statue est couchée sur l'urne.... De Matheo Curzio, philosophe & médecin, exécuté par Artoldo-Lorenzi Florentin, bon éleve de l'école de Michel-Ange.... Le buste du docteur Chefi.... On y voit aussi une colonne milliaire, & plusieurs inscriptions antiques du temps où la ville de Pise se gouvernoit en république, avec le titre & les droits de colonie romaine.... Parmi les épitaphes modernes, on en voit plusieurs d'étrangers de toutes les nations, morts à Pise, la plupart de fiévres malignes & ardentes, dans les mois de Juillet & d'Août, temps où l'air de cette ville est très-dangereux.

Sur l'escalier du perron de l'église est une colonne de granit oriental, au-dessus de laquelle est placé un vase antique de marbre blanc, orné d'un bas-relief qui représente plusieurs figures détachées de faunes & autres suivans de Bacchus, d'un beau travail dans le goût grec : la forme du vase ne répond pas à l'élégance de la sculpture.

A côté du *campo santo* est l'hôpital général, d'une belle construction & très-bien entretenu. Les jeunes médecins & étudians en anatomie sont obligés d'y servir un certain temps.

La place qui est devant l'église des chevaliers de saint Etienne, est entourée de beaux bâtimens, & décorée d'une fontaine, au-dessus de laquelle est la statue pédestre du grand duc Cosme premier, instituteur de l'ordre. Sur le grand bassin est une figure grotesque de monstre marin, qui a les jambes d'un homme, le corps & les nageoires d'un poisson, la tête d'un cancre ou écrevisse de mer, d'un beau travail.

La façade de l'église est revêtue de marbre; elle a été exécutée sur les desseins du Vasari. Le maître-autel, entierement revêtu de porphyre, est l'ouvrage du Foggini, sculpteur de Florence. La plupart des tableaux de cette église sont de l'école Florentine, & d'assez bonne main : on y remarquera surtout une Nativité de Jesus-Christ, par le Bronzin... A la frise de l'église sont attachés plusieurs fanaux & étendards des galeres turques prises par les chevaliers de saint Etienne.

De ce même côté est le jardin des simples, où la plupart des plantes médicinales de l'Amérique & des Indes se conservent & croissent avec succès. On a joint à ce jardin un cabinet d'histoire naturelle, où l'on a rassemblé une assez belle suite de minéraux, de fossiles & de coquillages... Vis-à-vis de ce jardin est la tour de l'observatoire, bâtie dans le goût de celle de Bologne.

Toute

Grand Duché de Toscane.

Toute cette partie de la ville de Pise magnifiquement bâtie, & remplie de tant de beaux établissemens, est si déserte, que l'herbe croît par-tout dans les rues, entre les jointures d'un beau pavé, fait pour la plus grande partie de marbre. Il y a plusieurs autres monumens dans cette ville, la plupart d'un travail gothique déja fort ancien.

La ville de Pise a en général l'air de la magnificence; mais elle semble attendre des habitans qui viennent la peupler; car, à l'exception des quais sur lesquels il y a quelque mouvement, deux ou trois rues qui aboutissent au pont de marbre, & qui sont peuplées de marchands détailleurs, le reste de la ville est d'une tranquillité morne. Dans la partie orientale, derriere la loge des marchands, est un petit théâtre public assez bien décoré, qui peut contenir environ quinze cents spectateurs. J'y ai vu représenter un opéra bouffon par une troupe de bons acteurs qui passoient par Pise au retour de la foire de Livourne. Le spectacle étoit agréable, la musique bonne & très-bien exécutée; mais le petit nombre des spectateurs étoit une preuve bien sensible de la pauvreté & de la dépopulation de la ville.

Tome III. M

La loge des marchands eſt un grand édifice à arcades ouvertes, ſoutenu par des pilaſtres groupés, d'ordre dorique, d'une très-belle architecture. Ce bâtiment fut fait lorſque les premiers grands ducs eſſayerent de rétablir la population, le commerce & l'induſtrie dans cette ville, qui a eu autrefois plus de quatre-vingt mille habitans, & qui en compte à peine quinze mille à préſent. La plupart des Piſans, jaloux de leur liberté, n'ont pu s'accoutumer au joug des Florentins; ils ont mieux aimé s'expatrier, que de jouir des bénéfices que leur auroient procurés leurs vainqueurs.

Du côté de la porte de la mer ou de Livourne, ſur le bord de l'Arno, eſt l'arſenal, où ſe fabriquent les galeres & vaiſſeaux de l'ordre de ſaint Etienne, & où ils viennent ſe radouber.

La température de la ville de Piſe eſt ſi douce & ſi agréable en hiver, que l'on ne s'y apperçoit preſque pas de la rigueur de cette ſaiſon, ſur-tout quand elle n'eſt pas pluvieuſe. Les étrangers qui ſont convaleſcens, qui ſouffrent de la poitrine ou des rhumatiſmes, y trouvent un ſoulagement aſſuré; mais dès que les premieres chaleurs commencent à s'y faire ſentir, il faut quitter cette ville, & se retirer ou à Florence, ou dans les montagnes. L'air devient malsain, sur-tout pour les étrangers qui y résistent difficilement; la plupart de ceux qui ont voulu y rester pendant l'été, y ont succombé, ainsi que le prouvent nombre d'épitaphes qui sont au campo santo.

Dans le voisinage de Pise, à l'orient, on voit les restes d'anciens thermes ou bains publics, qui ont été très-considérables; il n'y reste rien d'entier que les étuves & les canaux qui les environnoient, & y portoient la chaleur. Les plus beaux marbres avoient été employés à cette construction, qui est entierement dégradée.

Il y a quinze milles, ou environ cinq lieues de Pise à Livourne. Le pays est plat, & coupé de quelques marais formés ou par les eaux de la mer, ou par les débordemens de l'Arno. Cette partie de chemin n'étoit pas encore dressée en 1761, ce qui le rendoit difficile à tenir, sur-tout dans un grand bois de liéges & de chênes verds, où il n'y avoit point de route marquée, & dont quelques parties étoient inondées. Cette forêt, que l'on dit avoir deux lieues de profondeur, est bien fournie d'arbres; on y voit des forts très-épais, formés pour la plupart par de grands myrtes domestiques, qui y répandent une excellente odeur, & servent de retraite à quantité de bêtes fauves réservées pour les plaisirs des grands ducs. L'espace qui est entre ce bois & Livourne, est presque entierement occupé par des jardins potagers, qui fournissent des légumes & des herbages à cette ville & aux vaisseaux qui abordent à son port.

Livourne. Port. Commerce. Synagogue.

39. Livourne doit son origine à un château que la comtesse Mathilde fit bâtir à la fin du onziéme siécle sur le bord de la mer, pour garantir cette partie de ses états des descentes & des pillages des Sarrasins. Les habitans de la campagne, & les pêcheurs qui s'y retiroient, y formerent insensiblement un bourg de peu de conséquence; mais comme le mouillage y étoit bon, & que la plage étoit fort sûre, le grand duc Cosme I, qui avoit intention d'y faire construire un port franc, fit l'acquisition de Livourne, qui appartenoit alors aux Génois, & leur donna Sarzane en échange. Il fit tracer en même temps le plan d'une nouvelle ville, & des fortifications qui devoient la défendre. Il commença l'enceinte du grand port, fit éle-

ver la tour du fanal, & avança beaucoup les travaux. Son succeſſeur, Ferdinand I, continua les ouvrages avec la même activité, fit bâtir la citadelle qui commande la ville au couchant, & mit les choſes à peu près dans l'état où elles ſont aujourd'hui; c'eſt-à-dire, que Livourne devint une des meilleures places maritimes de l'Europe, & le port le plus ſûr & le plus commerçant de la Méditerranée.

Pour engager de nouveaux habitans à s'y établir, on leur accorda toutes ſortes de priviléges, entr'autres de ne pouvoir y être arrêtés pour dettes de commerce; ce qui détermina des négocians de toutes les nations à venir s'y fixer. Dans le même temps on chaſſa d'Eſpagne & de Portugal les Juifs qui y reſtoient: le grand duc les invita à venir s'établir à Livourne, où il leur permit d'avoir une ſynagogue, & un corps de magiſtrats de leur nation, avec toute la ſûreté & la liberté poſſibles dans leur commerce. Ils y vinrent, & y ſont aujourd'hui au nombre de quatorze à quinze mille, dont pluſieurs font un commerce très-riche: La protection que le grand duc Ferdinand I leur accordoit étoit ſi marquée, que l'on disoit à Florence & à Livourne, qu'il auroit mieux valu l'avoir insulté, que d'avoir fait la moindre injure à un Juif. Ses successeurs n'ont pas eu moins d'égards pour eux, & il n'est pas douteux qu'ils n'ayent beaucoup contribué à établir le commerce immense qui se fait à Livourne. Plusieurs de ces Juifs sont d'une richesse considérable, & tiennent beaucoup de vaisseaux en mer pour leur compte. Outre le grand commerce d'argent qu'ils font, & qui abonde chez eux, ils tirent beaucoup de marchandises du Levant, des Indes & des isles de l'Océan, dont ils ont des magasins prodigieux à Livourne. Une manufacture de colliers & de bracelets de corail, à l'usage des barbaresques d'Afrique & des Indiennes, appartenant à un Juif de Livourne, étoit un objet de commerce annuel de plus de quinze cents mille livres. On apporte à cette manufacture le corail en branche, tel qu'on le tire de la mer; on le coupe en morceaux, on le perce, on l'arrondit sur une meule cannelée, & on le met ensuite en colliers & en bracelets.

Le grand port défendu par un mole qui s'étend à plus d'un mille dans la mer, & par deux petits forts qui sont aux extrémités de ce mole, est fourni d'une nombreuse & belle artillerie, de même que l'ancien château qui est vis-à-vis de l'autre côté du port, dans lequel on voit douze gros canons de bronze que fit fondre le grand duc Ferdinand I; on les appelle les douze apôtres. Tout le commerce qui se fait dans le grand port de vaisseau à vaisseau est libre; on ne paye de douane que pour les marchandises qui entrent dans la ville par le port intérieur ou petit port, que l'on ferme tous les soirs avec une chaîne. Les fortifications en sont de la plus belle construction, bien entretenues, toujours gardées par une nombreuse garnison, qui fait le service militaire avec la plus grande exactitude. Le port est précédé par une grande rade ou plage, où les vaisseaux trouvent de bons abris à plus d'une demi-lieue en mer. A la tête du port est la tour du fanal; à côté, au levant, sont le lazaret & le bagne, où l'on enferme les forçats. En temps de paix, on compte ordinairement douze à quinze cents vaisseaux de différentes nations dans ce port.

La ville nouvellement bâtie est petite & réguliere, toutes les rues en sont alignées; elle est partagée par une grande place; à une des extrémités est l'église principale. En entrant à droite, est la maison du gouverneur. Il y a dans cette place quelques autres bâtimens d'assez bon goût. Au couchant de la ville, entre la citadelle & l'ancien château, est la partie de Livourne appellée *la nouvelle Venise*, partagée par des canaux, dans lesquels entre l'eau de la mer; ils sont traversés par plusieurs ponts à une arcade. Le long de ces canaux sont presque tous les magasins des négocians.

Autant la ville de Pise est dépeuplée, autant la population de Livourne est nombreuse; le nombre des habitans établis dans la ville, va au-delà de 40000, dans un très-petit espace. On y trouve des marchands de toutes les parties de l'Europe; les Arméniens & les Grecs y ont des établissemens fixes & des églises de leurs rits. Enfin on n'y a rien négligé de tout ce qui pouvoit assurer une entiere liberté au commerce.

La principale église n'a rien de remarquable; le portail qui devroit être le plus bel ornement de la grande place, n'est pas encore fait. L'église des Grecs est d'une construction fort simple; une inscription en deux vers apprend que les Grecs l'ont fait bâtir à leurs frais en 1628, & qu'ils l'ont dédiée à la mere de Dieu. Au milieu de la nef, devant la tendue qui la sépare du sanctuaire, est la pierre sépulcrale des prêtres Grecs, chargés de la desserte de cette église. On y verra deux tableaux du Sauveur & de la Vierge, peints sur un fond d'or dans l'ancien goût des Grecs.

La synagogue des Juifs est une des plus belles de l'Europe; elle est bâtie en quarré long avec des bas-côtés soutenus par des colonnes d'assez belle proportion: au-dessus est une galerie grillée, où se placent toutes les femmes; elles y montent par deux escaliers qui sont dans le vestibule de la synagogue. Au milieu de la nef est une tribune bâtie de marbres choisis, avec des pupitres de même. A chaque angle sont quatre grands chandeliers d'argent à sept branches; c'est-là que se placent les chantres & les rabbins. Au fond de la nef, vis-à-vis de la tribune, est une espéce de sanctuaire séparé de la nef par un grand rideau, dans lequel est une très-grande armoire, où sont enfermés les différens volumes de l'écriture sainte, qui servent aux rabbins & aux chantres; ils sont conservés avec autant de soin que de respect, enveloppés des plus riches étoffes, recouverts de couronnes d'argent &

d'autres ornemens à l'ufage des Juifs. J'ai remarqué un des volumes principaux, celui qui fert aux fêtes folemnelles, qui étoit garni par le bas de grenades & de clochettes d'argent, dans le même goût que celles que le grand prêtre portoit autrefois au bas de fa robe. Ces clochettes fe font entendre quand on déploie le facré volume, & tiennent toute l'affemblée dans le plus grand refpect. Toutes les bibles que j'ai vu dans ce fanctuaire, font des rouleaux d'une belle écriture, mais peu ancienne. Entre les colonnes qui foutiennent les bas-côtés, font fufpendues d'efpace en efpace de très-groffes lampes d'argent, qui fervent à éclairer la fynagogue. Au-deffus de la porte du veftibule, eft une infcription à l'honneur de l'empereur régnant, & de l'impératrice reine de Hongrie, qui confirmerent en 1739 les priviléges accordés aux Juifs établis à Livourne. Cette fynagogue eft, dit-on, la plus belle, la plus riche & la mieux tenue que les Juifs ayent en Europe. A côté eft un tribunal, où font établis des juges de leur nation, pour régler leurs affaires domeftiques, telles que tutelles, ventes, achats entr'eux feulement & les étrangers, jufqu'à certaine fomme, paffé la-

GRAND DUCHÉ DE TOSCANE. 275
quelle, les étrangers peuvent obliger les Juifs à comparoître devant les Juges ordinaires de Livourne.

Une grande partie des maisons de cette ville sont peintes au dehors.

Près du petit port où l'on fabrique les galeres & vaisseaux, est une fontaine publique, décorée d'une statue colossale du grand duc Ferdinand premier, à la base de laquelle sont attachés quatre esclaves Turcs jettés en bronze. La statue de marbre est médiocre; les quatre esclaves sont traités d'une bien meilleure maniere, sur-tout les deux qui paroissent les plus âgés. On dit à Livourne que ce sont les figures de quatre forçats, le pere & les trois fils, qui avoient conspiré contre la vie du grand duc. Hors du port à l'entrée du golfe, sont élevées des tours de marbre blanc, sur des rochers qui sont à fleur d'eau. La plus considérable sert de magasin à poudre, & l'autre n'est pas moins utile : il y a au milieu même de la tour une source très-abondante d'eau douce, où les vaisseaux vont s'en pourvoir, la bonne eau étant très-rare à Livourne, & y manquant souvent.

Par la grande quantité de vaisseaux de toutes les nations qui abordent à ce

M vj

port, on doit juger qu'il s'y fait un très-grand mouvement, & que le spectacle y est très-varié & très-intéressant: aussi est-ce sur le mole, qui l'environne en grande partie, & qui a plus d'un mille de circuit, que se fait la promenade principale. Les consuls des nations étrangeres jouent un rôle important dans ces ports si fréquentés, où ils font nécessairement beaucoup d'affaires. Le commerce de Livourne est immense. Pour en bien juger, il faut voir les magasins de la nouvelle Venise, les changemens qui se font dans le port d'un vaisseau à l'autre, & s'entretenir avec quelques-uns des négocians principaux. Les boutiques où l'on détaille, quoique très-nombreuses pour la ville, ne peuvent pas en donner une idée. On y trouve des gens établis de toutes les nations & de toutes les provinces de l'Europe, & qui tous y font quelque commerce, qui doit leur être utile, eu égard au prix où ils tiennent leurs marchandises.

Le quartier des Juifs, séparé des autres, est assez bien bâti, sans avoir rien de remarquable que les fenêtres & balcons grillés à l'espagnole, où les femmes viennent prendre l'air sans être vues. Ceux qui n'ont pas voyagé en Es-

GRAND DUCHÉ DE TOSCANE.

pagne, peuvent y prendre une idée de ces jalousies, sous lesquelles les galans Espagnols vont jouer de la guittare pour amuser leurs dames. Ces Juifs, tous Portugais & Espagnols, ont conservé dans l'intérieur de leurs maisons tous leurs anciens usages ; leurs femmes sortent rarement & toujours voilées ; à la maison elles occupent un appartement séparé, où les étrangers ne pénétrent jamais.

Quelques historiens placent à l'année 1016 un fait d'armes fort singulier, qui se passa sur les côtes de Toscane, à peu de distance de Livourne, dans le voisinage de la ville de Lune, aujourd'hui ruinée, dont le siége épiscopal a été transféré à Sarzane, qui n'en est qu'à trois milles au couchant. Le pape Benoît VIII marcha contre les Sarrasins, & les vainquit après un combat de trois jours. La reine des Sarrasins ayant été prise, le pape ordonna qu'on lui coupât la tête, & se réserva l'ornement d'or & les pierreries qui lui servoient de diadême. Le roi de ces barbares, irrité de la mort tragique de son épouse, & de la perte de ses troupes, envoya au pape un sac plein de pois, & lui fit dire par le porteur, que l'été suivant il arriveroit avec un aussi grand nombre de soldats qu'il y avoit de pois dans le sac. Le pape lui renvoya un sac de pareille grandeur rempli de millet, & fit répondre au Sarrasin, qu'après le tort qu'il avoit fait aux biens de l'église, s'il revenoit une seconde fois, il retrouveroit autant & plus de gens armés pour les défendre, qu'il ne recevoit de grains de millet. On prétend que ce défi, si bien accepté, en imposa aux Sarrasins, qui n'oserent plus reparoître sur ces côtes.

Une inondation considérable, qui vint à la suite des grandes pluies, nous empêcha de passer de Livourne à Luques, comme nous l'avions projetté. On dit cette ville bien fortifiée & très-jolie; on parle beaucoup de ses remparts, & de la belle promenade formée par plusieurs rangs de grands arbres qui y sont plantés. Cette ville fait un commerce considérable de soies & d'huiles, qui passent pour être les meilleures d'Italie. Elle doit être fort riche: pendant la derniere guerre elle avoit prêté des sommes considérables à la régence de Toscane. Les Luquois sont fins & même subtils, ils ont de l'esprit naturel, & réussissent sur-tout dans les beaux arts. J'en ai vu plusieurs à Florence, à Rome, & dans d'autres villes d'Italie, qui tous avoient de la politesse & l'esprit fort cultivé.

40. La route de Florence à Rome se fait entierement dans l'Apennin, où l'on entre au sortir même de Florence. Les chemins, quoique faits avec soin & assez bien entretenus, n'en sont pas plus aisés à tenir; on ne fait que monter & descendre par des pavés fort durs; il n'y a pas eu moyen d'y entretenir des chaussées sablées, comme dans le pays plat; il est rare de trouver du sable dans l'Apennin, le terrain y est très-mouvant, & il seroit impossible d'y avoir des chemins solides qui ne fussent point pavés; encore souvent il arrive que dans le temps des gelées, ou après les grandes pluies, les parties de chemins qui se trouvent sur la croupe des montagnes, partent en entier, & descendent bien au-delà de la ligne sur laquelle elles étoient tracées.

Route de Florence à Rome. Qualité du pays.

Tout le pays est fertile & bien cultivé; il présente différens points de vue agréables & très-variés. On voit une quantité de jolies maisons de campagne, beaucoup d'avenues de cyprès, toutes les montagnes couvertes d'oliviers & de vignes élevées sur des arbres au milieu des champs labourés. Comme il y a peu de pâturages dans ces cantons; on n'y nourrit que le bétail néceſſaire pour la culture des terres; le laitage y eſt rare; les payſans qui ont tous des oliviers dans leurs héritages, font beaucoup d'huile, qui leur en tient lieu dans l'uſage ordinaire de la vie. Ce mélange de vignes, d'oliviers, de terres cultivées & d'arbres de toutes ſortes, eſt riant; l'aſpect général eſt ruſtique, mais n'a rien de ſauvage; les parties qui ſont incultes, ſoit à cauſe du voiſinage des torrens, ſoit à cauſe de la roideur de leur poſition, ſont couvertes de peupliers, de cyprès, de pins & d'autres arbres. On voit qu'en général l'air de ce pays eſt ſain & doux, le ſang y eſt beau, les payſannes n'ont rien de groſſier dans la phyſionomie, les hommes ſont honnêtes & aſſez bien faits; c'eſt ce que j'ai remarqué de Florence à Poggibonzi dans l'eſpace de vingt-deux milles. On paſſe pluſieurs ruiſſeaux, les uns à gué, les autres ſur des ponts; il y avoit quelques jours qu'il n'avoit plu, ainſi nous ne trouvâmes aucuns obſtacles à les traverſer; mais quelque peu conſidérable qu'ils paroiſſent, ils arrêtent ſouvent les voyageurs, dans le temps des pluies de l'automne, ou au commencement du printemps.

Un village un peu confidérable a un magiftrat principal, connu fous le nom de podeftat ou de vicaire : il a fa réfidence marquée ; on la reconnoît à la quantité de petits quarrés de marbre, fur lefquels fes prédéceffeurs n'ont pas manqué de faire graver leurs noms, leurs armoiries, s'ils en avoient, & le temps de leur geftion : ce goût pour l'immortalité eft bien répandu en Italie ; on voit de ces maifons entierement revêtues de pareilles infcriptions, qui donneront beaucoup d'exercice aux antiquaires à venir.

Poggibonzi eft un très-gros bourg, fitué fur une colline : en allant de là à Sienne, le chemin traverfe pendant un affez long efpace, un bois de chêne de haute-futaie, dont il paroît que l'on a coupé les plus beaux arbres : on en défriche déja quelques parties, & infenfiblement ce canton fe couvrira de vignes & d'oliviers comme le refte du pays. L'intérieur de cette forêt, coupée par des ravins profonds, a l'air très défert. A fix milles environ de Sienne, les montagnes s'abaiffent, les points de vue s'étendent ; on en voit plufieurs très-gracieux qui peuvent fournir bien des idées nouvelles aux peintres de payfages. Cette partie de la Toscane, quoique moins belle & moins riante que la route de Florence à Pise, a des beautés de situation que l'on ne trouveroit pas dans un pays de montagnes, autre que l'Apennin; une quantité de buissons ardens, de cyprès, d'oliviers, de lauriers, & d'autres arbres & buissons toujours verds, en rendent le spectacle agréable & vivant, même pendant l'hiver. Le pays produit du grain, des huiles, du vin au-delà de ce qu'il lui en faut pour sa consommation, & en exporte beaucoup. On y éleve aussi par-tout des mûriers blancs qui servent à nourrir beaucoup de vers à soie.

Ville de Sienne. Ses révolutions.

41. La ville de Sienne est éloignée de trente-cinq milles de Florence : sa situation est dans les montagnes mêmes de l'Apennin, sur un terrain élevé & inégal. Elle doit son origine aux Gaulois Senonois, qui la fonderent lors de leur entrée en Italie sous la conduite de Brennus. Les Toscans la comptoient au nombre de leurs douze cités principales; ensuite elle devint colonie romaine, sous le nom de *Sena Julia*. Dès les temps les plus reculés, cette ville étoit très-considérable, située dans un pays gras & fertile. Dans des siécles où l'on n'imagi-

noit pas encore que le commerce fût l'unique source de l'opulence, elle s'entretenoit des productions naturelles à son climat, vivoit dans l'abondance, & étoit très-peuplée. Après la décadence de l'Empire Romain en occident, elle fut agitée de factions, & soumise à différens maîtres, jusqu'à ce qu'elle se forma en république libre; ce qui ne put être que dans le neuviéme siécle, après que les François eurent entierement détruit la puissance des Lombards en Italie. Les nobles & le peuple se disputerent le droit de donner des loix à la patrie pendant une longue suite d'années, & exciterent diverses séditions, qui souvent n'étoient terminées que par la mort des chefs des partis vaincus. Enfin l'abus de la liberté porta les choses au point, que les mécontens ayant appellé les princes étrangers pour soutenir leurs prétentions, la ville fut entierement subjuguée par les armées Espagnoles, commandées par le marquis de Marignano, frere du pape Pie IV.

Cette ville tyrannisée par les Espagnols, qu'elle avoit appellés pour défendre sa liberté contre les entreprises des Médicis, se donna aux François en 1552. Le maréchal de Thermes y établit pour gouverneur le brave Montluc, qui avec peu de troupes, la plupart étrangeres, peu de vivres & de munitions, y soutint un siége de dix mois contre une armée nombreuse, & ne rendit la place qu'après avoir obtenu la capitulation la plus honorable & la plus sûre pour les habitans & la garnison; ayant exigé encore qu'il se retireroit librement sans signer le traité, ne voulant pas, disoit-il, qu'on vît jamais le nom de Montluc dans aucune capitulation. Il sortit de Sienne en 1555; les Espagnols resterent maîtres absolus de cette ville, que Philippe II, roi d'Espagne, céda en 1557 avec ses dépendances à Cosme I, grand duc de Toscane, pour la tenir de lui en fief. Depuis ce temps, les factions éteintes dans cette ville sembloient y promettre des jours heureux sous un gouvernement doux & pacifique, mais elle n'a cessé de se dépeupler : elle comptoit, dit-on, dans ses beaux jours cent mille habitans, à peine en a-t-elle le quart, encore dit-on que le nombre en diminue tous les jours.

Dès que les grands ducs de Toscane en furent paisibles possesseurs, ils firent réparer les murailles, ajouter de nouvelles fortifications aux anciennes, construire une citadelle, qui en défendant la ville contre les entreprises des étrangers, la tiendroit dans le respect; ils y établirent la même forme de gouvernement que dans le reste de la Toscane, & les choses sont restées jusqu'à présent dans cet état. Cette ville est le siége d'un archevêché, érigé en 1459 par le pape Pie II (Æneas-Sylvius Piccolomini) qui en étoit originaire: elle a une université. En 1321, les Siennois, autant pour bannir l'ignorance qui régnoit chez eux par défaut de bons maîtres, que pour s'opposer à un certain Bocin qui tentoit d'y rétablir l'idolâtrie sous une nouvelle forme, firent venir de Bologne des maîtres instruits: ils y établirent un cours d'études réglées, que l'empereur Charles IV érigea en université en 1357. Cette université manquoit d'une bibliothéque en 1759. Salustio Bandini, archidiacre de l'église de Sienne, connu dans la république des lettres, légua sa bibliothéque à l'université: quelques particuliers l'augmenterent tout de suite, & pour son entretien l'université assigna une somme annuelle à prendre sur les revenus: elle est publique.

L'empereur a établi dans cette ville une académie pour monter à cheval, où il entretient un écuyer & des chevaux à ses frais, & différens maîtres d'exercices. On doit y recevoir les jeunes gentilshommes de l'état de Sienne à un prix très-modique.

La forme dont la ville de Sienne est bâtie, annonce son antiquité; il n'y a presque aucune rue alignée, elles sont circulaires ou courbes, & aucune dont le sol ne soit inégal, attendu la position de la ville; cependant il n'y reste rien de construction vraiment antique, que quelques parties de murailles d'une assez mauvaise maniere, que l'on dit avoir été celle des Toscans. Les bâtimens, dont la plupart ont encore une sorte de magnificence ancienne, n'ont rien qui approche de la beauté de ceux de Florence; plusieurs sont revêtus de marbre, mais dans le goût gothique.

On n'a pu, dans un terrain aussi inégal, ménager qu'une seule place, entourée en grande partie de portiques couverts, & des édifices principaux de la ville. Sa forme est singuliere, elle est concave comme l'intérieur d'une coquille; tout autour on a pratiqué un quai élevé, où le peuple peut se placer comme sur un amphithéâtre, lorsqu'il y a quelque spectacle dans la place.

GRAND DUCHÉ DE TOSCANE. 287

A une des extrémités est une fontaine revêtue de marbre, & décorée de quelques statues anciennes. La forme de la place & la position de la fontaine, donnent lieu de conjecturer que l'on a eu l'intention d'y donner des naumachies.

Toute la ville est pavée de briques posées sur champ ; la cause de cette particularité est la rigueur de l'hiver à Sienne ; les verglas y rendroient tout autre pavé impraticable aux voitures & aux bêtes de somme pendant cette saison.

42. Le seul édifice vraiment beau que l'on voit dans cette ville, est l'église cathédrale, construite dans le quatorziéme siécle, de belle architecture gothique. Elle est entierement revêtue à l'extérieur de marbre noir & blanc, & d'ornemens distribués avec goût. Le grand portail ouvert de trois portes, a un ordre de colonnes bien entendu ; la partie supérieure est chargée d'une multitude de statues, de bustes, de pointes ou campaniles gothiques, d'arabesques & d'autres ornemens de ce genre, dont plusieurs ont été dorés. On y voit différens animaux, qui sont les symboles ou devises des villes qui

Cathédrale de Sienne. Statues. Tableaux.

dépendoient de l'état de Sienne, lorsque le portail fut conftruit. Aux côtés du perron, font deux colonnes antiques de porphyre, fur lefquelles font placées des louves de bronze, avec les deux jumeaux qu'elles alaitent, fymbole de la ville de Sienne, colonie romaine... La grande porte intérieure a des beautés ; le travail gothique eft mêlé de compofite, ce qui le releve beaucoup ; les deux colonnes qui foutiennent le fronton, font d'un excellent travail... A chaque pilier font des ftatues d'apôtres, ou de papes Siennois, en marbre blanc, plus grandes que le naturel : celle d'Alexandre VII eft du Bernin. La nef du milieu, féparée des bas-côtés par des piliers ronds, a une galerie qui régne tout autour, contre laquelle eft placée une très-longue fuite de buftes des papes en terre cuite, qui fe termine à Adrien IV. On y voyoit entr'autres celui de la papeffe Jeanne, que le grand duc Ferdinand I fit enlever en 1600, à la priere du pape Clément VIII : on mit en place le portrait d'un pape Zacharie. Parmi ces buftes, qui font au nombre de cent foixante-dix, on en voit plufieurs des antipapes ; ils ont été faits en 1400.

Le maître-autel, composé de différens marbres tirés des environs de Sienne, est d'un très-beau travail, de même que le tabernacle de bronze doré, & les grands candelabres qui sont au-devant. Mais rien dans cette église n'est aussi magnifique que la chapelle des Chigi, construite par les ordres du pape Alexandre VII; elle est incrustée en grande partie de lapis lazuli, avec des ornemens de bronze doré, exécutés sur les desseins du cavalier Bernin. La forme, autant que je puis me la rappeller, est exagone; la coupole est soutenue par des colonnes de beau marbre verd. Dans les pans on a pratiqué quatre niches, où sont placées des statues de marbre blanc, dont deux du Bernin, celle de la Madelaine & de saint Jérôme : cette derniere est bien supérieure aux autres; elle est traitée d'un goût mâle & point maniéré. On y voit aussi quatre bas-reliefs en marbre blanc & de bonne main; ils représentent les mysteres de la Vierge. On y verra encore deux bons tableaux de Carle Maratte; l'un a pour sujet la fuite en Egypte, l'autre la Visitation; ils sont tous les deux d'un ton de couleur frais & gracieux; les figures de la Vierge sont nobles & aimables, &

paroissent avoir emporté toute l'attention du peintre, qui n'a pas travaillé avec le même soin les autres figures de ces tableaux... Tout l'ensemble de cette chapelle est élégant & riche; elle a été construite pour placer une ancienne image miraculeuse de la Vierge, peinte sur un fond d'or dans la maniere des Grecs de Constantinople, à laquelle le peuple de Sienne a une grande dévotion... Dans la chapelle de saint Jean-Baptiste, où l'on conserve un bras de ce saint, donné à l'église de Sienne par le pape Pie II, est une très-bonne statue en bronze, jettée par le Donatelli... Une grande inscription apprend que le pape avoit reçu cette précieuse relique de Thomas Paléologue, roi du Péloponese, & qu'il en fit présent à cette église en 1464, en présence de huit cardinaux.

Parmi les tableaux des chapelles, on remarquera celui qui représente saint Bernardin prêchant au peuple, peint par le Calabrésé; il est d'une très-belle ordonnance, d'une grande vérité d'expression, les ombres en sont noircies... Un tableau de Sorri, peintre Siennois, qui a pour sujet l'adoration des Mages, dans lequel il a heureusement imité la maniere & le beau coloris de Paul Veronese... Deux tableaux du Trevifani, dont l'un repréfente faint Jacques & faint Philippe, & l'autre le martyre des quatre couronnés... Les plus remarquables des autres monumens de cette églife, font le tombeau de M. Antoine Zondadari, grand maître de Malte.... Un autre tombeau de bronze, avec la figure d'un évêque en bas-relief, par le Donatelli... La chaire à prêcher de marbres d'Afrique, avec des ornemens faits dans le treiziéme fiécle... Le bénitier à droite en entrant par la grande porte, paroît être d'un travail antique grec, d'une bonne main; on y voit en relief des faunes & des bacchantes.

Mais ce qu'il y a d'admirable dans cette églife, c'eft le pavé qui eft de marbre blanc, gravé en clair obfcur. Les contours des figures taillés dans le marbre, & les lignes remplies d'une couleur brune, forment les ombres : le tout enfemble eft une fuite de belles gravures qui repréfentent prefque tous les traits remarquables de l'ancien & du nouveau teftament, les prophètes, les fibylles, les apôtres, ou d'autres fujets hiftoriques. Le pavé du chœur fait fur les deffeins du Beccafumi, eft deffiné de la plus grande maniere, avec des caracteres de tête d'une expreſſion admirable : on y voit entr'autres tableaux le ſacrifice d'Abraham, le frappement du rocher, &c... Toute cette partie du pavé eſt couverte de planches : en regardant celui du reſte de l'égliſe, où l'on trouve de temps en temps des morceaux d'une exécution excellente, on regrette qu'un ouvrage ſi rare ſoit perpétuellement expoſé à être détérioré. Dans le dernier compartiment de la nef du milieu eſt un grand cercle, autour duquel ſont rangés différens ronds, dans leſquels ſont gravées les deviſes des villes alliées de la république de Sienne ; au milieu eſt la ville de Sienne, repréſentée par la louve & les jumeaux, enſuite Florence par un lion, Luques par une panthere, Piſe par un liévre, Viterbe par la licorne, Perouſe par une cigogne, Rome par un éléphant portant une tour, Orviete par une oie, Arezzo par un cheval, Maſſa par un lion chargé de quatre fleurs de lis, Groſſeto par un griffon, Piſtoie par un dragon, & Volterre par un vautour.

Le plafond de la voûte de l'égliſe eſt peint d'azur ſemé d'étoiles d'or, les arabeſques & côtes des voûtes auſſi dorées.

GRAND DUCHÉ DE TOSCANE.

Dans la croisée à gauche est une grande salle voûtée, appellée *la bibliothèque*, où étoient autrefois beaucoup de manuscrits précieux à l'usage de l'église de Sienne, qu'un cardinal de Burgos fit enlever & conduire en Espagne, après que Philippe II se fut rendu maître de la ville. Il n'y reste plus qu'une quarantaine de très-gros volumes de chant, écrits sur vélin, très-bien notés, peints & ornés de lettres grises, culs de lampes & vignettes en miniature, de belle couleur & enrichie d'or. L'ouvrage a été conduit & exécuté en grande partie par un Bénédictin de la congrégation du Mont-Cassin. Il y a de la propreté dans l'exécution, mais peu d'intelligence de dessein. Ce qu'il y a de plus curieux dans cette salle, sont les dix grands tableaux à fresque, qui représentent fort au long la naissance & toute la suite de la vie du pape Pie II: au bas de chaque tableau est une inscription latine qui en explique bien le sujet. Ces peintures sont de la plus belle conservation, & fraîches de couleur ; il y a de l'expression & de la vérité dans les airs de tête. Pierre Perugin, le Pinturrichio & Raphaël y ont travaillé ; ils y ont employé l'or & l'argent en relief, ce qui enrichit les tableaux, sans rien ôter à leur mérite essentiel. Au-dessus de la porte est un bas-relief qui représente l'expulsion d'Adam & d'Eve du paradis terrestre, avec cette inscription....

Deum maximum & posteros offendi, utrisque debeo, & neuter mihi.

Au milieu de cette salle, sur un piédestal rond, est un groupe représentant les trois grâces ; il est mutilé, & la tête manque à la figure du milieu. Du temps de Raphaël, & long-temps après encore, on regardoit ce groupe comme le plus bel antique connu ; on prétendoit qu'il avoit été trouvé dans les ruines de la citadelle d'Athènes, & qu'il étoit l'ouvrage du sculpteur Sophronisque, pere de Socrate : cet antique est d'un marbre brun rougeâtre. On voit par-là que Raphaël, Michel-Ange, André del Sarto, Fra Bartholomeo della porta, ont beaucoup plus dû à leur propre génie, qu'à l'étude de l'antique qu'ils connoissoient à peine, les antiques les plus précieux ayant été découverts long-temps après eux. La voûte de cette salle est traitée dans le goût de celle de l'église, en or & azur ; il y a des parties d'un travail recherché. On voit par le peu que j'ai dit de cette église, que c'est un des plus beaux édifices de l'Italie, & très-digne de curiosité.

L'église de saint Jean, ou baptistere, qui est à côté de la cathédrale, sur un terrain beaucoup plus bas, est de forme octogone, revêtu de marbre blanc en dedans & en dehors, & couronné d'une grande coupole. Au milieu est un beau pavillon de marbre blanc, orné de bas-reliefs en bronze ; la construction m'en a paru riche ; je n'ai pu le voir que par une fenêtre du haut en bas : les sacristains qui ont les clefs de ces sortes d'édifices, dès qu'ils voyent des étrangers curieux, les emportent, & se font chercher pendant long-temps, pour avoir quelque prétexte de se faire payer plus cherement, ce qui est très-incommode, fort dispendieux, & presque inévitable.

L'église des Augustins, nouvellement rebâtie sur les desseins de *Vanvitelli*, architecte Romain, est d'un très-bon goût. Les colonnes qui portent la voûte sont d'ordre composite ; les pilastres du même ordre, de même que les stucs dont les plafonds sont ornés, ont de la noblesse & de l'élégance. Cet architecte, dont j'aurai encore occasion de parler, tient à présent le premier rang en Italie; il connoît l'antique, & en fait passer fort heureusement les beautés dans les constructions modernes. Il y a dans la maison de ces Augustins une bibliothéque publique, ouverte à certains jours de la semaine.

<small>Epoque du rétablissement de la peinture.</small> 43. *Les Dominicains.* On conserve dans une chapelle de leur église une très-ancienne peinture sur bois, qui représente la Vierge ayant l'Enfant Jesus entre ses bras. Ce tableau, dessiné de bonne maniere, est encore frais de couleur; il a été peint dans le commencement du treiziéme siécle, ainsi que l'apprend ce distique qu'on lit au bas....

Me Guido de Senis diebus depinxit amœnis,
Quem Christus lenis, nullis nolit agere penis.
A. D. M. CC. XXI.

La beauté de ce tableau fait que les Siennois regardent le Gui de Sienne comme le restaurateur de la peinture en Italie, dont ils disputent le titre au *Cimabué,* auquel les Florentins l'attribuent, & qui passe pour tel dans tout le reste de l'Europe; cependant le Cimabué n'est né qu'en 1240, il apprit son art de quelques peintres Grecs venus à Florence, & dans le cours de sa vie, qui fut de soixante années, à peine a-t-il fait quelques tableaux que l'on puisse comparer à celui de Gui de Sienne : il est vrai que l'on a beaucoup de tableaux du Cimabué, & que l'on ne connoît de Gui de Sienne que celui dont je parle ; ce qui fait que les Florentins, qui n'en disputent pas l'authenticité, le regardent comme un tableau fait par hazard, par un homme qui peignoit sans principes & sans goût, & qui a rencontré juste une fois dans sa vie ; ce qui ne suffit pas pour enlever au Cimabué la gloire d'être le restaurateur de la peinture en Italie. Je dirai à ce sujet que je me souviens d'avoir vu dans un des appartemens du vatican, un portrait de saint François d'Assise, peint au commencement du treiziéme siécle, par un peintre de Luques. Il est sur une planche assez étroite ; le dessein, quoique roide, est correct ; il y a de l'expression dans l'air de la tête ; les mains sont bien traitées ; la couleur de la robe est d'un gris cendré ; le capuchon, sans être rond comme le portent les Mineurs Observantins, n'a pas la pointe aussi allongée que celui des Capucins. Je fais cette remarque qui peut contribuer à décider la fameuse querelle entre les Cordeliers & les Capucins sur la forme de l'habit de saint François; peut-être qu'aucun de ceux qui ont écrit sur ce sujet ne savoient que ce tableau existât.

Maison de Ste Catherine de Sienne. 44. Dans le même quartier est la maison qu'habitoit dans le quatorziéme siécle Jacques Benincasa, teinturier, pere de sainte Catherine de Sienne, dont on a fait une chapelle ou oratoire de confrairie, pour les habitans du voisinage. La piéce principale est un carré long, couvert de grands tableaux peints sur toile, qui représentent les principales circonstances de la vie, & les miracles les plus signalés de la sainte. A côté est une autre petite chapelle, qui a été sa chambre, la même où Jesus-Christ lui apparoissoit. Par derriere est un petit cabinet où elle couchoit à plate terre : on a revêtu d'argent les briques qui lui servoient de chevet.

Dans un autre oratoire qui est dans le même quartier, on conserve le tableau miraculeux du crucifix qui imprima les stigmates à sainte Catherine de Sienne : il est couvert, & on ne le voit qu'avec la permission des Magistrats qui le tiennent sous clef. Toutes ces piéces différentes sont ornées de peintures relatives aux lieux où elles font placées.

Sainte Catherine naquit à Sienne en 1347 : à l'âge de vingt ans elle embraſſa l'inſtitut des ſœurs de la pénitence de ſaint Dominique, qui ſubſiſte encore en Italie ; elles portent l'habit religieux, & ne ſont point cloîtrées. Elle ſe mêla beaucoup des affaires politiques de ſon ſiécle. Elle réconcilia les Florentins avec le pape Grégoire XI, qu'elle détermina à fixer ſa réſidence à Rome, & à quitter Avignon. Elle écrivit & parla fortement contre le grand ſchiſme qui commençoit à ſe former. Elle mourut à Rome en 1380, âgée ſeulement de trente-trois ans. Pie II la canoniſa en 1461 : cette canoniſation fait le ſujet d'un des plus beaux tableaux de la grande ſacriſtie de la cathédrale de Sienne.

La vie de ſainte Catherine a été écrite par ſon confeſſeur Raimond de Capouë, Frere Prêcheur, & depuis général de ſon ordre. Elle avoit des révélations dans leſquelles elle étoit inſtruite immédiatement par Jeſus-Chriſt lui-même. Elle les racontoit à ſon confeſſeur, qui commença par en douter : comme il étoit dans ce doute, il vit tout d'un coup le viſage de Catherine transformé en celui d'un homme de moyen âge, portant une barbe médiocre, dont le regard étoit si majestueux, qu'on voyoit évidemment que c'étoit le Sauveur. Cette vision miraculeuse accordée à frere Raïmond, l'empêcha dans la suite de douter de la vérité des révélations de sa pénitente.

Au-dessus de ce quartier est la citadelle à cinq bastions royaux, construite en 1560, par les ordres de Côme premier, grand duc de Toscane....A côté est l'académie à monter à cheval: j'y ai vu de très-beaux chevaux du pays, dont la race est bonne; ils sont vigoureux, très-vîtes à la course, & on en dresse beaucoup à Sienne pour cet exercice.

A l'église de *saint Martin*, on voit un grand tableau d'autel du Guide, qui a pour sujet la Circoncision: le dessein & la composition sont dignes de ce grand maître; mais il est très-foible de couleur, ce n'est qu'en l'examinant que l'on en connoît le mérite. L'escalier pour monter à cette église, & l'architecture du portail, sont d'après les desseins du Fontana....

L'hôpital de *santa Maria della scala* est servi par une société de freres, qui assistent les pauvres, sans y être obligés par aucun vœu folemnel. Il y a un féminaire qui y eft joint, dans les archives duquel on prétend conferver un manufcrit original de faint Chryfoftôme, qui comprend les commentaires de ce pere fur le nouveau teftament ; on en parle à tous les voyageurs, & on ne le leur montre point : mais il y a beaucoup de chartres anciennes, & que l'on voit, deux entr'autres de l'empereur Loüis le Débonnaire, accordées, l'une en faveur d'un monaftere de faint Anthime, l'autre à un abbé de faint Sauveur, qui exempte fon abbaye de la jurifdiction des juges féculiers. Ces piéces font authentiques, & du temps de leur date.

Il y a plufieurs falles pour les malades des différens fexes, tenues très-proprement. Au fond de la principale on voit dans le rond-point une très-grande peinture à frefque, exécutée par Sebaftien Concha, peintre Napolitain, mort depuis peu de temps ; c'eft l'un des plus beaux ouvrages de ce maître, où il a réuni toutes les parties effentielles de la peinture, le deffein, l'expreffion & le coloris : le fujet en eft la pifcine probatique. Le maître-autel eft décoré d'une statue du Sauveur, & de deux Anges jettés en bronze.

L'église paroissiale de *san Quirico* est enrichie de quantité de beaux tableaux des meilleurs peintres du pays. On remarquera sur-tout l'*Ecce Homo*, & la fuite en Egypte, par Francesco Vanni, qui a peint dans le goût du Baroccio. La descente de croix d'Alexandre Casolani, & quelques autres.

Le palais de la Seigneurie, où résident le podestat & le capitaine de la justice, & où sont les différens tribunaux pour l'administration de la justice & de la police dans la ville de Sienne, est situé sur la grande place. On y voit plusieurs salles peintes à fresque, dans l'une desquelles sont quelques tableaux de distinction ; entr'autres le jugement de Salomon, par Luc Jordan, d'un beau caractere de dessein & bien colorié.... L'Assomption de la Vierge, par le cavalier Vanni : le groupe du haut est excellent. Un grand tableau Flamand, qui représente un détachement de cavalerie arrêté au bord d'un ruisseau, vrai, frais de couleur & bien dessiné. Un beau portrait du grand maître Zondadari : cette piéce est grande & bien éclairée...

Dans la chapelle du palais, le tableau d'autel repréſentant la ſainte famille & ſaint Antoine, par le Sodoma; le coloris en eſt encore très-brillant. La plus grande partie des appartemens de ce palais ont été décorés fort anciennement; ils ſont obſcurs, & actuellement fort négligés. Le long de l'eſcalier & dans la cour, on a incruſté dans les murs quelques antiques qui n'ont rien de bien remarquable.

Le théâtre public a été nouvellement bâti par le Bibiéna, peintre & architecte de Bologne, qui a fait conſtruire le grand théâtre de cette Ville : ils ſont l'un & l'autre dans le même goût de conſtruction & de décoration, mais celui de Sienne beaucoup moins grand que celui de Bologne. Tous les dégagemens en ſont très-bien entendus, & il paroît que l'on n'a rien négligé pour le garantir des incendies qui l'avoient détruit en 1741 & en 1751.

La ſeule porte de la ville, décorée d'architecture, eſt la porte camollia; elle mérite d'être vue. Entre cette porte & les ouvrages extérieurs qui la couvrent, eſt une colonne de marbre, de belle proportion, érigée par ordre de l'empereur Frédéric III, qui vint jusqu'à cet endroit au-devant de la princesse Eléonore de Portugal son épouse. L'inscription suivante est gravée sur la colonne.

Cæsarem Fredericum III. imp. & Leonoram sponsam Portugaliæ regis filiam, hoc se primum salutavisse loco, lætisque interse consalutavisse auspiciis, marmoreum posteris indicat monumentum.

A. D. M. CCCC. LI. VI. kal. martias.

Au-dessus de la colonne sont les armes acollées de l'Empire & du Portugal. On voit dans les différens quartiers de cette ville plusieurs colonnes avec la louve & les jumeaux ; elles sont ordinairement placées devant les édifices publics, ou les annoncent.

L'aspect général de la ville de Sienne est celui d'une ville grande & ancienne, mais qui n'a rien de beau ni de majestueux. La cathédrale & les édifices qui en dépendent, sont le seul endroit de la ville qui ait de la magnificence ; les maisons les plus apparentes, celles qui appartiennent aux anciennes familles, quoique vastes & décorées de beaux marbres, sont la plupart d'un mauvais goût d'architecture, mêlé de gothique & de moderne : ce qui manque essentiellement à cette ville, est la population.

On voit quelque mouvement dans le centre de la ville; le reſte eſt triſte & déſert, & a l'air pauvre. Les environs de la cathédrale, aux jours de ſolemnité, quand il y a grand concours de peuple, doivent être brillans. Les plus belles conſtructions raſſemblées ne paroiſſent qu'un corps ſans ame, ſi elles ne ſont pas habitées par un peuple nombreux.

45. Les habitans de Sienne ſont affables; ils ſont regardés comme le peuple d'Italie qui parle le plus correctement; leur ſociété eſt douce & agréable; les femmes y ſont aimables; le ſang y eſt beau. Les étrangers qui y ont fait quelque ſéjour, diſent tous qu'ils y ont été bien reçus: je n'en ai rien éprouvé; ce que j'ai remarqué, c'eſt qu'on étoit très-curieux de les voir, & qu'un étranger fait ſpectacle dans tous les quartiers. Malgré la gayeté douce de ce peuple, il regne ſur tous les viſages, même ſur ceux des gens du premier rang, un air de langueur qui n'annonce pas la bonne ſanté. Soit qu'on ait tort ou raiſon, on attribue cette diſpoſition, que l'on peut regarder comme un très-grand malheur pour le pays, au ſéjour qu'y firent les Eſpagnols pendant près de trois ans.

Obſervations ſur cette ville & ſes habitans. Poëtes improviſeurs.

Il y a peu de commerce, & preſqu'aucune induſtrie à Sienne: le territoire par lui-même eſt gras & fertile, & fournit abondamment toutes les denrées de conſommation; mais cette fertilité ne ſuffit pas pour rendre un pays riche & brillant ; il y faut encore quelque commerce, une circulation d'argent, & une multiplicité de travaux qui augmentent la population, en retenant dans le pays une quantité d'artiſans & de journaliers, qui n'oſent y faire des établiſſemens, parce qu'ils ne trouveroient pas dans leur travail le moyen d'entretenir une famille. Ce malheur devient général preſque par-tout, & eſt plus ſenſible en Italie que dans les autres parties de l'Europe: on y voit de grandes villes qui autrefois ont été extrêmement peuplées, & qui à peine ſont à préſent habitées; & on ne peut pas dire que les habitans ſoient allés s'établir ailleurs ; car, à l'exception de Naples & de Livourne, dont la population a beaucoup augmenté dans ces derniers temps, que ſont devenues Rome, Milan, Pavie, Piſe, Sienne, & tant d'autres villes dont les habitans ont été autrefois ſi nombreux ?

Le goût de la poëſie eſt auſſi bien établi à Sienne que dans toute l'Italie;

on y trouve à chaque pas des compositeurs de sonnets & de poësies à impromptu, que l'on appelle *poete estemporanei*, ou poëtes improviseurs. Ces sortes d'illustres, dont le Goldoni a donné une idée dans une de ses comédies, doivent être prêts à parler en vers sur tous les sujets qui peuvent leur être proposés, & souvent même à les traiter dans le goût héroïque : il est aisé de comprendre ce que doivent être ces sortes de productions, peu estimables par elles-mêmes, mais qui demandent une grande habitude, & beaucoup de vivacité d'esprit. On trouve de ces improviseurs sur-tout dans les promenades de nuit. Quand ils se rencontrent plusieurs ensemble, ils se défient réciproquement ; celui qui propose le sujet a ordinairement l'avantage, c'est le public qui est juge de la victoire. Quelques-uns de ces poëtes se sont fait une réputation brillante. On voit dans la cathédrale de Sienne un monument érigé à la gloire du cavalier Bernardino Perfetti, Siennois, *poeta estemporaneo*, qui reçut la couronne de laurier à Rome au capitole en 1725.... Cet illustre étoit un éleve de l'académie des *intronati* de Sienne, qui tient ses séances dans une des salles de l'université; elles ne sont point reglées, & n'ont lieu que dans quelques occasions remarquables qui se présentent rarement.

On voit dans cette ville, ainsi qu'à Pavie, à Viterbe, &c. plusieurs tours quarrées & fort élevées, sur lesquelles on raconte des histoires étonnantes, mais qui ne peuvent avoir cours que parmi ceux qui les débitent, & qui sont accoutumés à prendre l'absurde pour le merveilleux.

Il y a à Sienne plusieurs recueils de desseins originaux du Beccafumi & des autres peintres Siennois: sous ce prétexte on ne manque pas d'en proposer à acheter aux étrangers qui passent; mais ce ne sont d'ordinaire que des desseins faits nouvellement par quelques mains mal-adroites, qui vont dessiner dans les églises de Sienne les tableaux & les monumens les plus connus. Un homme mal vêtu, l'épée au côté, vient les offrir à un prix très-haut, assurant que la nécessité seule l'oblige à s'en défaire, & qu'il aime mieux les remettre à un prix médiocre aux étrangers, que de les vendre à ses concitoyens, dont il ne veut pas que sa misere soit connue. Tous ces marchands se disent cavaliers & alliés aux plus grandes maisons du pays; mais il ne faut ordinairement pas plus les croire sur la vérité de leur généalogie, que sur l'authenticité du dessein qu'ils proposent à vendre. Il y en a qui portent des bronzes, des médailles frustes, des vieilles monnoies, & toutes sortes d'antiquailles, dont à force de constance & de mensonges ils parviennent à attraper les voyageurs ignorans, qui croyent qu'il est du bon ton de se charger de ces effets, qui d'ordinaire n'ont aucune valeur.

46. Le chemin de Sienne à Buonconvento, quoique toujours dans la montagne, est bien fait; il est presque par-tout réparé à neuf, commode & fort doux pour les voitures: avec quelque entretien on le maintiendra long-temps dans cet état. Si les environs de Sienne sont très fertiles, il n'en est pas de même de ceux de Tornieri & de Buonconvento, qui sont plus arides. On compte quinze milles de Sienne à Buonconvento. La situation de ce bourg au pied de la montagne, sur le bord d'un assez gros ruisseau, est riante; il est bien bâti. Cet endroit est connu dans l'histoire par la mort de l'empereur Henri VII de Luxembourg; il s'y trouva le 15 du

Suite de la route de Rome. Buonconvento. Montagne & château de Radicofani.

mois d'août 1313 ; il y entendit la messe, & y communia de la main d'un Frere Prêcheur ; aussitôt après il tomba malade, & mourut le 25 du même mois. Toute sa cour prétendit que le religieux qui l'avoit communié étoit Gibelin, & avoit mis du poison dans le vin de l'ablution qu'il lui avoit donné après la communion, quoique le rapport des médecins, fait par ordre du pape, certifiât que l'empereur n'étoit pas mort de poison, mais d'une fiévre maligne occasionnée par les grandes chaleurs. Les historiens d'Italie disent tous que les Allemands fâchés de n'avoir pas le pillage de Rome & de plusieurs autres bonnes villes que ce prince leur avoit promis, répandirent exprès ce faux bruit.

De *Buonconventa* à *san Quirico*, dans l'espace de dix milles, le chemin est presque toujours sur un ancien pavé fort dégradé & très-difficile à tenir ; on monte & on descend continuellement ; on ne risque pas à la vérité de culbuter dans des précipices, mais les voitures sont très-fatiguées par des chemins si rudes ; on commence à les réparer, & quelques parties sont assez bonnes.

Ces montagnes, quoiqu'entierement

de terre, sont très-élevées. On trouve dans quelques-unes, sur-tout auprès de Buonconvento, des cailloux qui ressemblent, par l'éclat des couleurs & la finesse du grain, au porphyre, au verd campan, & aux marbres les plus précieux. On y remarquera aussi que les angles de ces montagnes ne se correspondent point; les vallons qui les partagent sont disposés dans tous les sens; quelques-uns même n'ont point d'issue, & sont à fond de cuve; les uns sont secs, & sans doute que les eaux de pluie s'écoulent par des canaux souterrains; dans les autres il y a de petits lacs, qui, sans aucune communication apparente, ne laissent pas d'être poissonneux; dans d'autres les eaux minent insensiblement les hauteurs voisines, & forment des amas d'eau & de boue, & des marais qui pourront par la suite changer la qualité de l'air du pays, qui jusqu'à présent a été fort saine; on s'apperçoit que les joncs & les autres plantes marécageuses commencent à s'y multiplier. Les eaux qui se rassemblent dans les vallons qui ont quelque issue, se rendent toutes après beaucoup de détours dans la mer de Toscane, quoique très-souvent elles coulent dans une direction toute contraire.

Les eaux de pluie ont formé en plusieurs endroits des ravins, dans lesquels on voit à découvert des lits de marne grasse, qui fertiliseroit beaucoup les terres, si les habitans savoient l'employer : pour réparer les chemins, on en a enlevé plusieurs tas qui sont jettés négligemment sur le bord des terres ; on s'appercevra de la vigueur des plantes qui croîtront dans le terrain où elle aura séjourné ; on l'étendra pour cultiver, & le hazard en apprendra l'usage. A deux ou trois milles au-delà de Sienne jusqu'à *san Quirico*, les vues sont très-agrestes, mais singulieres & piquantes ; la nature dans ces montagnes se montre sous une forme particuliere à ce canton ; l'horison y est étendu & varié ; il y croît beaucoup de bled ; on cultive des mûriers dans les environs de Pont-Arvia & de Buonconvento ; toute la montagne de san Quirico est chargée d'oliviers. On voit à droite du chemin, sur une montagne escarpée, la ville de Mont-Alcino. La température de l'air y est froide, mais saine ; les habitans y sont robustes & laborieux,

GRAND DUCHÉ DE TOSCANE.

laborieux, & le pays est fort cultivé. On y trouve quelques plantes aromatiques, entr'autres du thym d'une grande espece, à fleurs gris de lin, la feuille épaisse & dentelée, longue de huit à dix lignes, & d'une odeur agréable.

San-Quirico est un très-gros village, avec titre de marquisat, qui appartient au prince Chigi. Il y a un palais & quelques maisons de belle apparence. L'église est ornée & tenue proprement, autant que j'en ai pu juger le soir à la lueur de quelques cierges.

De san Quirico à Radicofani on compte seize milles, dont onze depuis la Scala jusqu'à Radicofani, qui se passent à monter presque continuellement par des parties de chemin souvent droites & escarpées. Je crois que cette montagne est le point le plus élevé de l'Apennin ; le haut est presque toujours couvert de brouillards, qui en dérobent la vue, à moins que l'on n'en soit déja fort près. Toute cette étendue de pays est inculte, non que le terrain soit stérile, mais parce qu'il est inhabité ; car la terre végétale y est à une assez grande épaisseur, l'herbe y croît abondamment, & fournit d'excellens pâturages : on voit quelques broussailles ou

Tome III. O

bois de peu de conséquence, & des plantations de maronniers ou de châtaigniers. On trouve par-tout beaucoup de ruisseaux & de fontaines : dans le lit de ces ruisseaux, sur-tout en remontant de la Scala à Radicofani, on voit des cailloux de toute grosseur & de différentes couleurs, veinés à l'intérieur comme les plus beaux marbres ; quelques-uns même sont agathisés. J'ai dit ailleurs ce qui me déterminoit à conjecturer que l'on choisit les plus beaux de ces cailloux pour les employer à la mosaïque de Florence.

Le château de Radicofani, qui est la derniere place de Toscane du côté de l'Etat ecclésiastique, est placé sur un rocher escarpé ; on n'y peut aborder que du côté du couchant, encore le passage est-il aisé à défendre. Au bas des ouvrages extérieurs, du côté du midi, il y a une quantité de pierres brutes jettées sans ordre dans un espace assez large : on ne voit pas qu'il y ait eu aucune carriere ouverte de ce côté ; ce ne peut être une lavanche, attendu que ces pierres étant sur la cime de la montagne, n'ont pu y être entraînées par la force de l'eau. Je crus d'abord que c'étoient les restes des pierres employées à la construction du fort; mais en les examinant avec plus d'attention, je reconnus que ce bouleversement n'étoit pas l'ouvrage des hommes; ce sont des quartiers de rochers brisés par l'effet de quelque explosion, dont la cause étoit dans l'intérieur même de la montagne, qui sûrement a de grandes concavités, à en juger par le retentissement qu'y occasionnent les voitures lourdes: ce qui me confirme dans cette idée, c'est qu'on a éprouvé des tremblemens de terre très-sensibles à Radicofani & dans les environs. Je m'informai des habitans, de la cause de ce bouleversement, dont aucun ne s'étoit apperçu; ils me répondirent seulement qu'ils avoient toujours vu ces pierres où elles étoient. Le château a une petite garnison; les uns disent qu'il a été bâti par Didier, roi des Lombards; d'autres, par l'empereur Frédéric I: ce qu'il y a de certain, c'est que la construction des ouvrages extérieurs est bien plus moderne que ces dates.

Au bas du rocher sur lequel est le château, sur d'autres rochers qui paroissent avoir été applanis à main d'homme, est le bourg de Radicofani. Il a une porte & des murailles, dont la construction paroît déja très-ancienne; il n'a pas l'air peuplé. Les maisons bâties sans goût & sans symmétrie, sont toutes d'une pierre brune; j'y ai seulement vu deux églises assez proprement décorées. On ne peut rien transporter dans le bourg & dans le château qu'à dos de mulet. Cet endroit, par sa construction, la figure de ses habitans & leur habillement, ressemble beaucoup plus à l'intérieur des montagnes de Savoie, qu'à une partie de la Toscane. L'air y est vif & presque toujours froid. A un mille environ au-dessous de Radicofani, est une hôtellerie où s'arrêtent les passans, qui pour l'ordinaire sont peu curieux de grimper jusqu'au bourg. Il y a beaucoup de fontaines dans les environs, & même jusqu'au sommet de la montagne, mais dont les eaux sont fraîches & crues. La partie de la montagne qui est du côté de l'Etat ecclésiastique, plus heureusement exposée que le reste, est fertile & cultivée; toutes les terres qui avoisinent le bourg sont en culture; il faut nécessairement que les habitans qui ne font aucun commerce trouvent leur subsistance dans le terrain qui les environne. On apperçoit dans toute cette montagne, d'espace en espace, des bâtimens isolés, qui me paroissent destinés à y retirer pendant les nuits froides, les vaches que l'on mene paître dans les herbages qui y croissent, & du lait desquelles il y a apparence que l'on fait des fromages, comme sur les montagnes de Savoie.

47. De *Radicofani* jusqu'à *Pontecentino*, premier village de l'Etat ecclésiastique, il n'y a qu'environ huit milles, que l'on fait par un chemin si roide & si escarpé, que Pontecentino paroît du haut de la montagne être situé dans un précipice obscur. Il y coule un ruisseau que ses bords escarpés rendent difficile à passer. Vis-à-vis d'un mauvais pont en ruine, qui sert aux gens de pied, est la premiere douane de l'Etat ecclésiastique, où l'on paye un léger péage : de-là on marche pendant quelque temps dans le vallon, presqu'entierement occupé par le lit d'un torrent, qui doit être impraticable lorsque les eaux sont grandes. Au sortir de ce vallon, jusqu'à la ville d'Aquapendente, qui est dans la province du patrimoine de saint Pierre, on monte insensiblement par un terrain gras, planté d'arbres de toute espece, qui bordent des chemins étroits & dif-

Etat ecclésiastique. Aquapendente. Bolsene & son lac.

ficiles à tenir. Il y a quatre milles de Pontecentino à Aquapendente.

Cette ville n'étoit anciennement qu'un château de peu de conséquence, autour duquel il y avoit quelques habitations qui formoient un bourg (a). En 1647 le pape Innocent X y transféra le siége épiscopal de la ville de Castro, dont les habitans assassinerent l'évêque, qui étoit en même temps gouverneur & premier magistrat de la ville : événement qui a rendu Aquapendente plus considérable. On s'apperçoit très-bien que les quartiers les mieux bâtis sont d'une construction nouvelle ; les maisons ou palais où résident le gouverneur, les officiers de justice & l'évêque, sont bien bâties & de belle apparence. A la porte de la ville, du côté de la Toscane, il y a beaucoup de belles eaux qui tombent en cascade du haut des rochers, & desquelles *Aquapendente* tire son nom.

Cette ville est située sur un terrain élevé, & dans un climat qui paroît fertile. Le peuple, comme habitant de frontiere, y est grossier & méchant,

---

(a) Connu très-anciennement sous le nom d'*Aquula*.

s'accommode volontiers des effets des voyageurs qui paffent, quand il peut fe les approprier fans rifque. Il faut furtout dans cet endroit avoir grande attention fur fes équipages. On a foin d'avertir les étrangers que la ville eft pleine de fripons, que tous les jours on y fait des vols; mais il eft aifé avec un peu de réfolution d'en impofer à cette canaille, qui eft très-poltronne, & qui craint plus la vengeance de ceux qu'elle tenteroit de voler, que la pourfuite de la juftice du pays, dont elle peut fe mettre à couvert en moins d'une heure de temps, en fe retirant fur les frontieres de Tofcane.

Au fortir d'Aquapendente, on marche pendant quelque temps dans une plaine élevée, mais fertile & bien cultivée. A droite & à gauche on voit des futaies, & d'efpace en efpace des cavernes creufées dans le tuf, où les habitans de la campagne fe retirent avec leur bétail. De-là on defcend à faint Laurent des Grottes, petit bourg audeffus duquel eft un ancien château qui tombe en ruine. Il y a le long du chemin dans la montagne une quantité de grottes creufées qui fervent au même ufage que les autres. Tout ce climat est froid ; on en juge par les précautions que prennent les habitans pour s'en garantir : ils portent tous des casaques de peaux de moutons, dont ils tournent le poil en dedans, quand il pleut ou que le froid est vif ; quand il fait beau, ils les retournent. Le gros bétail de ce pays est d'une grande & belle espece : j'y ai vu des bœufs de plus de cinq pieds de hauteur ; leurs cornes sont prodigieuses ; le poil est gris d'ardoise mêlé de blanc : sur le poitrail & sur le front le poil est plus blanc, frisé, & doux comme de la laine ; la chair en est excellente à manger. Cette espece de bétail est fort multipliée dans l'Etat ecclésiastique & le royaume de Naples.

A peu de distance de saint Laurent des Grottes, on se trouve sur le lac de Bolsene, que l'on côtoie pendant quelque temps. Ce lac, de forme presque ronde, a environ trente milles de tour ; ses ondes sont quelquefois très-agitées, & ont des flots élevés comme ceux de la mer : les eaux en sont belles & limpides. On y voit deux isles habitées, dans l'une desquelles est une grande église & plusieurs bâtimens qui paroissent appartenir à un monastere : elle est au levant, & se nomme *Martana* : c'est là que la reine Amalasonte, mere d'Atalaric, roi des Goths, fut enfermée, & ensuite mise à mort par les ordres de Théodat : elle y fut enterrée, suivant l'usage des nations septentrionales, avec ses habits & ses ornemens les plus riches, & une partie de ses trésors : c'est la tradition du pays. L'autre isle, appellée *Bisentina*, est au couchant, & a quelques bâtimens qui paroissent considérables. Il y en a une troisiéme plus petite que les deux autres, où sont quelques cabanes. Ce lac est très-poissonneux ; on y voit presque toujours des barques de pêcheurs occupés à la pêche. D'Aquapendente à Bolsene, on compte neuf milles, six jusqu'à saint Laurent des Grottes, & trois jusqu'à Bolsene. Le chemin de saint Laurent à Bolsene est plein, & sur les bords du lac, dont les vues sont belles & variées.

Au nord du lac est la ville de Bolsene, presqu'entierement ruinée, dont le siége épiscopal a été transféré à Orvieto. Au-dessus de la ville, sur la colline, on voit quelques restes d'un ancien château. Bolsene étoit une des douze anciennes colonies des Toscans. C'est dans cette ville qu'arriva dans le treiziéme siécle le miracle du corporal ensanglanté à la fraction de l'hostie, qui fut opéré pour convaincre de la vérité de la présence réelle de Jesus-Christ dans l'Euchariftie, un prêtre incrédule qui célébroit. Ce miracle détermina le pape Urbain IV à établir la solemnité de la Fête-Dieu. Il est le sujet d'un des grands tableaux de Raphaël au Vatican. Au sortir de Bolsene, on voit à main gauche une carriere de pierres singulieres; elles m'ont paru toutes quarrées, d'environ quatre à cinq pieds de longueur, sur un pied d'épaisseur de toutes faces, posées perpendiculairement les unes sur les autres, un peu inclinées au couchant.

Montefiascone. Viterbe.

48. De-là jusqu'à *Montefiascone*, on compte sept milles, qui se font presque toujours dans un bois de chênes de haute-futaie. Les Italiens sont si amateurs de choses antiques, que les habitans de Montefiascone, auxquels ce bois appartient, & dont ils auroient pu tirer de grosses sommes, n'ont pas encore voulu le vendre, parce que, disent-ils, c'est une belle antiquité, plus rare dans le pays que les marbres & les tableaux: cependant ces arbres se couronnent en grande partie, & périssent

de vétufté ; mais fans doute qu'un vieux tronc à demi pourri leur eft encore plus précieux qu'un arbre frais & vigoureux, parce qu'il a l'air plus antique.

La route de Bolfene à Montefiafcone fe fait dans un terrain fablonneux & léger, facile à cultiver ; le chemin y eft bon & affez bien entretenu. La ville de Montefiafcone eft placée fur une colline fort élevée, au bord du lac de Bolfene ; elle n'eft ni peuplée, ni belle, ni commode à habiter ; elle eft fituée fur un terrain roide & efcarpé, fes rues font mal pavées & incommodes à tenir. La cathédrale qui s'annonce de loin comme un très-bel édifice, na rien de près qui foit digne de curiofité ; à côté eft la maifon du féminaire, qui eft vafte & bien bâti. L'évêque qui releve immédiatement du faint fiége, a des revenus confidérables qui montent, dit-on, à foixante mille livres de rente de notre monnoie ; ainfi c'eft un des plus riches bénéfices de l'Italie. Dans l'ancienne églife de *fan Flaviano* eft une tombe plate, fur laquelle eft gravée une figure, dont les ornemens reffemblent à ceux d'un évêque ou d'un abbé, avec cette infcription autour... *Eft, eft, eft...*

propter nimium est Johannes de Foucris, dominus meus, mortuus est... Ce Jean de Foucris étoit un Allemand d'Ausbourg, qui voyageant en Italie, envoyoit dans toutes les villes où il devoit s'arrêter, un de ses domestiques, qui goûtoit le vin des cabarets, & qui écrivoit sur la porte de celui où il avoit trouvé le meilleur, le mot *est*. Etant arrivé à Montefiascone, il trouva le vin du pays si bon, qu'il écrivit trois fois le mot *est* sur la porte. Le maître fut du goût du valet, & but tant de vin, qu'il en mourut sans aller plus loin. Le cabaret où cette aventure est arrivée, subsiste encore, & a pour enseigne un gros homme à table, avec cette inscription : *est, est, est*. Pendant une assez longue suite d'années, on alloit tous les ans, le mardi après la Pentecôte, verser sur la tombe du défunt deux barils de vin, en conséquence d'une fondation faite par ses héritiers, sans doute dans l'intention de réjouir ses cendres; mais dans ce siécle on a réformé cet usage, & on employe le prix de ce vin à acheter des pains que l'on distribue aux pauvres. A en juger par les caractéres gothiques de l'inscription, déja fort usés, il y a plus de deux cents ans que Jean de Foucris est mort. Il n'est pas étonnant que cet homme, qui aimoit beaucoup le vin, ait fait excès de celui de Montefiascone, qui est un petit muscat fort agréable à boire, & dont on trouve dans toutes les auberges : celle où l'on s'arrête ordinairement est dans le vallon au-dessous de la ville, par laquelle on ne passe point. Au bas de la ville, du côté de Viterbe, le cardinal Aldrovandi, commissaire pour la réparation des chemins des frontieres de Toscane à Rome, a fait ouvrir en 1745 une porte décorée de belle architecture. On trouve le long de cette route, sur les ponts & à l'entrée des villes, plusieurs inscriptions à la gloire de ce cardinal, qui rendent justice à ses soins. Plusieurs de ces commissions importantes l'avoient fort enrichi, ce qui sans doute l'avoit déterminé à instituer la chambre apostolique son héritiere ; mais le pape Benoît XIV cassa son testament, & rendit toute la succession à sa famille, qui n'étoit point riche. Tous les côteaux aux environs de Montefiascone sont couverts de vignes d'un bon rapport, qui produisent les vins dont j'ai parlé.

De Montefiafcone à Viterbe, on compte neuf milles, qui fe font dans une plaine fertile & cultivée, à laquelle aboutiffent en partie les côteaux de Montefiafcone.

Viterbe eft la capitale du patrimoine de faint Pierre, de médiocre grandeur, fituée fur un ruiffeau au pied du mont Cimino. Elle eft régulierement bâtie ; la plupart de fes rues font belles & alignées, & pavées de grandes pierres larges. Les dômes de quelques églifes, & plufieurs anciennes tours quarrées, qui s'élevent d'efpace en efpace, & qui font des monumens des différentes factions qui ont autrefois divifé l'Italie, donnent de la nobleffe à cette ville vue dans l'éloignement. La place principale entourée de portiques & de maifons peintes, eft d'une conftruction réguliere ; il y a plufieurs fontaines décorées, & tous les édifices publics paroiffent bien entretenus. La cathédrale mérite d'être vue, tant pour les tableaux qui y font, que pour les tombeaux des papes Jean XXI, Alexandre IV, Adrien V, & Clément IV, qui y font enterrés. Hors de la porte de Rome eft un couvent de Dominicains nouvellement rebâti. L'église est grande & de belle proportion ; le frontispice est de bonne architecture, on travailloit à en décorer l'intérieur. C'est-là qu'habitoit le fameux Annius de Viterbe, Dominicain, maître du sacré palais, connu par ses impostures, qui avoient pour but principal de faire passer sa patrie pour la ville la plus ancienne de l'Italie. Annius mourut en 1502, âgé de soixante-dix ans. Scaliger, qui l'avoit vu, le regardoit comme un fou.

A en juger par une inscription qui est au palais public ou hôtel-de-ville de Viterbe, il paroît que cette ville doit son existence à Didier, dernier roi des Lombards, qui la fit rebâtir en 773, des ruines des anciennes villes *Longula*, *Vetulonia* & *Volturna*, & qu'il ordonna sous peine de la vie à ses sujets de l'appeller Viterbe, qui étoit, à ce qu'on prétend, son ancien nom Toscan. Elle étoit incontestablement la capitale de la belle succession que la comtesse Mathilde laissa au saint siége dans le douziéme siécle, ainsi que l'apprend une inscription qui est au même lieu. Quant à la prétendue fondation de cette ville par Isis & Osiris, & aux monumens antiques égyptiens qui y furent trouvés à la fin du quinziéme siécle, il est démontré qu'ils étoient l'ouvrage d'Annius, qui les avoit fait cacher en terre dans un endroit où il savoit que l'on devoit bientôt fouiller : l'explication qu'il en devoit donner étoit déja préparée ; elle portoit sur les prétendus ouvrages de Berose, de Manethon & de Philon, qu'il avoit fabriqués & mis au jour comme nouvellement découverts dans des manuscrits trouvés à Mantoue.

La population de cette ville est d'environ dix mille ames ; elle est entourée d'une bonne muraille flanquée de quelques tours.

Au sortir de Viterbe, hors de la porte de Rome, on commence à grimper sur le mont Cimino ou de Viterbe, qui est très-élevé ; il tient par le nord à une chaîne d'autres montagnes qui rentrent dans l'Apennin. Le côté qui regarde Viterbe est couvert d'une forêt de châtaigniers & de sycomores fort élevés ; les bords du chemin étoient ornés de jasmins jaunes, de geranium de différentes especes, de houx sans épines, & d'autres jolis arbustes : les jacintes, les primeveres de toutes couleurs, les lis & autres fleurs y croissent naturellement & sans soins : par-tout il y a de belles fontaines, ce qui a sans doute engagé à y bâtir tant de jolies maisons de campagne : on dit encore que l'air y est très-bon, & que l'on y trouve quantité de gibier. Le chemin, quoique fort roide, est sûr & bien entretenu. Au haut de la montagne il y a un corps-de-garde, où résident un caporal avec huit ou dix soldats d'infanterie, pour la sûreté du passage & du chemin qui étoit infesté de brigands : ils n'oublient pas de se procurer quelques libéralités de la part des voyageurs étrangers. En descendant la montagne au nord, est une forêt de grands chênes, qui s'étend jusqu'au bord du lac de Vico, qui portoit anciennement le nom de Cimino : les eaux en sont belles ; il est poissonneux & couvert d'oiseaux de riviere. On compte de Viterbe au-dessus de la montagne, quatre milles ; de-là jusqu'au lac, trois ; & du lac à Ronciglione, au moins six, qui se font par un chemin inégal, mais aisé à tenir. En arrivant à Ronciglione, on se trouve sur le bord le plus oriental du lac de Bolsene.

Ronciglione. Chemin jusqu'à Rome.

49. Ronciglione est un très-gros bourg

qui faisoit autrefois partie du duché de Castro. Il est assez bien bâti dans une situation ouverte & fort riante. La grande rue qui aboutit à la porte ou arc de triomphe érigé sur le chemin de Rome, est fort large. Dans la partie supérieure du bourg est une église collégiale, sous le vocable de saint Pierre & de sainte Catherine, bâtie de bon goût, & tenue proprement. Dans ce voisinage sont quelques maisons de belle apparence. Près de l'église principale sur une petite élévation, est un château très-ancien, formé de plusieurs tours serrées les unes contre les autres, & séparées par une petite cour obscure : il est entouré de fossés, & on ne peut y entrer que par un pont fort étroit ; il a l'air de la prison la plus affreuse : comparé à la maniere actuelle de bâtir, il fait juger des précautions que l'on prenoit dans le dixiéme & le onziéme siécle pour se garantir des insultes du plus fort. A gauche de ce château, & tout le long du bourg, est un petit vallon ou grand ravin, resserré & profond, couvert en partie de broussailles, dans le fond duquel coule un gros ruisseau, qui met en mouvement des forges, des papeteries &

d'autres ufines, dont la plupart font dans des fituations très-pittorefques: de grands rochers qui viennent au niveau des terres de la plaine, couronnent ce vallon. On y voit un grand nombre de retraites creufées dans le roc vif, dont les ouvertures font de difficile accès, & étoient très-certainement autrefois cachées par les bois: on prétend qu'elles ont fervi de retraites aux premiers chrétiens dans le temps des perfécutions. La néceffité feule a pu déterminer à fe pratiquer des retraites d'un accès auffi difficile, dans un pays où il y a mille fituations plus agréables & plus commodes. Ces retraites ou grottes font encore habitées en grande partie, furtout depuis qu'on a établi dans le voifinage plufieurs ufines qui ont augmenté la population du pays. Plus nouvellement on a creufé dans le tuf tendre, ou dans une efpece d'argile compacte & folide, des chambres ou cavernes rondes, dont plufieurs font habitées, ou fervent à retirer le bétail, foit dans les grandes chaleurs de l'été, ou quelques jours de l'hiver, trop rigoureux pour le laiffer à l'air; quoique j'aye vu dans ce pays les moutons parqués au mois de décembre même, lorsque la terre étoit couverte de verglas & de neige pendant la nuit. Le pays est fort découvert, il n'y a point de loups ni d'autres animaux carnaciers ; on laisse les moutons en plein air dans le voisinage des habitations, sans autre précaution que de planter autour d'eux quelques piquets, auxquels est attaché un filet ou réseau à larges mailles, qui suffit pour les tenir rassemblés, & les empêcher de s'écarter pendant la nuit....

Le bourg de Ronciglione est peuplé ; il y a assez de mouvement, quoique l'agriculture y soit fort négligée. A la porte du côté de Rome, est un arc de triomphe d'ordre rustique d'assez grande maniere, surmonté d'un fronton, dans lequel est placé l'écusson de la maison Farnese, avec ces mots gravés dans la frise en très-grosses lettres, *Odoardus Farnesius*.

Les différens objets dont je viens de parler, rassemblés sous un même point de vue, deviennent curieux & piquans, & augmentent de prix par rapport à leur situation....

De Ronciglione à Baccano, il y a environ quinze milles. A moitié chemin on trouve sur une hauteur le village de Monterosi, dont il est fait mention dans l'itinéraire d'Antonin, sous le nom de Rosulum, de même que de Baccano, autre village dans le voisinage du lac de ce nom, d'où sort le ruisseau de Cremera, fameux par la défaite des Fabius, dans la guerre de Rome contre les Veïens.

Le long de cette route, on rencontre quelques parties de l'ancienne voie Flaminiene, fort difficile à tenir dans les endroits où elle est absolument découverte & dangereuse pour les voitures, sur-tout le long des bois qui sont dans le voisinage de Baccano. Ce passage étoit autrefois très-dangereux, & il m'a même semblé que l'on n'y devoit passer qu'avec précaution. Tout ce que j'ai vu d'habitans de ce lieu, m'ont paru gens désœuvrés, quoique grands & robustes; ils avoient même quelque chose de sinistre dans la physionomie. A droite de Baccano, en approchant de Rome, on apperçoit de loin le lac de Bracciano, (*lacus Sabbatinus*) dont les eaux sont conduites par des aquéducs jusqu'à Rome, & fournissent la magnifique fontaine Pauline. A un mille environ de Baccano, sur la hauteur, on commence à découvrir la ville de Rome, & la belle coupole de saint Pierre, qui domine sur toute la ville, de quelque côté qu'on l'apperçoive.

Dans toute cette partie du patrimoine de S. Pierre, le terrain, quoiqu'excellent, n'est point cultivé ; on y voit peu de villages ou d'autres habitations ; on se contente d'y nourrir des troupeaux de moutons assez nombreux, mais qui ne suffisent pas pour consommer l'herbe qui croît dans les campagnes, à en juger par la grande quantité qui reste, & qui pourrit sur terre. La campagne de Rome sur-tout est presque tout-à-fait inhabitée ; on apperçoit seulement en approchant de la ville, quelques maisons de campagne ou métairies. J'y ai vu labourer d'espace en espace quelques piéces de terre d'excellente qualité, mais si grasse & si mobile, que pour peu que la saison soit humide, les bœufs y enfoncent jusqu'au jarret, ce qui rend les labours très-difficiles, d'autant plus encore que l'on ne prend aucune précaution pour faire écouler les eaux, & que l'on ne voit point de fossés creusés autour des terres pour les recevoir. Mais ce qui manque essentiellement, c'est la population; le peu d'habitans qui restent découragés, ne travaillent qu'autant qu'il est nécessaire pour leur propre subsistance. La cause actuelle de ce très-grand inconvénient, est que le commerce est fort gêné; les ministres en place obligent les cultivateurs à transporter leurs grains à Rome, & à les vendre au prix qu'ils y fixent, qui est fort au-dessous de celui qu'ils en tireroient de l'étranger. Il n'en faut pas tant pour jetter dans l'inaction un peuple mou, paresseux & vindicatif, qui croit se venger de la gêne où on le tient, en se laissant aller à l'indigence, & en y réduisant les autres : cette gêne même a été cause que plusieurs petits propriétaires ont abandonné leurs possessions; la plupart se sont retirés dans la ville, où le faste qui y régne leur fait aisément trouver des places de domestiques, dans lesquelles ils vivent jusqu'à ce que leurs infirmités ou la vieillesse leur donnent le droit d'être reçus dans les hôpitaux; plusieurs même, ne pouvant faire mieux, mendient un pain qu'ils pourroient donner aux autres, s'ils vouloient prendre quelque peine pour jouir des richesses qu'ils tireroient si aisément du sein de la terre. Mais c'est le génie de ce peuple, dont je parlerai plus au long dans la suite de ces mémoires, à l'article de Rome.

Fin du Tome troisiéme.

TABLE

TABLE
DES MATIERES
DU TOME TROISIÉME.

A

Académie de botanique, Pag. 73
—Della Crufca, 78
—Ou école de cavalerie à Florence, 75
André del Sarto, peintre, 60
Annius de Viterbe, dominicain, 327
Apennins, 279. Vue de l'intérieur, 280
Aquapendente, ville, 318
Arc de triomphe moderne à Florence, 117
Archives générales de la ville & de l'état, 103
Arno, fleuve, 227. Ses inondations, ibid.
Arrotino ou aiguifeur, ftatue; ce que l'on doit en penfer, 198
Art de deviner chez les anciens Etrufques, 2

B

Ballon, (jeu de). 36
Baptiftere de Florence, 26
—De Pife, 160
Bétail, (gros) très-beau, 320
Bibliothéque publique des Medicis à faint Laurent, 43
—Du palais Pitti, 67
—De Magliabecchi, 82
—De médecine, 51

TABLE

Bibliothéque des Francifcains, 35
Boboli, jardin du grand duc, 68
Bologne, (Jean de) fculpteur, 32
Bolfene, ville ancienne, 321. Miracle qui s'y eft fait, 322
Botta, (Maréchal de) gouverneur de Tofcane, 224
Brouillards dangereux à Florence, 121
Buonconvento, bourg, 309

C

Cabinets de curiofités de la galerie de Florence, 173
— De portraits des peintres célébres, 174
— Des porcelaines, 176
— D'idoles antiques & de tableaux, 177
— Des arts, 185. De tableaux anciens, ibid.
— De tableaux Flamands, 188
— Des mathématiques, 193
— Tribune, ftatues & tableaux, ibid.
— De l'hermaphrodite, 210
Cailloux de Radicofani, 314
Campagne de Rome peu cultivée, & pourquoi, 334
Campo fanto, cimetiere de Pife, 261
Canope, divinité Egyptienne, 180
Carriere remarquable, 322
Cavernes creufées dans le roc, 319, 331
Cedrats de Florence, 242
Chapelle des grands ducs à Florence, 40
Château de Florence, 78
Cimino, ou montagne de Viterbe, 328
Collection de tableaux & de médailles à Florence, 218
Commerce de Tofcane & de Florence, 239
— De Livourne, 276

DES MATIERES.

Conseil des deux cents à Florence, 221
Culte religieux extérieur, 229

D

Dehors de Florence, leur beauté, 119
Douanes de Toscane, 229

E

Eglises à Florence. Cathédrale, 22, 23
S. Marc, 28. La Nunziata, 29. Sainte Madeleine de Pazzi, 33. Sainte Croix, *ibid.*
S. Laurent, 36. Santa Maria Novella, 45.
Le Saint-Esprit, 46. Il Carmine, 48
Empoli, bourg, 245
Epitaphe d'une mule, 57
Essences & parfums de Florence, 241
Etrurie ancienne, 12
Etrusques, ou Toscans, 8

F

Fabrique de poterie, 244
Fait d'armes remarquable, 277
Faune qui danse, statue, 198
Fiesoli, ville ancienne, 118
Fiorenzola, ville, 5
Florence. Sa fondation, 13. Situation, 19.
Comment divisée, 21. Décorée par les grands ducs. 223
Florentins spirituels & savans, 231. Naturellement bons acteurs, 238
Fontaine publique à Florence, 100
—A Livourne, 275. D'eau douce au milieu de la mer, *ibid.*
Funérailles, 47

P ij

G

Galilée, son tombeau, 35
Galerie de Florence, 122. Par qui commencée & formée, 123, 215. Vestibule, 124. Peintures des plafonds, 127. Statues de la galerie, 132 jusqu'à 151. Bustes antiques des Empereurs, 151 jusqu'à 173.
Garderobe ou trésor des grands ducs, 94
Giogo, point très-élevé de l'Apennin, 6
Giraffe, animal rare, 114
Gouvernement politique de la Toscane, 219

H

Hercule & le centaure, groupe, 104
Hermaphrodite, statue, 210
Hôpitaux de Florence, 51
— De Sienne, 300

I

Jardin public de botanique, 73
— Des plantes à Pise, 264
Inscription singuliere à Montefiascone, 323
Juifs établis à Livourne, 270. Richesses de leur synagogue, 273. Ont un tribunal de justice, 274. Quartier qu'ils habitent, 276

L

Lac de Bolsene, 320. Isles de ce lac, ibid.
— De Vico, 329
— De Bracciano, 333
Livourne, ville nouvelle, 268, 271. Beauté de son port, 270. Ses fortifications, 271. Population, 272
Luques, ville & république, 278
Lunettes, leur inventeur, 105
Lutteurs, groupe antique, 200

DES MATIERES.

M

Madonna del Sacco, tableau célébre, 31
Manufacture de corail, 270
Médailles & camées de la galerie de Florence, 314
Medicis, (maifon de) 14
Ménagerie du grand duc, 74
Michel-Ange Buonarotti, fon tombeau, 34
Miniftre & gouverneur de Tofcane, 220
Mœurs à Florence, 230, 232
Monaftere des Chartreux, 110
——Des Olivetains, 111
Montefiafcone, ville, 323
Monterofi, ancienne place, 333
Mofaïque de Florence, 82. Comment on la travaille, & fa matiere, 84 & fuiv.

P

Palais Pitti, ou du grand duc, 54. Ses tableaux, 58 & fuiv.
——Buonarotti, 76. Capponi, *ibid*. Corfini, 78. Gerini, 74. Ricardi, 71. Strozzi, 79
——Des magiftrats, 81
——Vieux de la république & des grands ducs, 90
——De la feigneurie à Sienne, 302
Pandectes Juftiniennes ou Florentines, manufcrit original, 97
Peinture, date de fon rétabliffement, 296
Pietra mala, volcan, 3
Pife, ville ancienne, 246. Ses révolutions, 247. Univerfité, 249. Forme de la ville, 253. Cathédrale, 254. Fort dépeuplée, 265. Température de l'air, 266
Place du grand duc à Florence, 98

Poëtes improviseurs, 307
Poggibonzi, bourg, 281
Poggio impériale, maison de plaisance, 108
— Caïano, maison royale, 113
Ponts de Florence, 106
Pontecentino, 317
Porta, (Fra Bartholomeo della) peintre, 62
Portraits des papes à Sienne, 288
Priape, idole. Son culte, 212
Promenade publique, 113

R

Radicofani, montagne, bourg & château, 314
Revenus de la Toscane, 228
Ronciglione, bourg, 329. Vue de ses environs, 331
Rubens, (tableau célébre de) 59

S

SAinte Catherine de Sienne. Ses révélations, 299
Saint Etienne, ordre de chevalerie, 250
San Miniato, ville, 245
San Quirico, 313
Savonarole, (Jérôme) 29
Scagliola, espece de mosaïque, 89
Sciences & arts à Florence, 233
Scarperia, village de l'Apennin. Vue des environs, 6, 7
Sienne, ville. Ses révolutions, 282. Université, 285. Académie pour monter à cheval, *ibid.* Forme de la ville & place publique, 286. Cathédrale, 287. Son beau pavé, 291. Affabilité des habitans, 305
Statues remarquables, par Michel-Ange, 36

Statüe équeftre de Côme premier, 101
—De la tribune, 201

T

Tableaux de la tribune, 205
Tagès, premier devin ou arufpice, 10
Théâtres à Florence, 107, 237
— A Sienne, 305
Toſcane, (Grands ducs de) 17
Tour penchante, ou clocher de Pife, 258

V

Vaſes étruſques, 215
Vénus Medicis, ſtatue. Sa defcription, 193
—Victorieuſe, 196
—Célefte, ou Junon, 197
Veftiges de tremblemens de terre, 315
Vin de Florence, 239. De Montepulciano, ibid. De Montefiafcone, 325
Viterbe, ville, 326
Univerfité de Florence. 77

Fin de la Table des matieres du Tome III.

Errata du Tome troisiéme.

Page 10 note, *ligne* 5, deferunt, *lisez* deferuntur.
Idem, *lig.* 30, Hetruscum, *lisez* Hetruscam.
Pag. 15, *lig.* 25, Urbain, *lisez* Urbin.
Pag. 18, *lig.* 14, idem.
Pag. 28, *lig.* 28, Fagus, *lisez* Tagus.
Pag. 81, *lig.* 28, dogli uftici, *lisez* degli uffici.
Pag. 127, *lig.* 28, Musaccio, *lisez* Masaccio.

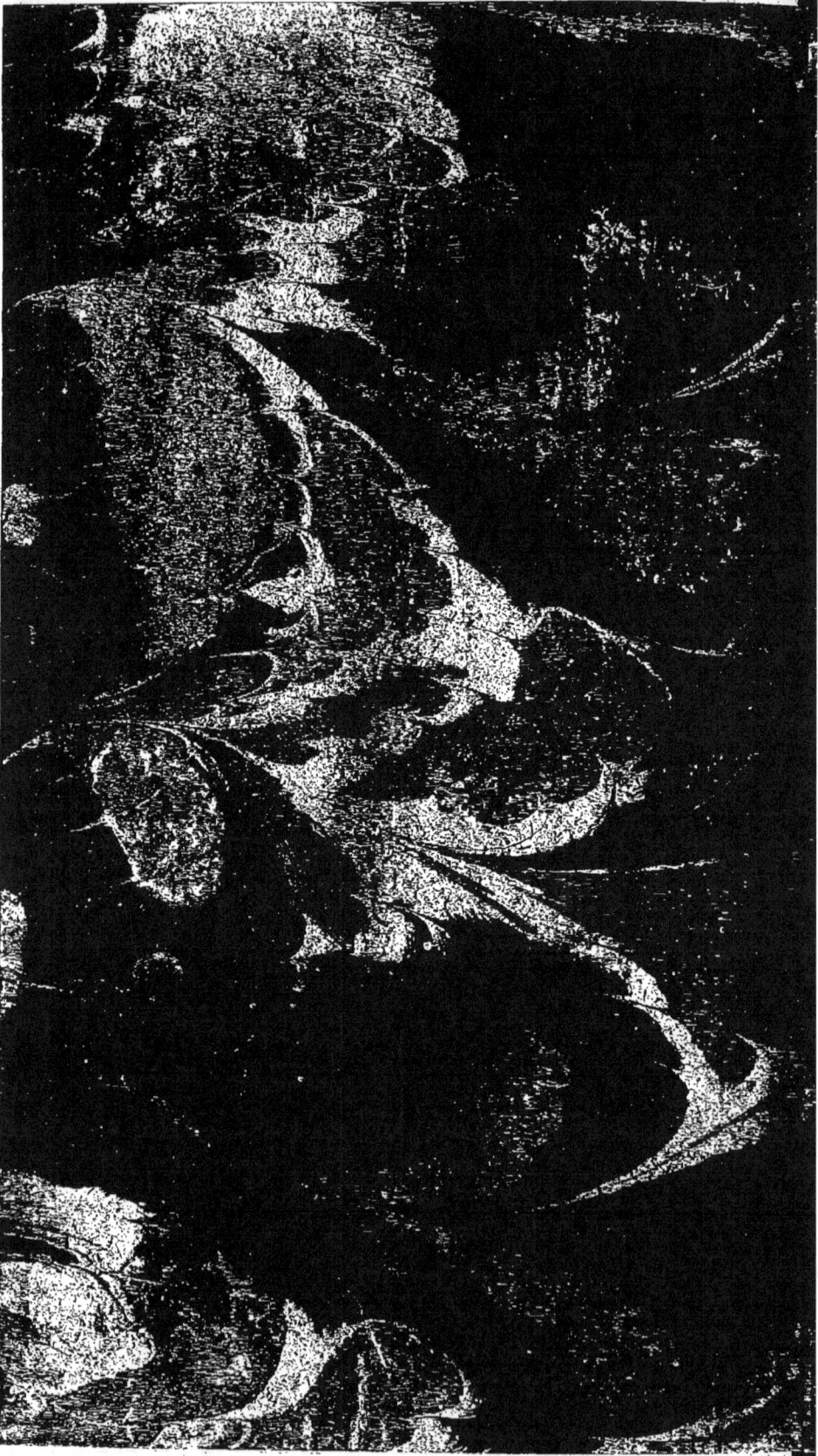

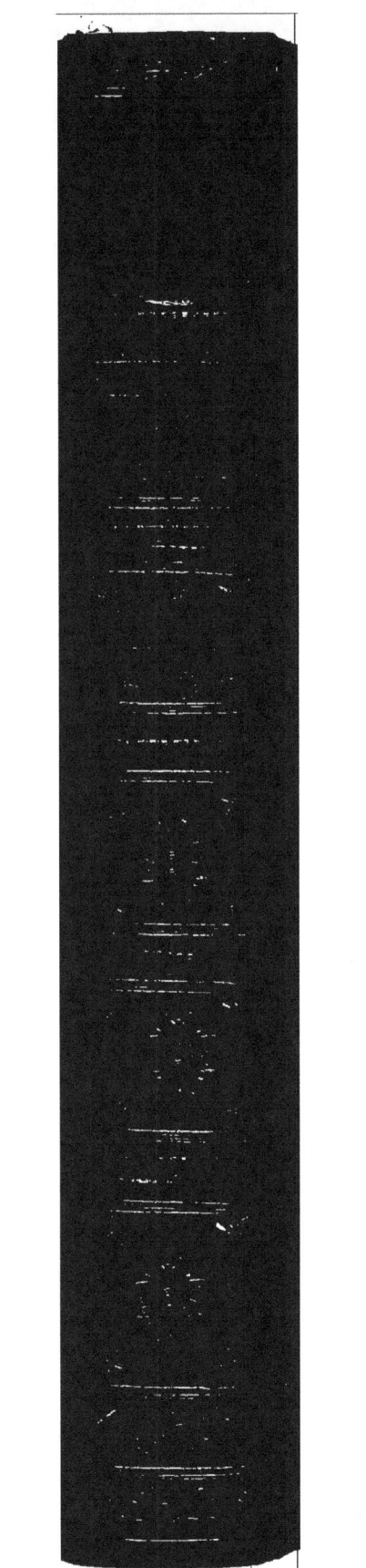